中世の星の下で

阿部謹也

筑摩書房

目次

I 中世のくらし

II　人と人を結ぶ絆

III　歴史学を支えるもの

中世の星の下で

I　中世のくらし

扉の絵は、楽器を奏でる死神（一五五五年）

私の旅　中世の旅

　二十歳年長の友人が「阿部さん、旅にでましょうや」と声をかけてくる。「いいですね、どこにしますか」と応ずるとき、私のなかにはもう新しい旅のイメージが湧き起こっている。といっても新しい未知の土地の光景を思い浮べているわけではない。どこでも良いというわけではないが、一定の条件さえみたしていれば旅の目的地は特に選ばないのである。

　このような旅を私たちは二十年近くつづけてきた。思いだすままにあげてみると、最初は飛驒の白川郷であり、二月の網走からウトロ、十月の焼尻・天売など多くの土地を歩いてきた。こうした旅行のあい間には安倍川の奥の民宿へ一泊旅行もする。そのばあいは東京駅で酒の小瓶を買いこんで普通列車に乗る。沼津駅で乗換えて数時間かけて静岡につく。静岡の馴染みの店で九時頃まで飲んで、安倍川の奥の宿に行く。囲炉裏を囲んで食事をしたのち、大体朝四時過ぎまでしゃべりかつ飲むのである。翌朝は静岡城内の喫茶店でコーヒーを飲んでからまた普通列車にのり、ビールなどを飲みながら東京に帰ってくるのである。

大旅行のばあいもこうした一泊旅行のばあいも睡眠時間は極度に少なく、帰る頃には疲労困憊状態になる。このような旅こそあとで「あの時は楽しかったな」と思い出されるのである。ときに仲間が夜十二時前に寝てしまったりすると、旅の興も半減してしまう。

私たちはこのような旅を二十年も楽しんできたのだが、それは普通の旅行とは少し違っている。理屈を考えたことは一度もないが、私たちの旅の目的は日常の生活からしばし抜け出して、別な形で結ばれている自分たちを確かめる機会であったようにも思われるのである。だから宿はできるだけ貧し

「家の書」(30ページ参照)に描かれた遠征する軍隊(1480年頃)

いところを選び、素朴な宿を好んだ。音威子府《おといねっぷ》の宿に夜おそく着いたとき、部屋の畳が青々としてみえた。ところが朝起きてみると畳に青ペンキが塗ってあったのである。このような宿の記憶は十年たった今でも鮮やかで懐しく思い出される。列車が雪にとじこめられて先の見通しがたたなくなるようなときには旅の興も最高潮に達する。渚滑《しょこつ》の駅で吹雪のために汽車がとまってしまったときにも、他の客が皆列車を降りてしまったのちも私たちは車内で雪見の酒をくみかわしていた。乗務員が心配して一時間に一回ぐらい状況を報告にきてくれたのだが、「そんな心

配はしなくてもよいですよ」といってあげたいくらいであった。

　このような旅は勤務に縛られている今日では特権的な立場の者にしかできないと思われている。今の旅ではあらかじめ予定をきちんとたて、予約をとって新幹線で運ばれてゆく、できるだけ楽で何事もなく無事に帰ってこられることが良い旅、安全な旅の条件となっているのである。

　しかし旅は本来定住生活のなかで澱んできた身辺を洗い直し、目に見えない絆で結ばれている人間と人間の関係を再確認するための修行なのであって、日本だけでなく、ヨーロッパにおいても旅は生命をかけた行為なのであった。

　エラスムスの『対話集』のなかに「向う見ずな願かけ」の話がある。それぞれ立派な仕事をもち、家族もあって落着いている市民が四人、ある日の夕方集まって酒をくみかわしていた。かなり酔いがまわった頃、一人の男が「俺はガリシアの聖ヤコブ様までお参りに行くぞ、友達なら一緒に行かないか」と叫んだのである。すると別の男が立ちあがって「俺はサンチャゴ・デ・コンポステーラへは行かないぞ、俺ならローマに行くぞ」と叫んだ。大騒ぎになったので他の二人が間に入り、まずガリシアのサンチャゴへ行き、それからローマにまわればいいではないかということになり、こうして他の二人も同行することになった。ワインを回し飲みして固めの杯をくみかわした。酒の上のこととはいえ、杯をくみかわしたのである。たてた誓は守らねばならない。こうして四人は巡礼の旅に出発した。旅の結末はみじめであった。一人はイスパニアで死んでしまい、もう一人はイタリアで死んだ。ようやくイタリアに辿り着いた残る二人のうち一人はフィレンツェで重い病にかかり、最後の一人だけが一年後に疲れ果て、みるかげもない姿で戻ってきたという。

エラスムスの『対話集』には彼一流の皮肉やパロディーがこめられていて、そのまま鵜呑みにするわけにはいかないが、この話のばあいは歴史家のリュシアン・フェーヴルが述べているようにひとつの真実の姿を伝えているとみてよいだろう。

十一世紀末からヨーロッパ社会は大きな転換期をむかえていた。各地に都市が成立し、商人や手工業者が都市に定住しはじめていた。定住した商人や手工業者はそれぞれ兄弟団という組織をつくり、つきあいの場としていたのである。兄弟団とは日本でいえば講のようなものだが、講よりも日常生活に密着しており、年金や社会保障、健康保険などの萌芽をも備えた組織であった。ひとつの町にはさまざまな兄弟団があるが、それぞれは教会に専用の祭壇をもち、毎日曜日にはその前でミサをあげ、仲間の死者の冥福を祈り、年に数回宴会を開き、祭りのときには盛装して行列を組む。つまり兄弟団とは死後の世界に媒介されて結ばれた現世に生きる者の相互扶助の組織なのである。仲間が病気になると看病し、埋葬には必ず参列し、共に飲んで歌い、遊びによって結ばれた組織でもあった。

ところでこの兄弟団は本来巡礼途上で生れた組織だといわれている。故郷の町を離れた旅の空の下で互いに助け合いながら目的地に向う人びとの組織としてつくられたものだが、やがて都市が成立し、定住者が増加するにつれて巡礼に出ることができない人びとの数がふえてくる。そこで兄弟団に加入することによって居ながらにして巡礼行に参加する仕組みがつくられていったのだという。

都市のなかで商人、手工業者として一家を構え、宴会や祭りの楽しみをも享受している人びとがある日突然一切の財産をのこして巡礼の旅に出てゆくというばあいも決して稀ではなかった。現代の旅と違って中世の巡礼行には多くの危険が伴い、無事に帰れる保障はなかった。それでも多くの人びとはローマやサンチャゴ・デ・コンポステーラなどへの巡礼行を夢みて日々を送っていた。一財産できて町のなかでも一目おかれるようになったとき、それらを捨てて巡礼の旅に生命をかけるということは今日の人には想像できないことかもしれない。しかし中世の町の住人は日々の生活の目標をそこにおいていたのである。実際に巡礼の旅に出かけることができない人びとも兄弟団のなかで自分の死後の霊の救いに思いをはせていた。生きてゆくということは人と人を結びつけている目に見えない絆を確かめることなしには考えられなかったからである。そういう意味では中世都市は旅する人びとの仮の宿りであったともいえるであろう。それでは現代の都会はどのような宿りなのだろうか。そしてそこでは旅とは一体何なのか、あらためて考えさせられてしまう。

石をめぐる中世の人々——西欧世界と石の伝承

ヨーロッパにおいても人間と人間の関係はモノを媒介にして結ばれているから、モノと人との関係を探ることによって人間と人間の関係の変化を明らかにする道が開かれている。そのような試みをいくつかのモノについて行なってみるとき、日本人のモノとの関係とは一見したところかなり異なっているようにみえる場合がある。たとえば石をめぐる伝承などをあげることができるだろう。

こころみにヨーロッパの家庭を覗いてみても自然石を飾っている家は大変少ない。日本式庭園が導入されてはじめて自然石の庭石がときたまみられるようになったにすぎないのである。私の知人のある老人は旅に出るたびに襟裳岬の石とか、稚咲内《わっかさかない》の海岸の石などを拾ってきて、ときたま掌のなかでいつくしんでいる。今ではひとつの財産といえるほど大量の石の山ができており、それぞれにマジックペンで採集場所と年月日が書きこまれている。何故石を採集するのかなどと野暮なことをたずねたことはないが、自分が訪れた土地の最もたしかで変ることのないしるしとして小石がふさわしいのであろう。

ところがヨーロッパの人びとの間では石に対するこのような感じ方はあまり一般的ではないらしい。ヘンゼルとグレーテルが小石を森のなかにまいておいて道しるべとしえたように、ヨーロッパには日本のように小石が豊富ではないという事情も与《あずか》っているだろうが、どうもそれだけではなく、かつて石に対して日本人以上に深い関係をもっていたためではないかとも思われるのである。つまり石に対して無関心であるためではなく、石というものがヨーロッパの古代、中世の文化のなかであまりに大きな意味をもっていたために手軽に石を扱えなくなっているのではないかと考えられるのである。そこで、近代以前のヨーロッパにおける石をめぐる人と人との関係を観察してみようと思うのだが、石造建築と石工については別の機会に譲り、ここではK・オルブリッヒやR・ヒュンナーコップフ、J・ブロホヴィッツなどの研究によりながら、石一般について観察することにしたい。

石造建築に用いられた石は十一世紀以降ヨーロッパにおける人と人との関係のなかで大きな意味を持つことになるのだが、この問題を除外すれば、伝承にあらわれた石は大きく分けると三つの種類に区別できるように思える。第一は呪術的信仰の対象としての石あるいは何らかの奇蹟や予言とかかわる石であり、第二はそれと関連して人間や動物が石に変化するモチーフであり、第三はそれらとは全くかかわりがないかにみえる石である。石は長い星霜を経てもその形をかえないと一般には考えられている。しかし石と人間の関係は長い年月の間に大きな変化を示している。石がただの石となるためだけでも、かなりの年月を要したのである。

古代においては石は地中で成長すると考えられていた。かつては小さな石であったものが母なる大地から力を得て、大きく成長してゆき、母なる大地がもっていた治癒力をもあわせもつようになると信じられていたのである。こうして石はまず第一に民間治療の手段として用いられた。患部を自然石にこすりつけたり、石のまわりをまわったりして、病を石に移すのである。このような用途に用いられた石には病が潜んでいるから、以後はその石に近寄ってはならず、他人が知らずに触れたりすると同じ病にかかると信じられていた。したがってそのような危険をさけるために石を地中深く埋めたりしたのである。雨だれのおちるところにおかれている石がしばしばこのような治療の目的に用いられたが、この場合には元の場所に戻しておいたり、水をかけて洗う。雨だれのおちるところは家と外界との境であり、特殊な性格の場だったからであり、また雨だれによって洗われるからでもある。

イボをとる場合は逆に患部に触れさせた石を元の場所に戻さない。他人がその石にふれることによってイボが治ると信じられていたためである。したがってそのようにして用いた石は泉のまわりなどにおき、それにつまずいた人にイボが移るといわれていた。

コブをとりたい者は月が欠けてゆく頃に顔を月に向けて石でコブにふれ、これを背後に投げるとコブがとれると信じられていた。歯痛の場合にも石の上に裸足で立ち、呪文をとなえながら身体を上から下に三回なでさすると治るといわれていた。病や痛みだけでなく愛も石に移すことができた。オーバーインタルでは仕事のために旅に出なければならない職人は恋人と別れるときに一つの石にキスをして恋人に渡しておく。恋人はそれを秋になって若者が帰ってくるまで自分の部屋にとっておくのである。

石のなかに無限の力が隠されているという考えはすでに古代世界以来中・近世にいたるまで広く信じられており、アリストテレスやプルターク、プリニウス、イシドール、アヴィケンナ、アルベルトゥス・マグヌスやベーコン、スピノザなどにも同様な考え方が認められているといわれている。石のなかでも特に宝石はさまざまな病気に対する治癒力をもつものとみられていた。ローマ人はこれらの宝石について詳しく伝えており、それによるとダイアモンドは毒物を中和する力をもち、緑柱石は肝臓に効き、エメラルドは痙攣に効果があり、サファイアは水腫、ルビーは風邪にきくという。また晶洞石は妊婦の早産を防ぐといわれていた。

宝石はこれらの病気に効力があるだけでなく、倫理的な力をももつものと考えられていた。たとえばトパーズは純血を守り、瑠璃は恐怖心を去らせ、アメジストや柘榴石《ざくろ》、貴橄欖石は人を明るく快活にさせるといわれていた。このような古代の伝統は中世にも伝えられ、中世の医書『健康の庭』では百五十種もの石が扱われているという。

中世においては石は薬としてだけでなく、災難や魔術に対抗する手段としても用いられている。猫が道を横切ると不吉とされていたので、猫の通ったあとに石を三個投げなければならないとか、村のなかを兎が走り抜けると火事になるといわれていたから、兎にも石を一個投げねばならないなどといわれていた。東プロイセンでは最後に収穫した穀物の束に石を結びつけ、来年の収穫も重くなるように祈願するし、果物の樹の枝にも石を結びつけ、翌年の豊作を祈る。

ときには石は未来を占うためにも用いられる。一〇二四年に死去したヴォルムス司教ブルヒャルトが集めた『デクレトゥム』のなかでは異教的慣習としてさまざまなことが禁じられているが、そのなかで流行病がひろがったとき石をもちあげてみて、その下にぶよや蟻、蛆などの生きた虫がいたならば、病人は治り、それらがいないと死ぬという迷信が攻撃されている。シュレージエンでは結婚占いにも石が用いられている。娘が石を五個集め、それぞれに男性の名前を書き、火で熱してから水に入れ、冷えたとき取り出して、キシキシ音がしたら、その石に書かれた名の男と結婚することになるというのである。道を歩いていて石につまずいたら、そこには楽師が埋められているという伝承もある。これは賤民であった楽師が墓地に埋葬されず、市外の十字路に埋められた時代に成立したものであろう。いずれにしてもこれらの用途に用いられた石は決して家に持ち帰ってはならないのである。シュレージエンでは小さな子供が小石で遊んでいると物価が高くなるという言葉もある。こうした習慣は近代までつづいていたらしいから、その影響も無視できないであろう。

たとえば家のそばから石を掘り出してしまうとその家の平和が失われてしまうといわれる。元の場所に埋め戻せば事なきをうるというのである。ヴェンドハウゼンの騎士領の石を傷つけたり、動かしたりしてはならない。騎士領の住人と家畜の幸運がこの石に依存していると信じられていたからである。ときには石を動かしてもいつの間にか元の場所に戻ってしまうという伝承もある。ハインリッヒ一世がゴスラーの城の壁にぬり込んだ三つの石がはずれておちるとき、世界の終末がくるとも信じられていた。

石を神聖なものとみる考え方は当然石を切ったり、加工する際に鉄を用いてはならないという慣習を生み出してゆく。すでに『出エジプト記』(二〇—二五)には「汝もし石の壇を我につくるならば切石をもてこれを築くべからず。汝もし鑿《さく》をこれに当てなばそを汚すべければなり」とあるし、『申命記』(二七—五)にも「石の壇一座を築くべし。但し、これを築くには鉄の器を用いるべからず」とある。このように石は生きている、あるいは生命がそのなかに宿っていると考えられていたから、ときには動く石や踊る石の伝承も生れてきたのである。

巨石に対する信仰は各地にみられるが、なかでも隕石が多くの人びとの信仰を集めている。ジーベンビュルゲンで一八五一年に空から落ちてきた石についての報告がある。この石が割れて開いたとき、そのなかに世界の終末を告げる言葉が書かれていたが、やがて再び閉じてしまったという。この石への巡礼は今世紀に入ってもつづけられているという。ラウジッツでもボヘミアとの境に異教時代の石の祭壇があり、ヨハネ祭の火がそこで燃される。二百年ほど前まではそこで多くの人びとが太陽が昇り、沈むときに祈りをささげていたという。このような報告は各地にあり、同時にキリスト教会がこれらの石の供犠を禁じたことも伝えられている。キリスト教が普及する頃には異教時代の信仰の対象であった石は悪魔の石（トイフェルスシュタイン）と呼ばれるようになる。ところによっては同じ石が供犠の石と呼ばれたり、悪魔の石と呼ばれたりして、この事情を今に伝えている。

これらの聖なる石には奇蹟をおこす力があるとされている。一四九六年から一四九九年にかけてローマに巡礼したアルノルト・フォン・ハルフは教会の石の穴に指をさし入れて偽りの誓をすると、指が石によって切り落されるという話を伝えている。宣誓を石にかけて行なう慣習は各地にのこっているが、中世においては裁判が行なわれる場所として石が重要な役割を果している。

メンヒルとして名高い有史以前の巨石はドイツではヘッセン州の周辺に今なおいくつかのこっている。これらの石のなかには中世においても裁判の石として用いられているものがあり、これらの巨石が本来裁判の場であったのではないかとの推測も生んでいる。もっとも巨石の立っている場所が裁判に好都合な場所であったために中世になってから裁判の石として知られるようになった可能性もある。これらの石は同時に死者への供犠が行なわれた場所であり、しかもアジール（聖域）でもあった。

中世においては裁判は石の卓のある場所で開かれた。今日でもリンデの木の下の大きな石の卓が各地に多数残存している。これらも誓約の石であった。これらの石のなかで注目すべきものに、フルダ修道院大聖堂にある誓約の石がある。直径一メートルほどの石の円板の四隅に二本指をつき出した真鍮《しんちゅう》の手が固定されている。フルダ修道院の封臣たちがこの石の上に手をおいて修道院長に臣従の誓約をしたのだと説明されてきた。しかしこの大聖堂が十八世紀初頭に建てられたものであり、それ以前にこの石がどこにおかれていたのかを確認できないために、この説明をも十分信用するわけにはいかない。いずれにしてもこの石が誓約の石であることは明らかである。またアジールも石によって示される場合が多かった。

裁判と関連して死者を石の下に埋葬する慣習もすでにゲルマン人の間にみられた。特に貴人でない場合は、殺された者の死体は埋められ、その上に石の山が築かれる。石の山はこうして殺害された者の墓所であり、その前を通り過ぎる者は石をひとつ投げてゆかなければならない。近代になってからも恋人に殺された娘の墓にいつの間にか小石の山ができてしまう事例はしばしばみられる。いずれの場合にも自然死や病死ではなく暴力によって生命を奪われた者の墓所であり、この世に未練をのこして死んだ者の霊がさまよい歩かないように通りすがりの者も小石を投げて、霊を墓所に封じこめるのだと説明されている。

ときにはこの慣習は生者にも向けられる。皮剝ぎが死んだ家畜を受取りにきたあと、再び現われないようにと家人が石を投げるという。この場合の石は日本の塩と同じ働きをするものと考えられていたのであろう。

石を積むことはただ死者のためだけではない。はじめて牧地アルプへ出てゆく羊飼の少年は牧地に石を積まなければならない。それを怠ると災難に出合うといわれていた。未知の世界で出合うかもしれない出来事に対してあらかじめ石の供犠を捧げ、無事を祈るのである。今でも山登りをする人びとは小石を積みあげ、ケルンとする。この言葉がケルト語に遡ることからみても、本来は墓標あるいは山の未知の霊に対する供犠として積みあげられたものと考えられる。

作業をする石工たち

以上呪術的信仰の対象としての石についてみてきたが、それと表裏の関係にあるのが石への変化伝説である。グリム童話集の第六話、忠臣ヨハンネスは他言しないという約束を破ったために石になった。しかし、幼い王子を殺した血をぬられて再び生命をとり戻すのである。

石への変化の原因としては、聖なるものを冒した場合や、巨人伝説においては陽が昇るとともに石に変化する事例などがある。チロルのフラウ・ヒュットの伝説では泥だらけになった息子をパン屑で拭ったため、雷鳴と共にフラウ・ヒュットは石になったといわれる。聖なるパンをけがしたためである。人間や動物が石になるだけでなく、モノも石に転化する。乞食が船主のところへ来てパンを乞うた。船主が乞食をからかい積荷は石だけだと答えたとき、船主のパンと肉はすべて石に変化していたという。また一五七九年にもドルトムントの高利貸の家ですべてのパンが石に変化したといわれている。このほかに古代から伝えられたバジリスクの伝承がある。バジリスクににらまれた人が石になるという言い伝えである。石への変化伝説は石が生命をもっているという考え方と表裏をなすものであるが、この段階では石の変化はすでに新しい様相を帯びている。

そこで最後に石が特別な呪術性をもたない場合をみよう。民衆本の『オイレンシュピーゲル』の七十三話に次のような話がある。

オイレンシュピーゲルはヴェーゼル河のある町の十四軒の宿に軒なみ泊ってみて、町の人びとのやり口が解ってきた。彼は町の人びとの生き方にあいそがつきてしまった。そこで川原から小石を拾ってきて、市参事会堂の前をいったり来たりしながら小石を蒔《ま》いて歩いた。「何をしているのかね」とたずねられると「いたずら者の種子を蒔いているのさ」と答えた。「それなら蒔くには及ばないじゃないか、この町にもいたずら者はいくらでもいるから」といわれると「それはそうだが奴らは家にひっこんでいるから外へ出してやるのさ」と答えた。「どうして正直者の種子を蒔かないのかね」とたずねられると、「正直者の種子はここでは芽を出せないのさ」と答えた。この話が市参事会員の耳に入り、オイレンシュピーゲルは種子を拾い集めて、町を出るよう命ぜられた。彼はそこで別の町へ行ってそこからディトマルシェンへ行くつもりであった。ところがその町でも立入を禁止され、やむをえず舟を借りて出ようとしたところ袋が破れて種子はこぼれてしまったのである。

この話の源流にはデウカリオンの伝説があるかもしれない。デウカリオンと妻のピュラは洪水ののちパルナッソス山に漂着し、石を投げると男女つまりヘレネスの先祖が生れたという。しかし七十三話のポイントがディトマルシェンにあることは明らかであろう。古来自由農民の国であったディトマルシェンに一五〇〇年二月十七日にホルシュタインとデンマークの軍隊一万三千人が攻撃をかけたが、ヘミングシュテットの戦で両軍は六千名の自由農民軍に敗北を喫したのである。『オイレンシュピーゲル』の著者ヘルマン・ボーテはヘミングシュテットの戦の報を聞き、早速その話を民衆本にとり入れ、市参事会の圧制のもとにあった市民の奮起を促したのだと考えられる。ここではデウカリオン伝説は極めて新しい装いをもって現われている。十六世紀にはすでに石をめぐる呪術的信仰を脱却したこのような考え方が都市市民の間でかなり一般化していたことを物語っているといえよう。

十三世紀以降に投石器が普及してゆき、石と人間の関係も変ってゆく。投石それ自体はかつて呪術的な行為であったが、投石器が扱う石はただの石にすぎないのである。十七世紀末にイギリスのニューハンプシャーで石を投げる悪魔として伝えられている話も民衆が為政者に対する不満を投石によって示したものと解することができる。この場合も悪しきものを投石によって封じこめようとする伝統的思考が働いていたと考えられるが、そこに示されているイメージはかなり近代的な投石である。石をめぐる人と人との関係はこの頃から明瞭に変化してくるのである。

中世の星の下で

星辰の世界はヨーロッパ中世のすべての人びとに同じ姿を示していたわけではなかった。オレスメのニコラウスのような人にとっては中世人の宇宙観を規定していたプトレマイオスの体系は吟味を要するものであったし、モーゼル河畔のクエスのニコラウスにはすでに地動説への萌芽がみられたという。これらの著名な人びとでなくとも、天体の運行の計測、実生活に役立つことを知っていた人びとの数は少なくなかった。

R・W・サザーンによると十一世紀にオルレアン附近のある修道院で夜の見張役に与えられた指示の一部に次のようなものがあったという。

「クリスマスの日には、双子座がいわば修道士居館の上に横たわり、オリオン座が諸聖人の礼拝堂の上に現われているのをみるとき、鐘を鳴らす用意をせよ。そして一月一日にはアルトフィラックス（牛飼座の主星）のひざで輝く星が修道士館の第一の窓と第二の窓の間の空間と同じ高さにあって、いわばその屋根の頂きの上に横たわっているのをみたら、燈火をともしに行け」（『中世の形成』森岡敬一郎、池上忠弘訳、みすず書房、一四九頁）。修道院生活のなかで季節と共に移動した典礼の時刻を守らせるためにこのような天体観測が行われていたのである。天体観測に基づいて日々の務めを営む生活は今では船乗りの間にしかのこっていないのだろうが、中世においては星座の世界が直接に日常生活と触れあっていたのである。

中世の人びとの日常生活は今日よりもはるかに密接に星辰の世界とかかわっていた。しかしながら一般の人びとにおけるそのかかわり方は、修道院のばあいとはかなり異なるものであった。地上の出来事や人間の運命は天体の運行によって規定されるものと考えられとりわけ獣帯、十二宮と遊星の動きが注目されていた。しかし遊星の動きの方が獣帯よりも強力であり、人びとは常に七つの遊星の動きに注目を払っていた。当時の医学はまさに遊星の動きと密接な関連をもっていたからである。

七つの遊星がそれぞれ人間の運命を規定しているという信仰は中世において一般的なものであったから、このような信仰に基づく叙述や描写は少なくなかった。それらのなかで中世の人びとの生活を伝えている見事な描写として「ハウスブーフマイスター」の絵は特筆に値するものである。

「ハウスブーフ」(家の書)は南ドイツのヴォルフェッグ家に長く伝わる羊皮紙の文書であって、一四八〇年頃に成立したものとみられる。作者は不詳で、これまで若きグリューネヴァルトやエアハルト・ロイヴィッヒなどの名があげられているがいまだ十分に証明されたわけではない。「ハウスブーフ」はそこに描かれた貴人の優雅な生活だけでなく、端々に登場する農民や子供、動物などの描写においても見る者を魅了せずにはおかないのだが、とりわけ銃砲などの技術面での素描の正確さにおいても特筆に値するものである。

まず「土星とその子ら」をみよう。土星は最大の星で最も徳性に欠け、冷たく乾燥し、人間の本性に背くものとされている。この星は悪しき、不徳の人びとの星である。この星の下に生れる子らは身体がまがり、皮膚も髪も黒く髭がない。不潔な服を着てすべての悪しきものを一身に引受けている。土星の時は悪の時である。主もその時に裏切られた。土星の時刻には何もしてはならない。何の益もないからである。土星は三十年と五日、六時間で一回りする。中世の人びとは一般にこのようにとらえていた土星をハウスブーフマイスターは第1図のように描写している。

画面の一番下で皮剝ぎが死馬の皮をはいでいる。皮剝ぎは賤民の最下層に位置づけられており、彼の尻を豚がかいでいる。丘の洞穴には手枷足枷をつけられた罪人が閉じこめられており、そこで魔女が不吉な言葉を述べている。丘の上には絞首された死体と車裂きの刑に処せられた者の姿がみえる。処刑台の上には鳥がとびかっている。鳥の羽根をつけた帽子をかぶり、長い剣を身につけた死刑執行人が、犯人を刑場へ引き立てている。そのそばにはカプチン僧が十字架を手にもって最後の祈りを捧げようとしている。画面の右手では農夫が犂を馬にひかせ、子供が馬を先導している。農夫は裸足で貧しく、その表情は苦

第１図　土星とその子ら

痛にゆがんでいる。

「衰えて青白く、干からびて冷たい者こそわれらが子ら。粗野で怠惰、嫉妬深く、悲しげで異形のものこそわが子ら。苦難と苦役のなかで働く運命の下にあるものこそ、土星の子らである」という。

第二の木星（ユピテル）の図をみよう。

左下には学者たちが象牙の塔にこもって書物をよみ、右下では判事が笏を右手にもって哀れな犯罪者を裁き、中央左では射手が的をめがけて弓の練習をしている。弓を張り矢をつがえ、射るあり様が克明に描かれている。右手に鷹をとまらせた男が女と一緒に馬にのっている。おりしも鹿を追いつめた山番が犬と一緒に走り、笛をならしている。右上では鋭い歯をもつ魚へヒトがまさに棘魚を呑みこもうとしている。

第2図　木星とその子ら

「私はユピテル。徳のある第二の星。温暖で湿潤……。一二年毎にひとめぐり、賢明で平和的。倫理にあつく、正しき者。幸運に恵まれ、服装正しく、貴き者。美しく気品にあふれ、芸術性豊かな者。美しいバラ色の顔、馬と鷹そして鷹狩り。犬と共に狩をしばしば楽しむ者。裁判官、官僚と廷臣たち。こうしたことに相応しい者。これこそユピテルの子たち」という。

第3図火星（マルス）をみよう。

平和な村に突如として軍隊が侵入する。中央では両手を縛られた村人が今やふりおろされんとする剣におびえ、左下では倒れた巡礼の首にあわや剣が突きさされんとしている。右下では両替商の店が荒らされ、主人が殺されようとしている。村の家々に火を放つ騎士たち。その下手では勇敢な女が壺をふりあげて襲ってくる騎士からおそらくはわが夫を守ろうとしている。教会の塔の窓には逃げこんだ人々の顔がみえる。掠奪された牛や豚が森のなかに追いこまれようとしている。

「第三の火星。それは暑く乾燥し……蠍と雄牛を徴としている。火星が力をふるうとき、戦と苦難がはじまる。火星の下で生れる者は、怒りやすく、やせて、不機嫌である。気性が激しく、戦闘的で、喧嘩好き、盗み、殺人、詐欺にあけくれ、突き刺し、打つことを戦で学ぶ。顔は褐色で少し赤く、やせこけている。……小さな歯と少ない髭、身長は高く、皮膚は固く、火の手があがるところには必ず火星の子らがいる」。

第4図の太陽をみよう。垣根で周囲から隔てられた庭では卓をかこんで軽い食事をしている男女がみえる。四人の楽人が喇叭や笛を吹き興をそえている。一組の男女が楽譜をひろげ、塀の外から道化がのぞきこんでいる。外では若者たちが競技に打ち興じている。小聖堂では祈っている者のそばで目のみえない乞食が施物を受けている。

第3図　火星とその子ら

第４図　太陽とその子ら

太陽は王の星であり、世界の光と目とよばれ、七つの星のうち最も穏和で、一年でひとまわりする。太陽は人びとに愛を向け、その顔を美しくし、美しい髭と長い髪を与える。太陽は人びとを賢くし、すべての事柄において楽しみを与える。太陽が支配する下で生れた者は美しい顔、大きな目、白い肌にうす赤色が混っている。太陽の支配する時が最高の時である。この時に神も生れた。この時には争いにも勝ち、偽りも何の力をもたない。瀉血もこの時に行うべきである。教会、修道院、城や都市の礎石をしくのもこの時が最も良い。皇帝、国王、司教などの選挙もこの時に行うのが最もよろしいといわれる。

第五番目の金星（ヴィーナス）をみよう。

左下では一組の男女が入浴し、そばで老女が食物と飲物をささげてはべっている。その上では三人がカルタに興じているが、一人の女はおそらく若い青年とみられる男のあごを

第5図　金星とその子ら

左手でくすぐり、その間に手にもったカードを隣りの者にみせている。画面の中央では楽師の夫婦が演奏し、その下では三人の楽師も笛を吹いている。右下では一群の男女の輪舞がみられる。

金星は冷たく、しめっているが、幸運の星でもあり、三百十四日間でひとまわりする。金星の子らには黄色い肌の人びとや純潔でない人びとと、女色を好む男たちがいる。金星が

第6図　水星とその子ら

近づくときには新しい服を買い、買物をすると良い。金星の支配下で生れた者はあまり背が高くなく、目もあまり大きくない。性格は穏やかで、おしゃべりで、清潔好みで音楽を好み、よく踊る。金星の支配下では恋が実り、友情が芽生える。結婚によく、争う二人も和解する。入浴にもよいが瀉血には向かない。

第六の水星（メルクール）をみよう。この星は手工業者の星である。画面の左下には金細工師が腕をふるっており、その隣りでは彫刻家がイエスの像を彫っている。中央ではパイプオルガンの製造者が仕事をしており、左上では時計造りが日時計で計測している。右上では聖母マリアの像を彫る男が、その肩にそっと手をかけた女の手をも気にかけずに仕事に熱中している。左中央では勉強を怠けた子供の尻に教師が笞を加えている。水星の子は勤勉な特性をもっている。

最後に月の絵に目をむけよう。この絵は七枚の絵のうち最も有名なものである。この絵がもつ広がりも静けさも月の子らのもつ特性に相応しいものだとヨハンネス・グラーフ・ヴァルトブルク・ヴォルフェッグはいう。左端では粉挽きが穀物を水車小屋に運んでいる。挽いた粉を驢馬に積んで家路へ急ぐ者の姿が描かれ、山の上には風車もみえる。そばの堰では楽しげに水泳をしている者の姿が描かれ、湖では魚を網でとっている者もみられる。その下ではアクロバットの姿が描かれた旗の前で奇術師が店を広げている。そのそばでは猿を肩にした楽師が笛を吹いている。奇術師は魔法の棒と壺を使って奇術をやってみせ、見物客は口をアングリあけてあっけにとられている。もう一人網を身体にまいた男は何か忠告を与えているらしい。右下では子供が母親の手を引っぱって奇術をみに行こうとせがんでいる。右手では狩人が兎を追いつめているが、その上では木の枝を集めてつくった三角の小屋に身を隠した男が丸くあけた穴から外をみながら、囮の梟の前に罠をしかけて鳥が近よるのをまっている。今まさに一羽がかかろうとし、他に数羽がまわりを舞っている。月

第7図　月とその子ら

の支配下にあるのは奇術師、漁師、放浪学生、捕鳥師、粉挽き、浴場主、沖仲仕その他水によって生活を営んでいる人びとである。

ヴァルトブルク・ヴォルフェッグ家の「ハウスブーフ」の七枚の絵には中世に生きたすべての人びとの生活が描かれ、それが七つの遊星の支配下にあるものとしてとらえられている。人びとに卑しまれた賤民もひとつの星をもっていたのである。人間の生活や運命が遊星の影響下におかれているという信仰はこの他に暦にもあらわされており、マウリティウス・クナウァーが一六五二年に作成し、今世紀まで使用されている百年暦も同じく七つの遊星の支配下で年毎の天候や収穫や災害などが規定されているという原理に基づいてつくられた万年暦なのである。このように、中・近世の人びとにとって星辰の世界は、天文学の普及によって月が死せる星であることが明らかになった現代よりも人びとの生活に密接なかかわりをもつものとしてうけとめられていたのである。このような考え方が非科学的であることはいうまでもないが、それをあげつらうだけでなく中世から近代まで多くの人びとを支配したこのような宇宙観と世界観の実態をみておく必要もあるだろう。

中世のパロディー

ヨーロッパ中世という言葉から直ちに浮びあがってくるイメージはいまだ鮮明でない。一方で屹立するロマネスクとゴシックの大伽藍や都市の景観などの絵画的イメージがあり、他方で歌ミサの合唱の荘厳な調べがある雰囲気を伝えているかと思えば、他方で歴史学は、粗野で貧しく目に一丁字ない農民の日常生活を描いている。中世という世界はいまだまとまった輪郭をみせてはいないのである。そのうえ中世の風景を伝えてくれるはずの絵画や文学がルネッサンス以後のそれと違って、あまりに象徴的でとっつきにくい形をしているところからなおさら中世のイメージは結びにくくなっている。こうしたところから近代風景画はルネッサンス以後に成立したとさえいわれるのである。ルネッサンス以後の風景画家は何よりもまず個人であり、画家の人間としての感情を風景画に託している。そのためにまず風景をいったん人間の生活から切り離し、人間にとってよそよそしい未知の世界として位置づける過程を経なければならなかった。自然をつきはなしたときはじめて風景は人間の感情や心の奥底を表現するものとなったのである。

しかしながら中世の人間にとって自然は決してよそよそしいものではなかった。森や野原は人間にとって常におそろしい秘密をたたえてはいたが、それなくしては生きてゆけない親密な世界でもあった。中世の人間は自然をよそよそしいものとしてつきはなすことはできなかったのである。このような中世人の自然や社会とのかかわり方を言葉で表現しようと思えば、さしあたりトレルチやハインペルが使った具体性《ゲルバリヒカイト》、触知性《ハントグライフリヒカイト》、即語《ヴォルトリヒ》性《カイト》などの言葉が浮ぶ。具体性とは精神がつねに肉体や物とかかわっていることであり、「喜捨とは慈愛深いことを意味すると同時に施物、贈物、贈られた財産そのものを示す」。触知性とはどんな観念でも手で触って確認できることを意味し、「ユスティチアとは正義であると同時に権利であり、放牧地用益権を示し、農民の自由とは変化はあってもそのときどきで確認しうる農民の権利、狩猟権、漁撈権のことであり、自由農民とは確定しうる権利をもった農民のことであった」。証書はまさに権利そのものを意味していたから、証書を失うことは権利を失うことでもあった。このような中世の具体性、触知性はその即語性にも示されている。「マタイ伝で〈帯のなかに金銀または銭をもつな、旅の衣も、二枚の下着も靴も杖ももつな〉とあれば、シトー派の僧は衛生のことなどおかまいなしに昼の僧衣を夜着に着替えることなく、帯をしたまま寝た。〈目覚めて祈れ〉とあれば、転用された精神的な意味においてではなく、言葉どおりに昼も夜も祈ったのであった」（ハインペル）。

このような態度は自然や社会の組織をつきはなして対象化してとらえることのできない人々の姿勢だということもできよう。司祭が祭壇からローマ教会の教義にのっとって、高邁な説教をしても会衆はそれを何らかの具体的なものの象徴としてしか理解しない。中世のパリ大学やボローニア大学で講じられていた学芸と、農村の教会で説教を聴いていた会衆の理解との間には無限の距離があったかにみえるのである。こうした事態は聖職者による学芸の独占と下層の民衆の無知蒙昧な姿としてこれまでの中世史像のイメージのひとつをつくってきた。しかしながらやや視点をかえてみると、そこに思いがけない豁達で豊かな世界が開けていることが解るのである。

日本であれヨーロッパであれカトリック教会のミサを見学する機会に恵まれた人は、その荘厳な雰囲気に打たれるだろう。特にパイプオルガンの伴奏のなかでの歌ミサともなれば圧倒的な迫力がある。聖体拝領のために歩む人の足どりも厳かで粛然とさせられる。外からみてもこのように感ずるのだから教会人にとっては尚更のことと想像されるのである。そして私たちはこのような想像を中世の教会に広げてゆき、中世史像形成の支えとしようとする。ミサのなかで唱えられる聖なる言葉やミサそれ自体の進行は厳粛で侵すべからざる神聖なものとみえるのである。

だから中世を通じてクリスマスや新年の頃に教会学校の生徒や下級聖職者がいわゆる馬鹿騒ぎをやらかし、歌ったり踊ったり、飲み食いし、それも修道院の食堂だけでなく、教会の入口や内部、さらに祭壇ですらこの騒ぎが行なわれたということを知るとそこには十分に理解しえぬ何かがあると感じさせられるのである。教会の鐘がいつもとは違った響きを伝え、司教（や教皇）が選ばれ、任命され、全くノンセンスな言葉でミサがあげられる。調子はずれの合唱が会堂にこだまし、ふざけた説教 Sermo fatui がなされ、香の代りにソーセージや靴の底革がいぶされる。そののち大行列が町中を行進する。このような行事は復活祭にもみられ、その由来についてはこれまでローマの収穫祭（十二月のサトゥルヌス神の祝い）や古ゲルマンの収穫の祝いがニコラウス伝説と結びついたものとして説明されてきた。多くの研究がなされたにも拘らず、その由来はいまだ解明されてはいない。ここで問題なのは私たちがこれらの行事を普段は厳粛にとり行なわれた教会行事、儀式とは全く別種の特別に例外的なこととみなしている点である。日常生活は厳しく、教義も厳格な生活規制を要求し、現世における楽しみが正当な存在理由をもたなかった教会を中心とする生活のなかで、年に数回の僅かな気晴らしが許されたのだと解釈しているところに問題がある。たしかにこのような解釈は正しく状況を捉えてはいる。しかし普段は真面目に教会の行事を行ない、年に数回だけ羽目をはずしたのだと考えただけでは事の真実のすべてがとらえられたとはいえないだろう。気晴らしならば全く別の方向をとってもよいはずだが、まさに日常厳粛に行なわれるべき儀式そのものが、この日にはたわむれの対象とされるのである。

悦楽の庭

また特定の期日に行なわれたこのような行事の他に聖書の言葉や教皇勅書、教会の法令などをパロディーの的とする慣習は古くからみられ、それらを探ってゆくとこうした試みが羽目をはずした冗談であるだけでなく、中世人の物の見方に根ざす営みであることが解ってくるからである。いまだ文芸の低迷せる時代とされる七、八世紀にすでにウィットや言葉遊びそして風刺・パロディーが盛んに行なわれたという。

九世紀の『キプリアヌスの宴会』Cena Cypriani はまさに古キリスト教のパロディーの一面を伝えている。パウル・レーマンの要約によるとそれは次のような内容のものであった。

かつて東方にヨヘルという王があり、ガリラヤのカナで大宴席を開いた（これはイエスが水を葡萄酒にかえたカナの結婚式のもじり）。そこに招かれた人は皆聖書の定める席についた。父アダムは真中に、母エヴァは無花果の葉の上に、カインは犂の上に、アベルは乳牛の上、ノアは箱舟に、アブサロムは枝の上（そこで彼が死んだ）。イスカリオテのユダは貨幣の入った箱の上に。御馳走はすばらしいものであった。食事も飲物も聖書の規定通りであり、イエスはシャンペンでのどをうるおした。乾燥させた葡萄からつくった葡萄酒はパススと呼ばれ、イエスはまさに受難パッシオをうけたからである。アダムは飲みかつ食ったのち横になって眠り、ペテロは鶏の鳴声でゆっくり眠れない。食事ののちピラトゥスが手を洗う水をもってくる。ダヴィデはツィターを弾き、ユダとヘロディアスが踊り、主にキスをして裏切ったユダは皆にキスをする。宴会の翌日招待客は皆贈物をもってきた。アブラハムは雄羊を、レベッカは駱駝を、エサウは鹿を、イエスは小羊を、モーゼは二枚の板を。ところが争いが起った。王はそれらがすべて前日に盗まれたものであることを知ったのである。そこで客は拷問され、アベルがすべてを贖うために殺され埋められた。

これは一体何という作品なのだろうか。この作品が聖書の人名と事跡を素朴な人々に憶えさせるための教科書だとする解釈は到底うけ容れられない。むしろレーマンのいう解釈の方が面白い。つまり、ヴェロナ司教ゼノがあるとき復活祭の説教のなかで当時しばしば行なわれていた復活祭ののちの大宴会の馬鹿騒ぎに警告を与え、世俗的な楽しみよりむしろ聖書をよむことでみたされるようでなければならないと説いたのに対し、卓抜な頭のキプリアヌス（有名な教父ではない）が厳密に文字通り聖書に基づいて、そこに登場する人物の飲み食いを描いたものだという。キプリアヌスは聖書を言葉通りに引用することによってゼノの言葉をパロディー化し、ゼノの批判を嘲笑の的としたのである。

このようなパロディーの伝統は十二世紀以後は放浪学生によって受けつがれ、周知の『カルミナ・ブラーナ』において頂点に達する。四十四詩節に有名な「銀貨マルクによる福音書」がある。

同じ頃、教皇はローマで周りの者に言えり。「主の住居の戸口に人が訪れたるとき、まずかく問うべし。友よ何とて来る」。しかしてその者戸を叩きつづけ、何も手渡さざれば、外の暗黒《くらき》に追い出せ。一人の貧しき僧、主の住居に出できたり、叫びて「教皇の門番よ、われをあわれめ。神の手われを撃てり、神よ汝はわが愚かなるを知り、わが罪汝の前に隠れることなし。わが災難と痛苦を救いたまえ」と。しかるに門番らそを聞き、憤りていえり。「わが友よ、汝の貧困は汝とともに亡ぶべし、サタンよ退け。汝は金のことを思わざればなり。誠に誠に汝に告ぐ。一厘も残りなく支払わずば主の喜びに入ることなし」。さらば貧しき者上衣とマントをとり、ゆきてもてる物をことごとく売りて枢機卿、門番、仕え人に贈れり。しかるに彼らいわく。「されどこの多くの人に何にかならん」。かくして僧を追い出せり。僧は出でゆき、いたく泣きしに彼を慰むるものなし、そののち一人の富める僧教皇庁に来る。この者一揆を起して人を殺し、肥えて太りて強くなりしなり。この者まず門番、しかるのち仕え人、ついで枢機卿に〔金を〕手渡せり。これらの者互いに他の者多く受くるならんと思いき。枢機卿、および仕え人の、僧より多くの贈物を受けしと聞きて教皇悩みまどい、重き病の床にふしたり。しかるに富める僧、金、銀からなる薬を贈りしに、この人ただちに癒えたり。教皇、枢機卿および仕え人を呼びて言いたまう。「兄弟よ心せよ。虚しき言葉にて人を惑わす者あり、われ汝らに模範を示せり。わが受けし如く、汝らも受けんためなり」。

ここに交される会話はほとんどすべて『旧・新約聖書』からとられたものであり、対応箇所を参照してみるとこの文章を作った人の強烈なパロディーの精神に胸はずむ思いがするのである。身にまとうマントと上着を売って枢機卿らに天国に入るための賂を出そうとした貧しい僧に対して「されどこの多くの人に何にかならん」というとき、いうまでもなく五個のパンと小さな魚二匹で五千人に食を与えたイエスの奇蹟（ヨハネ六・九）が背景にある。すべてがこの調子なのである。冒頭の「同じ頃」in illo tempore という言葉もカトリックの儀式にのっとったものだし、手書本によっては最後に「陰謀の汝と共にあらんことを。歎きの汝と共にあらんことを」Dolus vobis cum, et cum gemitu tuo とあり、まさにミサの中心をなす祈りの言葉「主の汝とともにあらんことを。精霊のまた汝とともにましまさんことを」がもじられているのである。

世俗の出来事を語った散文のなかにも同じような手法がしばしばみられる。十三世紀のある手書本によると、戒律に背いて人妻の許へ通っていた修道士が夜人妻と同じベッドにいるときに夫が突然戻ってくる。修道士は傍の籠のなかに隠れるが、頭のてっぺんの中剃りが光っていたために発見され、男性のシンボルを切りとられるという厳しい罰を受ける話がある。このような話はありふれていて話それ自体は特に面白くもないのだが、それが教会の儀式の時の祈りの言葉を用いて一人の修道士の生涯についての教訓をこめた説教として厳かに語られるとき、抱腹絶倒させられるような話となる。この話のばあいはウォルター・マップの作品のもじりとなっているらしい。

聖書だけではない。皇帝や領主が出す特許状もパロディーの的とされた。大酒飲みの修道会（仲間）の入会証書には「大食いにしてバッカス修道院長なる余ゴルギアス、ベルナス並びにカウカス山の南の平原における祭司長にして、すべてにしてひとつなる修道院の院長は、ここに左手にてあふれんばかりの祝福を贈る」と、通常の特許状の冒頭の文句をもじった言葉にはじまり、古文書の様式を借りながら飲酒のすすめを聖書の文句をも引用しながら厳かに述べ、入会の許可証としている。

パウル・レーマンはその『中世におけるパロディー』（一九二二年）第二巻の『パロディ

ーのテキスト』においてこのような中世のパロディーの多彩な集成を行なっている。ここではそのごく一部さえ紹介できないのが残念だが、それらを読んでいるとある不敬な思いが念頭をかすめて去らないのである。それはかくも見事にパロディー化されてしまう中世の教会の祈禱文や聖書の言葉、さらに皇帝や教皇の公文書局から発行された正式な特許状などは本来一切のたわむれから超然とした、あそびとは無縁なものだったのだろうかという疑念である。もしそれがたわむれと無縁な、生活のギリギリの必要に根差すものであったとしたら、パロディー化することは容易ではなかったかもしれない。これらの聖なる教会の祈りや説教、そして公文書の書式などは本来、遊び＝たわむれと呼応する本質をもっていたのではないか。

ここにいたって私たちはホイジンガの『ホモ・ルーデンス』を想起せざるをえない。ホイジンガは、生きてゆくための職業活動はまさにまじめなものであるが、文化は本来遊びとして発展してきたとみた。神聖なるものは通常われわれが考えているあそびの極致にあるものであった。ホイジンガは神官も儀式をとり行なうときまさにたわむれている人間であると述べ、儀式、呪術、礼拝、秘蹟などの概念はすべて〈遊び〉という観念のなかにおかれるべきものだといっているのである。あそびは美と聖なるものの頂点にまで高められ、まじめさをはるか下にみおろすことができるとホイジンガがいうとき、私たちはある広い展望が開けてくるのを感ずる。

中世世界についての私たちのイメージが一方ではゴシック建築や教会音楽のまじめで荘厳な雰囲気に刻印されているかと思えば、他方で農民や市民は教会での説教を何らかの具体的な人や物にかかわる象徴としてしか理解しえず、すべての観念を言葉どおりにうけとめる素朴な知的水準に留まっていたと考えがちである。しかしまさにその言葉どおりにうけとめるという思考のあり方が、みかけのまじめさに対する強力な武器となってゆく。しかも私たちのような後代の観察者からみると、そこで攻撃されたまじめさが本来は至高のものを求めるまじめさであったが故に、あそびと無縁ではなく、言葉どおりうけとめることによるパロディーが攻撃されるものと同じ世界のなかにあったことになり、それだけ強力な作用を果しえたのだとみえるのである。

十五世紀初頭にすでにディートリッヒ・ニーハイムはティル・オイレンシュピーゲルについて語っている。オイレンシュピーゲルの行為が言葉どおりにうけとめることによるいたずらであった限りで、民衆本は中世の最もすぐれた伝統をひくものであったともいえるのである。

ライン川に架かる橋

ライン川という名を聞くとき、私たちのなかにはなぜか懐かしい思いが湧き起こってくる。いまだラインの岸辺に立ったことがない者でも憧れの気持をかきたてられる。《ローレライ》の歌の響きが幼いころの記憶のなかからよみがえってくるためだろうか。ライン川から遠くにいる日本人にとってもこのような憧れの的であるのだから、ドイツ人にとって父なるラインが太古の昔から常に変わらぬ故郷の象徴であり、心の慰めであったことは不思議ではない。

ライン川は遠くスイスのアルプス山中深いトーマ湖に発し、ボーデン湖をへて、バーゼル、ストラスブール、ヴォルムス、マインツ、ケルン、デュッセルドルフと古い歴史に彩られた都市の傍らを流れ、千三百二十キロメートルに及ぶ流れののち、ロッテルダムの近くで北海に注いでいる。母なるドナウに次いで長いヨーロッパの代表的な川である。

＊

ヨーロッパの名だたる都市の間をぬって流れるライン川は古来多くの歴史的事件の舞台となり、ヨーロッパ史はライン川を抜きにしては語れないほどである。すでに多くの人がライン川について語っており、この川をめぐる文献はおびただしい数にのぼっている。多くの歴史的事件に彩られたライン川は、カール大帝をはじめとしてニコラウス・クサーヌスやエラスムスなどの歴史的人物とかかわり、ヨーロッパ文化と思想の歴史を貫く流れともなっている。しかしライン川の魅力は歴史的事件や都市、文化・思想史上の人物とのかかわりのなかにあるのではない。ライン川に触れたすべての人にとって、それは常に変わらぬ希望と慰めを与える流れであった。十二年間にわたる亡命生活ののちドイツに戻ったハイネがライン橋でライン川と再会したとき、〈これはこれは、わが父ライン、/御機嫌いかがです?/憧れと望みを以て/私はいつもあなたのことを思っていました〉(井汲越次訳『ドイツ・冬物語』)と語りかけ、父なるラインから最近のドイツの世情への忿懣を聞く。このときハイネがライン川までひきよせられたのは、ライン川が歴史的伝統に彩られた名所としての川であったからではないだろう。河川こそ古来人間の生命の源泉であり、故郷の象徴だったからである。

川の岸辺にたたずむとき、人は心の安らぐのを感じ、俗世から瞬時永遠をかいまみるかのような気持にさせられる。このようなとき、川との対話がはじまる。川と人間とのこのような関係をどう理解すべきだろうか。川の流れの一回性とか永遠性について、詩人や文人は多くの説明をしてくれるに違いない。ところで一人の歴史家としてこの問題に触れるとき、川と人間との関係を歴史のなかに探ってみることも許されるであろう。ここではライン川とその支流を例にとって川と人間との関係を、主として橋の上に立ってみることにしよう。橋こそ川と人間がかかわる歴史を物語っているからである。

十九世紀ドイツの詩人、学者カール・ジムロークは〈われわれにとってラインは聖なる川であり、インドのガンジス川に当たるものがドイツ人のライン川なのである〉と語っている。聖なる川としてのライン川についての最古の記録を残しているのは、ほかならぬペトラルカであり、彼は枢機卿コロンナにあてて ヨハネ祭の日の水浴のことを伝えている。一三三〇年ころ、ちょうど夏至の日にケルンの宿についたペトラルカはライン川で日の入りのときに行われる古来の行事をみた。〈岸辺は大勢の婦人で埋められていた。私はよくみえるように丘の上にあがった。群集の数は信じられないほどであった。婦人たちは良い香りのする草花の蔓で身を飾り、袖をまくって一斉に白い腕を流れのなかに入れて洗いはじめた。私にはわからない言葉で彼女たちは笑いながらたがいに声をかけあっていた。友人は私に、これがケルンでは古くからの婦人の慣習で、この年のすべての苦しみがこの日にライン川で洗い流され、それからは思いどおりになると信じられていると説明してくれた。いわば浄めの年中行事で、毎年必ず守られているという。私は、ラインの幸せな住民たちは羨ましいな、と思わず言ってしまった。川があなた方の苦しみや嘆きを流し去ってくれるなんて。（イタリアでは）ポー川もテベレ川も私たちを苦しみや嘆きから浄めてはくれないから、と〉。

ライン川は父なるラインと呼ばれるように男性形（der Rhein）で示されているが、ライン流域の古来の神々の世界はもっぱら守護の女神、豊穣の女神によって代表されている。かつて今日のケルンを中心とした地域に住んでいたウビ族の文化やローマ・ケルト文化の影響の下にこの地で生まれた女神の伝説は、いつも宝角（ヤギの角に花や果物を入れて豊穣のしるしとしたもの）や穀物の穂束、果物籠をもった三女神として伝えられている。彼女たちは人間に恵みをもたらす友好的な女神で、家や氏族、共同体の守護神でもあった。これらの三女神は、たとえばケルン北西のフラウワイラーではアインベット、ウィルベット、ワルベットとして今日でも八月一日に祝われ、子宝をさずけ、新生児をたすける力をもっている、と伝えられている。ローレライの伝説もこれらの女神や水の精を主人公とする話と考えられていたが、十六世紀ころから人文主義者が山彦の一種であろうと近代的解釈をほどこしはじめた。しかし岩の上で髪を梳り、漕ぎゆく舟人を誘うローレライ伝説は、詩人のブレンターノによって新しい形で生きつづけるのである。

ライン川は古来今日にいたるまで民衆の間では聖なる川として意識されつづけてきた。川こそ都市や村に必要な水を供給し、緑野を潤し、けがれを流し、人々の生活の生命源だったからである。しかし川はときには大洪水を起こし、近隣の集落を呑みつくし、渡河し

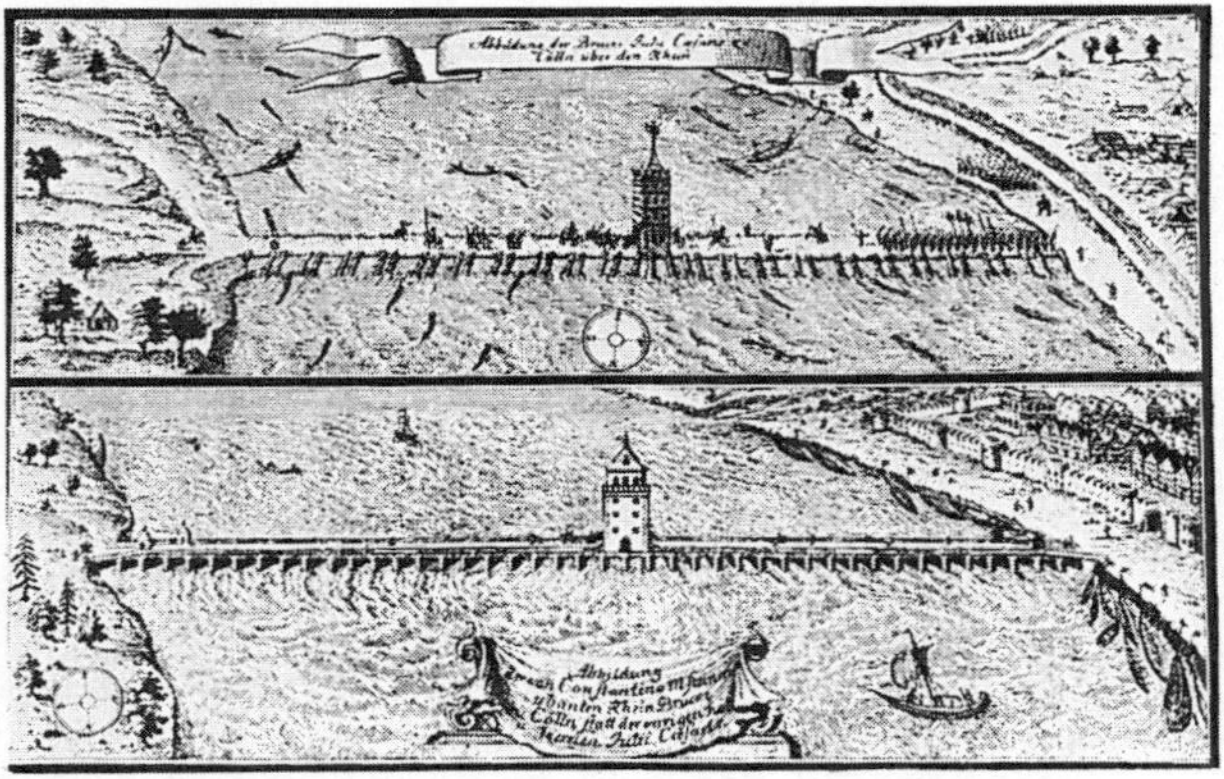

上はカエサルのケルンにおけるライン架橋の図、下はカエサルが木橋をかけた場所に大司教ブルーノが10世紀に建設したといわれる橋の図 『シュラムの書』(1735年) による

ようとする人を波のなかにさらうこともある。このような川の暴力は古代から中世、近世にいたるまで水の精の仕業と考えられていた。水の精をめぐる伝説も各地の河川に今も生きているのである。

＊

ライン川のような大河は古くから交通の大きな障害ともなったから、すでに古代において橋梁建設の試みがなされている。カエサルはゲルマン人との戦いののち、ライン川に橋を架ける決心をした。『ガリア戦記』にはそのありさまが次のように書かれている。〈河の深さに応じて量り、やや端を尖らせた太さ約一ペス半（歩尺。一ペスは約一フィート）の木材を二本それぞれ二ペスの間をおいて結び合せた。これを機械で河へ入れて固定し、杙《くい》のように垂直にではなく、河の流れに応じて前に倒れるように傾斜させてから槌で打ち込んだ。これから四〇ペスほど下流に、同じように結び合した二本を河の流れと力に抗わせて置いた。これら二つの上にその木材の結び目があけている幅の太さ二ペスの木材が置かれ、二つはそれぞれその端で両側から留木で固められた。このような間隔をおいて、互に逆の方向に結び固められていたから、仕事のしっかりしていることと自然の状態に適っていたため、水の力が強くあたればあたるほど、いよいよ固く結ばれて保たれるということになった。それが縦に置かれた木材でつながられ、その上を長い竿や編柴で蔽ったのである。なおまた杙が更にその下流に斜に打ち込まれたが、これは支柱として添え置かれたもので、工事全部と結合して河の力を受け止めていた〉（近山金次訳による）。

この橋は全長四百三十メートルもあり、前五五年に約十日間で建設されたといわれる。この場所は確認しえないが、ボンの近くではなかったかと推定されている。カエサルによるライン川架橋はおそらくドイツにおける大規模な橋の最初のものと考えられる。

カエサルのライン架橋はローマの経済力と武力を背景とした大規模な国家的工事であったが、中世においては技術の点でも財力の点でも国家的規模での架橋は困難になっていた。中世においても大司教ライナルスはケルン市民の協力を得て、ケルンから対岸のドイツ（地名。現在はケルン市に属する）までライン川を渡る橋を架ける計画をたてたが、大司教の死のために実現できなかった。この地点での架橋は大変困難だった。ドイツ語のブリュッケ（橋）は本来丸太をしきつめた道を意味していた。河岸は低湿地になっていて、川に近づくことも困難だったのである。

しかし十二、三世紀以来各地に都市が簇生し、遠隔地商人の隊商が遠くロシアや南イタリアからもドイツに姿をみせるようになった。地域間交易が盛んになるにつれて、橋梁建設の必要が増大してくる。ラインの支流マイン川においては、古くから現在のフランクフルト・アム・マインが〈フランク族の渡河地〉という地名の示すように渡河地点となっており、この地に橋を架ける必要性が高まっていた。フランクフルトのマイン橋がはじめて史料で言及されているといわれる一〇三五年と一一九二年の文書は失われており、確認しうる最古の史料は一二三五年五月六日にハインリヒ七世（神聖ローマ皇帝フリードリヒ二世の子）がフランクフルト市民に与えた特許状である。そのなかで王はフランクフルト市民に冬の洪水で破損した橋の修理に貨幣収入の半分をあて、帝国所有林から木材を伐り出すことを認めている。この橋は当時すでに石柱をもっていたとみられ、木材は張板用のものとみられる。そして文面では〈汝らの橋 pons vester〉とあり、この橋が国王の所有下にはなく、フランクフルト市民のものであったことが示されている。さらにこの文書のなかでフランクフルト市民の信仰心が述べられている。

マイン川にかかる橋（1550年）

＊

一二七〇年五月にはウイッカー・アン・デア・ブリュッケが妻とともに遺言のなかで教会や聖堂、修道院や病院への寄進と並んでマイン橋へ一ソリドゥスを寄進している。マイン橋の左側に館をもっていたドイツ騎士修道会も一二九一年八月にフランクフルト市と契約を結び、マイン橋に毎年二マルク寄進する代りに修道会の所領は免租とすることにしている。このほか一三二七年、四八年にもフランクフルト市民が〈自分の霊の救いのために〉マイン橋に寄進をしている。

一三七四年のフランクフルト市の会計帳簿では、橋の下に一種の賽銭箱が置かれ、通過する者から橋の修理、維持のための費用を受け、また貧民のための古着の喜捨がなされていたことが記されている。

このような記録をみると、喜捨をする人々の意識のなかでは、橋は教会や病院と同じように霊の救いに深いかかわりをもつ超俗的施設と考えられていたことがわかるのである。

現代の私たちにとって橋は鉄筋コンクリートか鉄骨でできた建造物として、その上を通過するときも特別の感慨をもつことは少なくなっている。しかし中世の人々にとって、橋は対岸の人々と触れ合う絆としてはまことに頼りないものであった。その頼りなさはたんに技術が未熟で、少しの洪水でも支柱が流されて倒壊してしまうということによるだけではなく、国家の中央財政が確立していなかったから、修理の費用の支出が容易でなかったことにも原因があった。橋は市民一人一人が支えなければならないもの、と意識されていた。人々はきそって橋にさまざまな物を寄進した。橋は人や物の往来を容易にする点で都市経済の大動脈であっただけではない。橋は此岸と彼岸を結ぶ絆でもあったからである。

ライン川はとりわけドイツ人にとって死者の国への流れとされていた。すでに六世紀ビザンチンの歴史家プロコピウスはそのことを伝えているという。〈ラインを越える〉とは〈死ぬ〉ことをも意味していた。死者の川を霊が渡し船で渡る話は各地に伝えられているが、ライン川では主としてケルンとシュパイアーが死者が冥府へ渡る場所となっていた。このことは川の傍らの墓が船の形に土盛りしてあることにも示されていた。J・グリムが伝えているように、死者は橋を通って冥府へ渡ったといわれていた。

古ゲルマン時代以来のこのような伝承は、キリスト教受容ののちにもやや形を変えながら生き残っていた。すでに古典古代の世界においても道や橋は神々との交流のためにつくられていたからである。前五世紀アテネの政治家ニキアスはアポロンを讃えるためにデロス島とレナイア島の間の海峡に橋を架けたといわれ、古代ローマにおいては橋を架ける人（ポンティフェクス pontifex）は国家祭祀のなかでも重要な地位を占めていた。ポンティフェクスという名称は、以後国家最高位の人の名称となり、皇帝や教皇もこの称号を用いたのである。

北方の古ゲルマン人のルーネ（ルーン）文字の刻まれた石碑には、死者が生存中は自分の魂の救いのために橋を建設させたことが伝えられている。キリスト教会はこのような民衆の古伝承を贖宥符のなかに生かしたのである。一三〇〇年にニコラウス・カプレタヌスとランドゥルフス・ブリクシネンシスを含む数名のイタリアの司教は、フランクフルトのマイン橋を維持するための費用を調達するために贖宥符を発行している。マイン橋は一二三五年、七六年、八八年の各年に凍結や洪水で破損していたから、その修理のためであった。贖宥とは、教会の権威によって祈りや喜捨、教会詣をする者に、軽い罪の赦しを与えるものである。マイン橋の修理に喜捨を出す者はそれ相当の罪の赦しを得て魂の救いにあずかる、つまり彼岸において永遠の生命に一歩近づくことができるのである。

ラインの支流マイン川とナーヘ川に架けられた二つの重要な橋はいずれもマインツ大司教ウィレギスによってつくられたものであった。一つはアシャッフェンブルクでマイン川に架けられ、もう一つはビンゲンでナーヘ川につくられ、いずれも石橋であったという。聖職者が多くの川で橋を架けたのは、橋を架けることが自分の魂の救いにとって役立つ大きな善行だったからであるが、とりわけ貧民に施しをすることをも意味していたからである。中世では乞食や貧民に施しをすれば、喜捨した者の霊は天国に近づくと教えられていたのである。

橋の建設によって貧民も高い渡し賃をとる渡し船を使わずにすむようになったから、橋の建設は救貧事業の一環としての意味ももっていた。貧民と橋は古来密接な関係にあった。橋のたもとはどこでも市場であったから、喜捨を求める多くの貧民が集まったからである。橋のたもとにはしばしば救貧病院が建てられ、貧民に喜捨が配られた。

川は聖なる流れであり、そこに架けられた橋も教会や聖堂と同じく神聖な施設であったから、いつも橋には幸運を求める人の夢が託されていた。ライン川のコブレンツの橋には次のような話が伝えられている。

アルト・リンツェンベルクに住む一人の農民エンゲルは三晩にわたって同じ夢をみた。

来れコブレンツの橋へ
そこに汝の幸運の花開かん

家族にこの話をしたところ、ぜひコブレンツの橋へいけというのでモーゼル橋までやってきた。そこでいったりきたりしながら幸運を待ったが、何も起こらなかった。むだな金

パリのシテ島とセーヌ右岸を結ぶ橋…両替商の店があった

を使い、困難な旅行をしてきたことにわれながらあきれて帰ろうとしたところ、橋のたもとで監視していた一人の兵士から、そこで何をしているのかね、とたずねられ、彼は三晩みた夢の話をした。すると兵士は笑って、夢なんか信じてはだめさ、たとえばわしだってリンツェンベルクの崩れた天水桶に金貨の入った壺があるという夢をみたけどね、人にきいてもリンツェンベルクがどこかもわからないんだからね、といった。これを聞いた農民は、なるほどわかったぞ、と思い、急いで家に帰り、壺を発見したという。

　これと似た話は各地に伝えられており、例外なく橋が幸運をさずかる場所となっている。しかし多くの人が橋の建設、維持に喜捨を出すのは彼岸における魂の救いのためであった。貧民でさえわずかの貨幣を橋のたもとの祠に投げ、魂の救いを求めた。橋はこうして中世においては交通の要衝であっただけでなく、個々の人間の限りある一生が彼岸の永遠の生命と結びつく接点でもあった。

橋は交通の要所につくられた大動脈として多くの人や物を運んだ。国王の華美な行列も、領主の騎馬の一行も橋を渡った。しかし橋にもっともふさわしいのは貧民、乞食である。なぜなら、橋の本質は彼らの存在のなかにこそ示されているからである。

橋の上に立つ盲目の男、
名もない国の境の標石のように灰色に、
この男はたぶん、遠くからくる星々の時間が
まわりを流れる中にみずからは常に変らぬある物、
星辰の静かな中点なのかもしれぬ。
一切の物が彼をめぐって彷徨い流れ華美を競うている

この男こそは、混乱の道のあなたこなたに立つ
不動の正義者かもしれぬ。
表面ばかりの時代に
地下に通じる暗い入口かもしれぬ。

（リルケ『カルゼル橋』高安国世訳）

『百年暦』について

一五八二年に教皇グレゴリウス十三世がユリウス暦を改め、現行太陽暦を定めてから約三百年後の一八七二年に我国もそれを採用し、今日にいたっている。しかし農業や漁業、そして一般の年中行事に旧暦が今でも使われることが多いように、民間暦のなかには、制定暦が公的生活においてもつ力とは別種の力が流れているように思える。このような事情は西欧においても変らない。

『百年暦』として一般に知られた一種の民間暦は、フリードリッヒ大王の時代においては聖書と並ぶベストセラーだったといわれ、一七〇一年に印刷されてから版を重ね、一九六〇年においても刊行されている。今日でも西ドイツの一般の家庭の机の上に聖書や絵入り新聞と並んで『百年暦』が置かれているのをみて、民間暦の力についてある種の感慨にうたれたことが私にもあった。

この暦はバンベルク司教領のラングハイム修道院長だったマウリティウス・クナウアーが、一六五二年から五八年までの七年間にわたって同地の天候の変化や、それに対応した作物の作柄・害虫や病気その他について詳しく観察した記録に基づくものであって、一七〇一年にエルフルトの医者ヘルヴィクーが印刷し、やがて全ドイツ、ボヘミア、オーストリア、ハンガリア、ロシアにまで普及していった。長い間、原本は不明であったが、一九三四年にエルンスト・ハイメラン博士が「原本」を「発見」し、クナウアーの筆になるという「原本」を公刊した。

その「原本」によると、この暦は本来ラングハイム修道院領に豊かな収穫をもたらすために作成されたものであり、「その指示に従わないと不作は避けられないであろう」と著者は自信のほどを示している。少し詳しく分析してみると、この暦は二種の原理からなることが解る。ひとつはクナウアーが七年間の観察に基づいて同地域の天候の周期を分析し、予測している部分であり、著者自ら「私は実践において真と認め、その原因を長年の探求の結果解明しえたことについてのみ示し……経験に基礎づけられたことのみをあげた」と述べている。しかるにこの暦のもうひとつの原理は土星、木星、火星、太陽、金星、水星、月の七星がこの順序で春分を境にして各年を支配し、その年を支配する

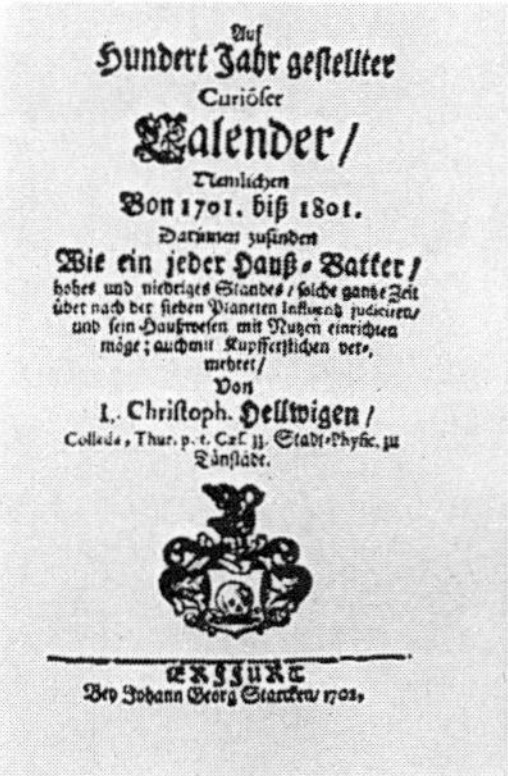
Auf
Hundert Jahr gestellter
Curiöser
Calender/
Nemlichen
Von 1701. biß 1801.
Darinnen zu finden
Wie ein jeder Hauß-Vatter/
hohes und niedriges Standes/ solche gantze Zeit
über nach der sieben Planeten Influentz judiciren/
und sein Haußwesen mit Nutzen einrichten
möge; auch mit Kupfferstichen ver-
mehret/
Von
I. Christoph. Hellwigen/
Colleda, Thur. p. t. Car. jj. Stadt-Physic. zu
Tännstädt.
ERFFURT
Bey Johann Georg Starcken/ 1702.

『百年暦』（1702年）

星の影響によって天候が左右されるという点にある。経験から確認されたという天候循環の七つのタイプは、七星の属性に対応するものとされる。「原本」では一九一二年までの天候の循環が予測しうるようになっている。この二つの原理は互にどのような関係にあるのだろうか。残念ながらここではそれに立入るゆとりはない。

『百年暦』を瞥見するために、この暦によると一九七五年はどのような年となるのかをみよう。

一九七五年は火星の年で、その性格は暑く乾燥し胆汁質で激し易い。この星は男性的な性格で、人間の本性に逆らう戦争、争い、軋轢、あらゆる種類の不和の源である。それ故小凶星と呼ばれる。錬金術師、鍛冶屋、錠前師などの火を扱う手工業者を従え、あらゆる戦争、暴力、暴政を司る赤髪の荒々しい軍神マルスを意味している。騒動をたくらむ残酷で恥知らずな盗賊などもその配下となっている。

年の全体は乾燥し、雨も降るが、乾いた日が多い。春も通常は乾燥し寒い。だから羊をあまり長く牧地に放たないよう留意しなければならない。さもないと牧草が育たなくなってしまう。六月八日までは冷たい風が吹き、葡萄や果物に被害がでる。夏はすべての星のなかで最も暑い火星の支配下にある故に暑く、乾いた木はしばしば山火事を誘発せしめる。秋はさまざまで天気の良いときは葡萄の当り年となる。しかし時として冷たく湿っぽい時もある。待降節前に雪が降ることもあり、十月にも氷がはって冬はかなり寒く、乾燥している。天候は不順で冷たく、雨が降ったり、雪となったりする。
夏蒔きの大麦は時期良く蒔けば実り良く、燕麦は多くを望めない。……こうして秋蒔き、冬蒔きや果物、ホップ、葡萄の作柄並びに漁獲について、風害、洪水、嵐、虫害、病気などについて記述され、最後に月毎のかなり詳しい天候の予測が十二カ月にわたって示されている。

この暦の「原本」の題名は『万年家庭暦』であったが、一七二一年版で『百年暦』と改められ、あまつさえ「原本」の発見によって、始めの印刷以後数多くの重大な誤植が生じ、日がずれて印刷されていることが明らかになった。一七〇一年から三百年近くも人々は七星ではなく誤植数字を信じてきた、ともいえる。七年間の観察の成果もその甲斐がなかったかにみえる。しかし庶民には原本主義はない。庶民はそれぞれのかけがえのない一回限りの生活の世界しか信じなかった。この暦は制定暦と違って彼らの日常生活に深く根差していたから、何よりもまず著者のこうした姿勢に信頼がよせられたのであろう。

現在刊行されている『百年暦』

農夫アダムと牧人イエス

「アダムが耕し、イヴが紡いでいたとき、誰が郷紳であったか」とジョン・ボール（?～一三八一）が説いたといわれる。この言葉のアクセントはいうまでもなく、ジェントルマンの歴史的権利を否定する後半にあり、前半は比喩にすぎないのだろう。しかしそこには人間の理想的生活としての農耕生活について何がしかのイメージがあったと思われる。ほぼ同時代の『農夫ピアズ』にも同様な思想がみられるし、ウイクリフもイギリスはベーダの時代のような農民の国に戻らねばならぬと述べたという。ボヘミアではアダム派がアダムにかえれと叫んでいた。宗教改革者カールシュタットなどは一五二三年にヴィッテンベルク近くの農民の屋敷地を買い取り、農民として生活しようとした。ポイッカートによると村のなかに、農民としての存在と生活のなかにこそ神の求めた真の生活があると信じたからであるという。ルター自身農場をもっていたことは良く知られている。晴耕雨読という感じとはかなり違うが、中世・近世を通じて農耕生活が知識人の生活理想としてかかげられてきた。農夫アダムを理想とするキリスト教的改革思想も十五、六世紀には出現する。そしてこのような考え方は近代化・産業化の波のなかでも消えることなく私たちに伝えられている。だからジョン・ボールのものとされる言葉にも私たちは何の疑念も抱かない。

しかしひとたび「アダムは果して理想的な農夫だったのだろうか」という疑問が浮かぶと私たちは全く別な歴史の局面に触れることになる。創世記三―一七には「……地はあなたのためにのろわれ、あなたは一生苦しんで地から食物をとる。地はあなたのためにいばらとあざみとを生じ、あなたは野の草を食べるであろう」とあり、土と農民の苦労は人間への呪いとされている。農業は神が罰として人間に与えた苦役とされている。アダムの二人の子のうちアベルは羊飼いとなりカインは土を耕す者、農夫となった。カインが収穫物を主に供えても主は顧みることなく、アベルの供えた家畜を顧みたという。ここにも農業への蔑視がみられる。旧約の時代から長い間おそらく牧畜生活の方が農耕生活よりも優位に立っていたのであろう。キリスト教会の秩序も牧畜生活を背景にして形成されていた。ポイッカートによるとそれに転機をもたらしたのはアウグスチヌスだったという。

アウグスチヌスの創世記コンメンタールによると「農耕こそこの上なく偉大で不可思議な営みであり、人間の理性には農業におけるほど自然の事物と十分に対話を交せるところは他にはない」という。このような農耕生活を理想とする見方をアウグスチヌスはキケロに負っていたというが、アウグスチヌスを通して中・近世の知識人の世界に広まっていっ

耕作・収穫風景…ヨハネス・ツァイナーの木版画（1473年）

た。かつてキリストは、余は良き牧人なりEgo sum bonus pastorとして牧人に最高の地位を与えたがそれは中世後期には、余は農夫なりHomo agricola ego sumと変ってゆき、民謡のなかでは穀物栽培が秘蹟サクラメントに比されてもいた。

しかし農夫アダムと並んで牧人イエスもひとつの生活理想として長い間ヨーロッパの知識人の夢であった。牧人生活の理想は福音的清貧の思想と結びついて文化への批判あるいは倦怠を表現した。十五、六世紀の牧人文学や十七、八世紀のアルカディア小説などからルソーの自然状態の思想にもその流れを辿ることは出来る。ヨーロッパの知識人に、引退してからどのような生活を夢みているかと問うと、「羊飼いの生活をしたい」という返事がかえってくることがある。オルテガ・イ・ガセなどもそのような願望を心の奥底に秘めている一人であろう。このような答えは日本では全く考えられないことである。

農夫カールシュタットも牧人オルテガもいずれも知識人の夢であって、このような夢は農民や牧人からは生まれない。しかし農民や牧人の生活こそまともな人間の生き方であるという理念の伝統がないところにも生まれないのである。

実際中世の貴族の多くが自ら農業に従事していたことはよく知られている。十一世紀ドイツ最初の村落小説ルオドリーブの王は家臣として仕えていた若い騎士が暇をとって故郷へ帰るときに、はなむけの言葉として仔を孕んだ雌馬を隣人に貸してはならない、また主要道に面した畑には決して溝を掘ってはならない、さもないと両側の人々が畑を越えて(馬に水を飲ませるために)入ってくるからと教訓を与えた。クルト・ランケが指摘しているようにこの騎士は故郷に帰って農業を営むつもりだし、教訓を与えた王も農業の経験を伝えたのであった。十二、三世紀から十五、六世紀までハルトマン・フォン・アウエやウルリッヒ・フォン・フッテンなどには貧しい騎士の農耕生活について多くの報告がある。

羊の乳しぼりと加工（1493年）

さらにヨハンネス・ローテが十五世紀に農耕と家畜飼育は騎士の身分に相応しい仕事だと述べているように、貴族は自ら家畜を飼育

中世の箱に彫られた彫刻

していた。ヴァッカーナーゲルの研究によるとバーゼル南部ゾロトゥルンのそばにあるロートベルク城は三圃農法を営む数カ村に囲まれているが、城はひとつのまとまった所領をなし、牧草地、放牧地、森林からなり、村落の耕作強制には服さない独立した経営体をなしていた。牧地はおよそ百ヨッホ（約五十ヘクタール）程もあり、耕地は僅かで、夏には十二頭、冬には八頭の家畜の飼料が賄えた。城に密接して牧舎があった。土地台帳、賃租帳簿にはこれらの牧舎については全く触れられていないことから、それが直接に城の経営下におかれていたと考えられる。一四六一年の記録ではアルツパウル領主の夫人が城の菜園ではだしで労働着を着て働いていたことが伝えられている。彼女は同じ記録では金や真珠のスナップをつけたスカートを何着ももち、黄金の指輪を六コの他貴金属も沢山所有していたのである。

スイスにはこのような城が数多く確認されており、

そのなかには洞窟に掘られた城なども数多く、それはまさに牧人の仮の宿りとよく似ていたといわれる。アルプスの牧畜経営地帯では城に住む貴族も下層の牧人と経済面だけでなく、生活様式においても似たような生活をしていたのである。

わが国の西洋経済史研究においてはヨーロッパの農業史については比較的研究されているが、牧畜経済は故伊藤栄氏の研究などの他にはほとんど経済史のなかに織り込まれていない。ヨーロッパの経済史研究でもマルク・ブロックのような稀な例の他には牧畜を組み込んだ農村史はあまりみられない。こうした事態にはそれなりの理由があった。十八世紀の国民経済学のなかで牧畜を制限し、農業を優先させようとする思想が強まったことが決定的な理由だが、更に狩猟・牧畜・農耕を人類の主要な継起的発展段階とみる考え方が最近まで信奉されていたことも与っていた。しかし三段階理論はハーンやディットマーなどによってのりこえられつつある。いずれにせよ十八世紀以降の農業も牧畜も何よりもまず生産性を目指す産業として営まれるようになった。かつてのような動・植物と人間との関係は「牧歌的」として斥けられ、農業・牧畜の「近代化」がはかられたのである。このために農業も牧畜も近代産業としては合理化されたが、そのなかに生きているわれわれは中・近世以前の世界を理解する自然の手がかりを失ってしまった。水田耕作を主たる農業形態とするわれわれにとっては牧畜の比率の高いヨーロッパの古代・中世を理解することは本来容易なことではなかったのである。ヨーロッパ人ですら「馬が一頭消えるたびにわれわれの時代をカール大帝の時代と結びつけている絆は消えてゆく」と語らねばならないのである。ヨーロッパの文明の出発点ともいえるローマの伝説的建国者ロムルスとレムスが狼の乳によって養われたという感動的な話について、バタイユは「ブラジルやニューギニアでは探険家たちは動物の仔に乳をふくませながらロムルスの借りを返している女たちをみかけている」(山本功訳)と伝えている。現代の知識人が、引退後に夢みている田園・牧人生活はなんの借りを返すことになるのだろうか。

オイレンシュピーゲルと驢馬

四、五年前から十六世紀初頭に成立した民衆本『ティル・オイレンシュピーゲル』の九十五話のそれぞれについて分析を加えようとしているのだが、仕事は遅々として進まない。ところがごく最近、二十九話の「オイレンシュピーゲルがエルフルトで驢馬に詩篇の読み方を教えた話」の解釈に一筋の光がさしこんできたのである。まずこの話の筋を紹介しよう。

オイレンシュピーゲルはプラハで頭の堅い大学教授たちの学問を虚仮《こけ》にしたあと、大学町エルフルトにやってくる。そこで「自分は大学者であり、どんな難題にも答えられる」と書いたビラを張り出した。悪知恵にたけたオイレンシュピーゲルの噂を耳にしていた教授連中は驢馬に読み書きを教えるという課題を出した。ティルは手付金をいくらか貰って驢馬を宿屋にひいて帰り、詩篇の頁の間に燕麦をはさんで驢馬の前においた。驢馬は舌で頁をくっては燕麦を食べ、燕麦がなくなると「イーアー、イーアー」とないた。そこでティルは大学の学長や教授を呼んでその前で新しい詩篇を一冊驢馬の前におくと驢馬は頁をくってみたが燕麦がないので「イーアー、イーアー」とないた。ティルはこの驢馬はすでに「イーとアー」の母音二つを憶えました、と説明したのである。

この話は当時威張りかえっていた大学の教授たちに一泡ふかせた話として読めばそれで一応の解釈はなりたつ。たとえば「このエルフルトの町には老若たくさんの驢馬がいたのです」という一文では大学の教授や学生を驢馬扱いしており、このようによめばそれで一応は納得するのかもしれない。

しかし私にはどうもこの種の話の核心がつかめなかったのである。この話の原型は「司祭アーミス」にあり、グィッチャルディーニにも象に文字を教える話がある。西欧では決してめずらしい話ではない。おそらく西欧における人間と動物との関係のあり方が日本人のそれと非常に異なっているためにその話の面白さあるいは深さがみえないのだとかねてから想像していたのである。ところが今年の正月に読んでいた書物で一九二〇年にシュトウットガルトでロルフという名の犬が書いた「追想録と手紙」が公刊されていることを知った。

出版したのはマンハイムの著名なメーケル家の夫人パウラで、彼女はあるとき飼犬ロルフが人間の言葉を理解することに気付いた。そこで彼女はあらゆる手段をつくしてロルフにアルファベットを教えようと努力し、片足で一回床を叩くとF、二回がO、三回がRという具合に教えてゆき、やがて数字や文字、さらに文法も教えることができたという。名犬ロルフの名はすぐに高くなり、ベルリンの動物心理学協会のチーグラー博士もその能力を認め、K・H・シュトロールは「新ウィーンジャーナル」にロルフの能力を全面的に信用する一文をよせている。

おかしなことに公証人までもロルフが原稿を書いているときに動物心理学の博士と同席して観察し、全過程について詳細な報告書を作成し、マンハイムの裁判所に提出しているのである。ロルフの手記にはおりから始まりつつあった第一次大戦に対する感想まであり、異様な感じを抱かせる。これは決してパロディーではなく、真面目な話であり、それだからこそおかしく、そして気味が悪いのである。

「29話」の挿絵（1515年版による）

ハンガリーの学者イシュトヴァーン・ラート・ヴェーはロルフの手記は偽物であり、ある種の暗号による反応を利用したものとみている。しかしメーケル夫人には決してロルフを売物にしようなどという気がなかったことも明らかであり、皆が真剣であったことも認めている。それならば何故このようなことが行なわれたのか。理由はただひとつ、あまりに深く、そのために病的になった動物に対する「愛情」だという。当時動物には霊があるか否かという議論があり、動物を「愛する」人びとは動物にも霊があるという説を頑強に支持していた。このような「愛情」がメーケル夫人らを動かしていたというのである。この愛はいうならば一視同仁の愛であり、一見普遍的な性格をもつが故に西欧では承認され易い性格をもっており、そこが私たち日本人には一番理解しにくいところなのである。

犬には犬同士で了解しうるコミュニケーションの手段があり、それで十分ではないか、人間が介入し、人間に近づけようなどとすることは犬には大変迷惑なことではないのか、ということが彼らには理解しにくいのであり、そのような考え方は最近のイルカ捕獲をめぐるアメリカ人の反応にもみられる。イルカが牛や羊よりも人類に近い頭脳をもっていると考えるがゆえの「愛情」なのである。こうした姿勢は人間と動物を厳然と区別し、人間のみが世界の主人だという思想とつながっており、西欧文化とキリスト教の底に流れている基底音ともなっている。この基底音は決して古代から連綿としてあったわけではなく、中世以降に生れたものなのである。十一世紀に人間と人間の関係が変化すると同時に人間と動物との関係も変化してゆかざるをえなかったからである。オイレンシュピーゲルの二十九話をこの基底音に対する諷刺とみるとき新しい面が現われてくるのではないだろうか。近代の西欧はどうしてこのような特殊な考え方を生活のあらゆる面で示すようになったのておこう。

か。この点の考察は別の機会に譲り、西欧と日本の中間にあるアラブの話を最後に紹介しておこう。

愚かな生徒に失望した教師が、お前たちに教えるより驢馬に教える方がよほど楽だといったところ、ある織工がそれを聞き、自分の驢馬をつれて来て息子がいないからこの驢馬を教育してくれという。教師は引受け、ティルと全く同じような方法で織工を納得させ、翌日には驢馬を売り払ってしまう。しばらくして織工が学校を訪れると、教師はお前の驢馬はもうカーディ（裁判官）になっているという。喜んだ織工は裁判所に行って審理中の裁判官に入口から燕麦の袋をふりあげてみせる。不審に思った裁判官は織工から事情をきき、「自分はたしかにかつては驢馬であったがこのことは黙っていてくれ」といって織工を家に帰したという。ティルの話と同じモチーフを使いながら、いかに異なっていることだろう。ここにも人と動物との関係をめぐってアラブ社会とキリスト教世界の違いがみえてくるように思える。現在の日本なら果してどのような話がこれに対応するのだろうか。

靴の中に土を入れて誓う

人間と人間の関係がモノを媒介にして結ばれている姿を観察しようとするとき、なんといっても大きな位置をしめているのは土地である。近代にいたるまで人間は母なる大地から生れ、また死後は土に帰るとみなされていたから、大地をめぐる伝説や法慣習も極めて豊かにのこされている。ところがヨーロッパの土地をめぐる伝承のなかには日本と非常に異なっていると思われるものがある。

たとえばオイレンシュピーゲル民衆本の二十六話では、所払いを命ぜられたオイレンシュピーゲルがまい戻り、ある農民の先祖伝来と称する土地を荷車いっぱい分買いとり、その土の上に座って馬を御して禁じられている土地に入ってゆく。支配者に見咎められると「あっしはお殿さまの領内には入っていませんぜ。一シリングで買いとった自分の土地の上にいるんでさ」といい抜ける。もちろん支配者はその理屈を認めず、オイレンシュピーゲルは再び追放されるのだが、この話と同じモチーフがイタリアの滑稽本ゴネッラ（一五〇六）にもある。

ゴネッラはいたずらのあまりフェラーラから追放されてしまう。フェラーラ公は再び国に入ったら首を刎ねると脅したのである。そこでゴネッラはパードヴァで荷車いっぱいの土を買い、その上に座って馬にひかせて公に会いに出かけた。公はからかうつもりでゴネッラを捕え、斬首刑の用意をさせた。しかし刑吏にこっそりと耳うちし、ゴネッラの首が台の上にさしのべられたとき、剣をふりおろすかわりに首筋に水をかけよと命じておいたのである。刑吏が水をかけたとき、ゴネッラは恐怖のあまり死んでしまった。

いずれの場合にも自分の土地の上にいるのだから安全であるはずだという主張は破れている。このような考え方が一般に通用するものではなかったからこそ道化を主人公とするテーマとなっているのであろう。だがこのような作品を読んだり、あるいは語りを聞く人びとの頭のなかに、こうした行為を既存の慣習や制度に対するパロディーとして受けとめる土台がなければ、何の笑いをも誘いださなかったことだろう。当時の人びとがこの話を聞いたとき、一体何を想起したのか、この点を調べてゆくとき面白い事例に出会う。

トランシルヴァニア地方のシグウに住んでいたM・オレンドは一九二八年に父から先祖の話を聞いた。それによると先祖のペトルス・オレンドはヤコブ村の参審人の筆頭者で、隣接するシェーンベルク村との水車場跡地の所有をめぐる長年の争いの裁判にかかわっていた。彼はそのためにシェーンベルクの村の人間に殺されたのである。その夜にシェーンベルク村の参審人の家に奉公に出ていたヤコブ村の娘が、夜中に誰かが窓を叩き、参審人に「依頼されていた仕事は片付けた」と耳うちしているのを聞いたため、ことが露見したのである。

この二つの村は昔はひとつのマルク共同体をなしており、水車場が共有地となっていた。やがて二つの村が分離したのちも、この水車場跡地は共有地のままのこりいずれの村の所有であるかはっきりしなかったのである。

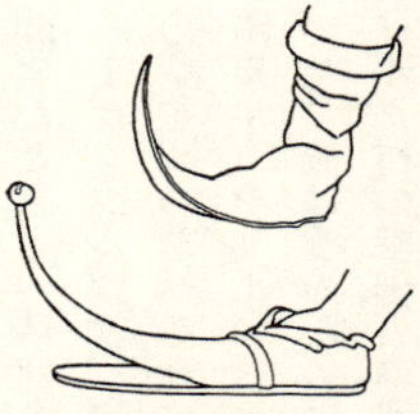
15世紀に流行した靴

ところでオレンドが村人から聞いた話では「昔ペトルス・オレンドはシェーンベルク村の者から賄賂をつかまされてシェーンベルク村の土を靴のなかに入れて証人に立ち、水車場の跡地の上で、〈自分は今シェーンベルク村の土地の上に立っている〉と証言し、このためヤコブ村の土地がシェーンベルク村のものとなってしまった」という。またある者はヤコブ村の者が靴のなかにヤコブ村の土を入れて証人に立ち、「自分はヤコブ村の土地の上に立っている」と証言したために耕地などがヤコブ村に組みこまれてしまったと語っている。

話はさらに広がり、偽証した参審人は家に帰る途中で馬から小川におちて死んだとか、ドイッチュクロイツの修道院所属の村では靴のなかに土を入れて偽証した男の子供は皆盲目で生れるといった話が伝えられている。トランシルヴァニア地方に移住したドイツ人にとって土地がどのような意味をもっていたのかがこのような伝承のひろがりからも推察できよう。

ところがオレンドはトランシルヴァニア地方の史料を博捜した結果、この事件に関する一六二六年の裁判記録を発見した。その記録を調べてみると靴のなかに土を入れたという話は全くのつくり話で、ヤコブ村の参審人ペトルス・オレンドがシェーンベルク村の参審人が傭った殺人者によって殺された事件が伝承の出発点にあったことが確認されたのである。原因は水車場跡地をめぐる両村の争いであり、オレンドが父から聞いた話が真実に一番近いことが明らかとなった。

事実は単純な事件であったのに、靴のなかに土を入れて偽証をした話が各地でつけ加えられていったことになる。それは一体どのような事情によるものなのだろうか。

村がひとつであった頃の共有地が二つの村に分れたのち、どちらに属すべきかを争う裁判においては全員が納得する判決は出しようもなかった、土地が村人の生命でもあった時代においては判決を下した参審人は生命をおとさなければならなかったのである。

この時代の裁判においては宣誓にもとづく証言が決定的な役割を果したから、判決が出されるに当っては何らかの証言があったと考えるのが自然である。ところが両村の共有地であった水車場の跡地を一方の村の土地であったと証言することは誰にもできない。村の利益のためにそう主張したい気持がいかに強くとも、証言は自分の霊の救済を賭ける行為であるから、永遠の生命を失ってまで村の利益のために証言をする者がいるはずはないと人びとは考えたであろう。そこで自分の霊の救いの道をのこしながら、村の利益を守る方策として靴の中に土を入れて証言するというアイディアを誰かが考えついたのであろう。

領域君主が「自分の土地だ」と主張する領土内には農民保有地もある。農民にとっては先祖伝来の土地であり、その権利は現に耕作しているという事実によって十分に認められている。土地は即土壌であり、土壌を買った者はその土の所有者である。オイレンシュピーゲルは明らかに自分の土地の上に立っていることになる。一七九〇年にも荷車いっぱいの土の上に立って自分が領域君主であることを示している彼の像があったといわれる。つまりここでは自ら耕作もしない領域君主が土地の所有者であると主張する根拠がこけにされているのである。ハイネは亡命するとき靴底に故郷をつけていったという。ヨーロッパの人にとっては靴の中であれ底であれ、このモチーフは現状への強いプロテストとしての意味をもっていたのであろう。

風呂

一日楽しく過したければ風呂へ行け。一月を楽しく過したければ豚一頭を屠り、一年を楽しく過したければ若い妻を娶れ。
（十六世紀）

はじめてヨーロッパを訪れたとき、まず戸惑ったのは浴場探しであった。風呂もない安宿に泊って公衆浴場を探しに町にでかけ、市営浴場と書いてある看板をみて入ったところプールであったことさえある。なれてしまえばそこにもバスタブ付の個室があり、そこで身体を洗ってからプールに入ることがわかるし、駅にも浴室があることに気付くが、それまではヨーロッパの町に数多くいる外国人労働者はどこで身体を洗っているのか不思議であった。

ちょうどその頃ハンブルクの新聞でドイツ人の入浴回数の調査があり、かなり多くの人が月一回しか入浴しないという報告がなされていた。私が下宿していた家の人も夜の招待の前に入浴するのが常で、寝る前に入浴する習慣はなかったようにみえる。いわんや混浴とはいわないまでも大勢の人びとが大浴場で共に入浴する機会などは北欧以外では全くな

イスラエル・フォン・メッケネン「子供の入浴」

いかに思われたのである。

しかしローマ時代まで遡らなくても十六世紀まではドイツのどのような町にも公衆浴場があり、豊かな者も貧しい者も、乞食ですら入浴する機会があった。混浴すら決して稀ではなく、結婚式のあと新郎新婦が招待客をひきつれて町の公衆浴場で共に入浴する光景はしばしばみられたのである。こうした光景は十六世紀後半以後ほとんどみられなくなるが、このような変化の背景には一体何があったのだろうか。一見些細にみえる事柄の背後にもヨーロッパにおける人間と人間の関係の大きな変化が隠されていたのである。

十六世紀以前にはヨーロッパの入浴の形式のひとつに喜捨としての入浴

(Seelbad, balnea animarum) があった。それはカトリックの教義における寄進のひとつの形式であって、貧者にパンや飲物を喜捨する行為と同じものであった。初期には豊かな者が貧者や病人に入浴の機会を与える形をとっていたが、やがて都市におけるひとつの制度となっていった。一般の寄進者が自分の死後一回あるいは一年間に月一回ずつ貧民を浴場に招待したり、ときには期限を定めず年三、四回招待することを遺言状で定めている。寄進をする者は一定額の資金を教会や市当局に預けておくのである。喜捨を受け、入浴する貧者は寄進者の霊の救いのために祈らなければならなかった。貧者のために浴場が解放されるとき、浴場主は鈴を鳴らして小路を走り、エルフルトでは次のように呼ばわる。「救霊浴がはじまるよ。聖堂参事会員様が良い風呂を解放して下さった。入浴したい者は無料だよ」。この呼び声を聞いて貧民は浴場に集まったのである。町によっては火、木、金の三日間を貧民の入浴日と定めていたところもあった。手工業職人は土曜日に入浴する習慣があったからである。ときにはウィーンのように貧者に浴場を解放し、同時にパンやワインを振舞うこともあった。

このような慣習はいうまでもなくカトリックの教義に基づくものであって、貧者への喜捨という善行によって地上においておかした罪を償い、彼岸における救いを確保しようとするところから生じていると説かれている。しかし富める者が貧しい者に施すという慣習はキリスト教が成立する以前からあったものであって、いわば互酬関係、贈与関係に根差

中世の風呂の図（1405年）

している。財を集めただけでは吝嗇な者にすぎず、それを多くの人びとに振舞ってはじめて高位者たりえたのであり、キリスト教はこのような互酬関係のなかに彼岸における救いとそのための祈りという目にみえない回路を設定したのである。水は古来穢れを浄める力をもつとされていたからまさに浴場は身体を浄める格好の場であり、貧者はおのが身体を浄めて寄進者のために祈ったのである。

十六世紀に公衆浴場が衰退していった原因については木材価格の騰貴、梅毒の流行その他の理由があげられている。しかしこうした直接的原因の背後には喜捨行為の変化もあった。一五二五年にルターはハンス・ミンクヴィッツにあてた手紙のなかでミンクヴィッツの父が行なった喜捨行為にふれて「喜捨としての浴場の解放も私には気持のよいものですが、ただ私はそれを霊魂の救済のための喜捨行為とみたくはありません。むしろ晩餐会の席で弟子たちの足を洗ったイエスに倣ったものとみたいのです」と書いている。この頃から喜捨行為としての浴場の解放は散発的にみられるにすぎなくなり、浴場自体も衰退してゆく。

中世の浴場は公的な場であって、殺人をおかした者は罪を贖ったのちでも被害者の縁者が入浴している浴場に姿を見せてはならなかった。また浴場内で争いをおこし相手を傷つけた者には二倍の罰金が科されたし、浴場内で盗みをはたらいた者は死罪とされていた。浴場は平和の場とされていたからである。債務を負って債権者から追われている者も浴場内にいる限り捕えられることはなかった。浴場は平和領域アジールでもあったからである。

浴場は居酒屋と同じように人びとがたむろして屈託なく話ができる場であったから宗教改革と農民戦争の頃には浴場で一揆の計画が練られたりした。ときには異端の巣として非難されたこともあった。

このような機能をもっていた浴場が衰退していった背後には木材価格の騰貴や梅毒の流行といった直接的原因だけでなく、人と人との関係を規定していた公的な権威の変質があったと思われる。それはキリスト教の回路に組みこまれた互酬（贈与）関係がこの段階で最終的に解体され、聖と俗との一人歩きを許す新しい形の公的権威が成立しつつあったことを示しているのではないだろうか。

中世びとの涙

『平家物語』を読んでいると女子供だけでなく、勇ましい武士たちがすぐに鎧の袖をぬらして泣いている光景に出会う。たまたまそのことに気付いてしまうと、そればかりが気になってしまって、あまりにしばしば涙にくれる男たちの姿が登場するのに驚かされてしまう。活字で『平家物語』を読むばあいと琵琶などの伴奏入りで語りを聞くばあいとではおそらく事情が異なってもいるだろうが、この感性のあり方には注目させられる。

ときに『平家物語』における涙が無常観の発露として説明されている文章を読むとき、冒頭の一節のもつ雰囲気と合せてなんとなくスムースに理解しうるような気がするために、かえって気になってしまうのである。果して当時の日本人の仏教観との関連において説明するだけでよいのだろうかと。

よく知られているようにホイジンガは『中世の秋』の冒頭において、「悲哀と喜悦、不幸と幸福の間の懸隔も我々の場合よりずっと大きかった」（兼岩正夫・里見元一郎訳）と述べ、中世人において大葬や激越な説教の席だけでなく、世俗的なお祝の席でも涙が堰を切ってあふれるさまを描いている。「ルイ十一世はアラス入城の際、人目をはばからず泣いていた」とか「アラスの平和会議で使者の感動的演説を聞いた人々は感極まって口もきけず地にうつぶせ、ただ歎息し、鼻をすすり、涙を流すばかりだった」という調子である。この涙は一体何なのだろうか。『平家物語』の武士の涙と同じものとみてよいのだろうか。ホイジンガはこのような人びとの感情のほとばしりを、すべてがはっきりとした輪郭をもっていた中世末期の人びとの生活の緊張と不安定さを語るなかで描写している。『平家物語』を読むばあいと同様に私たちはホイジンガの筆力におされて、これらの人びとの涙のなかに終焉をむかえつつある北ヨーロッパの中世末期の人びとの感情を読みとろうとしてしまうのである。

ところが視野をひろげて南の古代地中海世界に目をうつすと、そこにもすぐに涙を流す人びとがいる。

ホメーロスの『オデッセイ』のなかには、キルケー女神によって豚にかえられていた若い男たちが人間の姿に戻ったとき、みなオデッセイの「手に取り付き、一人残らず懐かしさの情にうたれて泣きあげるのに、屋敷じゅうがどこもかも、恐ろしいほど鳴りひびけば、女神さえ憐れを催す次第でした」（呉茂一訳）とあり、地中海の荒くれ男たちがひとたび泣きだすときは鎧の袖をぬらすどころではないことが解るのである。長年の放浪ののちイタカに戻ったオデッセイが息子のテーレマコスと再会したときにも「テーレマコスは、すぐれた親父を抱えるように取りついて、涙をこぼして泣き沈む、その両人のともどもを、懐かしさの思いが涙にかきくれさせれば、声を放って泣くありさまは、鷲鳥《おおとり》どもよりなお間《ひま》もなく烈しく見えた」（同上）という。このような描写は枚挙に暇がないほどである。ルイ十一世のばあいも、豚から人間に戻った男たちのばあいも、またオデッセイとテーレマコスのばあいも無常観による涙でないことは明らかである。クセノフォンによると三六七年に勝利のしらせがスパルタに届いたとき、アゲシラオスらは皆大声で泣き出したという。ギリシア・ローマの将軍たちも勝利ののちみな激しく泣いたと伝えられている。

これらの人びとの涙をただたんに感情のほとばしりとして説明するだけでは不十分であろう。民俗学者のパウル・ザルトリは涙が有害な視線や神々の妬みを防ぐ働きをしていたという。つまり、戦に勝って成功をおさめた者は神々の妬みをおそれなければならないのである。近代人は涙を流すことを単なる感情の発露として、人間の意志や慣習と切り離してとらえがちであるが、涙を流すことが認められ、許されている場や状況というものがあった時代には、いわば慣習として認められている場（これは当然涙が自然に流れてくるような状況であるに違いないのだが）においては人びとは堰を切ったように泣いたのである。

泣くということが慣習のなかでいわば義務づけられているばあいもあった。スラヴ系諸民族の間では結婚式のときに花嫁は泣かなければならなかった。ザルトリはこれをかつての略奪結婚の名残りとみている。花嫁が両親の家を去るときに激しく抵抗し、涙を流す慣習がある地域もあった。今でも「結婚式に涙を流さない花嫁は、結婚生活のなかで泣くことになる」ともいわれている。インドでもドイツでも同様な慣習がしばしば報告されている。これは別れの儀式としてとらえることができるが、花嫁があまりにあっけらかんとしていそいそと新しい運命に足をふみ入れると、神々や諸霊の妬みと怒りをひき起すと考えられていたからなのである。花嫁の涙は家の霊の妬みや怒りを防ぐためであったともいわれている。

花嫁の長持（皮製）（14世紀）

　涙そのものに悪霊や悪魔を防ぐ力があったことはグリムの童話集の「手なしむすめの話」に

もあらわれている。

粉挽きが貧乏になって水車とそのうしろに生えているりんごの木以外に何もなくなってしまったとき、悪魔が現われ、水車のうしろに立っているものをくれるなら金持ちにしてやろうともちかける。水車のうしろに立っているのはりんごの木以外にはないと思った粉挽きは悪魔と取引をし、証文を書いた。家に戻ると、すでに家のなかは金でいっぱいである。いぶかる妻に証文の話をすると妻は驚いて叫んだ。水車のうしろには娘が立っていたからである。悪魔が娘を受取りにきたとき、娘は涙を流して泣いていたので、悪魔は近寄ることができなかったという。

ギリシア・ローマやヨーロッパ中世の俗人における涙については以上のような説明である程度は理解することができるだろう。しかし宗教的な無常観と涙との関係を呪術的な涙の解釈によって説明することは難しい。

西洋中世のキリスト教においては涙を流すことと祈ることが結びついていた時期があった。十字架上のイエスの苦しみを思って悔い改めの涙を流すことは祈りのひとつの形でもあったのである。古いタイプの修道制のもとでは修道士は笑ってはならなかった。聖書のなかでもイエスは一度も笑っていないからである。クレルボーのベルナルドゥスによれば、誤った道に迷いこんだ修道士は記憶のなかから自分の精神の厭うべきこと、悲しむべきことをしめ出し、その精神の目は想像上のことのみをみるから、笑いや空疎な陽気さをかくすことができないという。ヨハンネス・クリマクスも泣くことは人間の神秘的な本質に下降してゆくことであり、修道士は悲哀のなかにおいて涙が内的感覚から自然にあふれでてくるまで修行すべきだといっている。

近代のプロテスタンティズムも快活さや陽気さに不信の目をむけているが、それはこれまでみてきた中世的な感性とは異なり、生活のなかから情動をできるだけ排除し、理性と意志に基づく醒めた生き方を心がけようとするところからきている。そしてそこには古ゲルマン人が泣くことを男らしくない恥ずべきこととした伝統も与っているかもしれない。いずれにしてもロマンティークの時代やピエティズム、さらにヴェルサイユ宮殿の文化における涙の位置を考えるとき、泣くことと笑うことはその時代における人間の基本的な生き方と密接に結びついていることが解るのである。『平家物語』の武将が人前で鎧の袖をぬらして泣くのをみて奇異な感にうたれる私たちは、泣くことと笑うことについても日本に限定することもなく、より広い視野のもとであらためて考えてみる必要があるのでないかと思うのである。

中世における死

1

中世における民衆の生活をその感情の襞のなかにまでわけ入ってとらえてみたいと考える者にとっては、庶民生活の生の諸次元をみるだけではたりないだろう。人々の生活は生の連続であると同時に死の連続でもあった。生と死の境界が近代科学によって十分に説得的とはいえないまでも客観的に示されるようになる以前の人々の生活は日常的に死と接し、死によって規定されてもいたのである。「死の舞踊」や「ボヘミアの農夫」にみられるように中世末期には死の思想は多くの人々の胸に食いこんでいったといわれる。こうした一種独特な死の幻影に脅えた人々の姿はすでに多くの著者によって描かれている。たしかに十五世紀に「死を思え」memento mori の叫びとなって全ヨーロッパの人々の胸中に諦念と恐怖を植えつけた「死の幻影」は中世社会の秩序が崩壊してゆくなかにおける大きな変動のひとつの表現であった。十五世紀におけるヒステリックなまでの死の恐怖は衰退の運命を味わわされつつあった貴族社会とキリスト教の悲鳴とみることも出来るのである。キリスト教の教義が十分に人々の生と死の意識を掌握していなかったことが十五世紀になって露呈されたのである。

しかし死ははるかな昔から庶民の生活を規定しつづけてきたから、キリスト教のギクシャクした教義がヨーロッパの人々の生活に枠をはめるようになる以前から庶民は死と隣り合って生き、死を生活のなかにとり込み、死を怖れながらも死者と共存していた。このような庶民の生活意識に対してキリスト教はくり返し攻撃をかけ、その教義のもとに庶民の生活を編成しようと試みたが最終的に成功するにはいたらなかった。

ホイジンガは『中世の秋』のなかで中世末期の教会思想が死についてただ二つの極端な見方しか知らなかったといい、「一方で諸行は無常であり、権勢、名誉、享楽も過ぎゆき、美もうつろうことを説き、他方で至福のうちに救われる魂を喜ぶ、この二つしかなく、この両極の間にあるものはすべて無視された。〈死の舞踊〉やうすきみ悪い骸骨をことこまかに描いた作品のなかで、生きた感情は石のようにかたまってしまった」と述べている。しかし同時にホイジンガはこの時代の民話や民謡は文学がほとんど無視してきた感情をひそかに保ちつづけてきたと述べ、死んだ子供が母親のところへやってきて「着物が乾かなくて困るから泣くのはやめて」と頼む話を紹介している。そしてここにおいて「今まで何千回となく叫ばれてきた『死を思え』の声には聞きとれなかったような深い情感のこもったしらべがいちどに響きわたる」と語っている。

当時の正統的教会思想によって無視されつづけてきたこのような民衆の感情の母体を探るためには、まず民衆の日常生活のなかに織りこまれた死の姿を具体的にみることからはじめなければならないだろう。

2

中世において死をもたらす原因と考えられていたものは今日よりもはるかに多様であった。大きくわければ自然的原因と超自然的原因ともいうべきものであって、前者には病気、老衰、暴力による事故死など、後者には呪術と死霊、死者の招きなどが考えられていた。このような様々な原因、特に超自然的原因の多様性に応じて日常生活は常に死を意識して営まれねばならず、それは誕生から結婚にいたる人間の一生に影を投げかけていた。

しかしなんといっても人が日常生活のなかで死と直面するのは親しい者の死に際してであり、そのとき、人々はあらためて自分の身近なところに死の世界からの通路が開かれたことを感ずる。その通路を通して無事に死者を死者の世界に送り込み、ひとたび開いた通路が自然に閉じて以前の日常生活に戻れるようにするために人々は様々な手続きを要したのである。中世の人々にとって死は終末ではなく、別の世界への移行と考えられていたからである。

したがって葬儀は本質的に別れの儀式であり、その限りで誕生と結婚の延長線上にあった。しかし死は別な世界への移行であり、その世界を支配する力はこの世とは異質な原理によっていたから、別離のけじめははるかに厳しくつけねばならなかった。

ところがこの別離のけじめをめぐる慣行を解明することはそれほど容易ではない。キリスト教が早く普及した地域では死者の霊は直ちに彼岸に行くと教えられたから、人々がある人の死後まず行なったのは窓を開けることなのであった。霊がすぐに天国へ昇れるようにするためである。この慣習は北西ドイツからジーベンビュルゲンにまで広がっている。しかるにキリスト教の普及がおくれたヨーロッパ東部においてはそれ以前の信仰が後までも残っており、死者の霊は縁者のそば近く竈《かまど》や家の隅や戸の蝶番などにひそんで居ると信じられていたのである。この二つの互いに矛盾する考え方は葬儀に際しても異なった態度を生んだが、その二つ

恋人たちと死（Sebald Beham 1522年）

の考え方の差をはっきりと系統だてて地域・時代に即して解明することは現在のところ困難である。

ゲルマン民族は古来火葬の慣習をもっていたといわれ、タキトゥスにはすでにその記事がある。しかし四世紀には中部ドイツ、特にチューリンゲンでは土葬が行なわれ、五世紀以来フリースランド人やザクセン人も土葬に移行している。キリスト教会は火葬を異教的慣習として禁じたのである。七八五年のパーダーボルンの法令では、「死者の身体を異教的慣習によって炎の餌食とし、その身体を灰にする者は死をもって償うべし」とあり、カール大帝も「キリスト教徒となったザクセン人の死体は教会の墓地に葬り、異教徒の墓地に埋葬してはならない」と定めている。

東プロイセンでは埋葬までの間は霊は家のなかに留まっているとみて、死体の傍に椅子をおき、霊の居場所をつくる。襞の多い衣服は特に霊の好む居所となる。マズール地方ではだから椅子に襞の多い布をかけ、霊に肉体の埋葬をみせないようにするという。しかるに他の多くの地方では死後に霊が家内に留まることを怖れ、死者が生前にかかわっていたすべての物をとり除くか、一たんすべてを顚倒してけじめをつける。鏡には覆いをし、すべての水は流し去り、時計があれば止める。椅子はさかさまにし、花瓶なども位置を変える。竈には水を注いで火を消し、鳥籠の場所を移し、家具の位置もずらす。死者が生前に飼っていた蜜蜂や家畜にも覆いをかけたり、つなぎかえたりするが、そのときはっきりと主人の死を蜂や家畜に告げる。ヴェストファーレンでは蜂に向って「蜂よお前の主人は死んだ。ここを去って私を困らせないでくれ」と頼むのである。さもないと物には死者の霊が留まり、家畜は死者のあとを追ってゆき、死ぬと考えられていた。

このように生前の所有物に対しては死者は死後も執着すると考えられたのだが、それは所有という概念の本来の姿からいって当然のことであった。所有の最初の対象はいうまでもなく武器や道具、衣服であり、自分が長年の間肌身はなさずもっていたそれらのものが自分の死後他人の手に正式に移るということは考えにくいことであった。残された者も死者がいつくしんだ動物や物への思いを断ちきるために死を宣告し、あるいは副葬品として共に葬ったのである。こうした処置は人間に対してもとられた。死の直後にそれが夜であれば家中の者は家畜も含めて皆眠りから目覚めさせられる。さもないと同じ時に眠っている者の眠りは永遠の眠りとなるといわれたのである。

ついで死者は生者にとって危険とならない状態におかれねばならない。まず瞼を閉じさせ、口を締めさせる。目や口があいていると死者が生者を引き寄せると考えられたからである。身体を洗い、髭も剃り、爪も切り、髪もととのえる。そのときに使った布や鋏、櫛は皆棺が使われるときにはその中に入れ、残さない。生前に抜けた歯がとってあればそれも入れる。その他最後に使った薬や銀貨、食物と飲物、まんねんろう、にがよもぎ、ヘンルーダ、レモンなどが入れられる。貨幣はヤーコブ・グリムによると冥府への路銀と考えられているが、ユリウス・リッパートなどはこの銀貨を死体の口にふくませて彼の財産を買いとるのだといっている。死者の衣服は簡素なものもあるが、最上の衣服を着せられることもあり、男女共に結婚式のときの衣服をとっておいてこれを着せて貰うこともあった。そののち死体はベッドから藁床又は板の上に藁をしいた上に移され、上から布をかけられる。死体は戸口に足を向けて横たえられる。近世になると棺は生前に作らせることも多く、ブラウンシュヴァイクではリンゴ箱の代用として用いられたりし、老人は長い間それを傍においておき、午后の昼寝は必ず毎日そのなかでするという報告もあった。

死者を横たえた板は用がすむとバイエルンでは小川の板橋になった。そこには死者の名が刻んであり、その上を通る者は死者のために祈ったのである。本来この板は墓標だったのだが教会が反対してこのような使い方をすることになったともいわれる。

埋葬までの間近隣の者や友人が集まって通夜をしたがそれは初期中世においては大変楽しく大騒ぎをする行事であった。飲みかつ食べて楽師や道化も登場して騒ぎ、女たちは踊った。若い未婚の男女であれば生涯の間その機会に恵まれなかった結婚披露宴と同じように宴会が開かれた。そして参加した人々は「死者の健康のために」des Gestorbenen Gesundheit 乾杯したのだが、これは冗談ではなく全く真面目になされたのである。本来通夜の宴会は死者の霊を慰めるために死者に見せる見世物として行なわれたからである。通夜を厳粛に、しめやかに行なうという習慣は後代のものであり、リッパートによるとその転機をもたらしたのはアウグスチヌスだという。アウグスチヌスははっきりと「葬送儀礼は死者の霊のためでなく、生き残った者の慰めのためだ」と述べているからである。飲みかつ食う人々の集まりはともすると大きな騒ぎをひき起したからキリスト教会によって早くから禁止されるにいたった。しかしケルンの大司教は一七〇九、一七三四、一七八五の各年においても通夜禁止令を出さなければならなかった。祈りと歌、説教だけでは通夜に集まった人々の気持はおさまらなかったのである。

埋葬の日には近隣の人々に案内が出される。使者は原則として白装束の婦人で（彼女は結婚式があるときはその日時も連絡するのである）、彼女は家々の戸を笞でたたいて知らせ、指でノックしてはならないし、挨拶をしてもならなかった。家人が「どうぞお入り」というのを防ぐためであった。集まった人々は死者に手をさしのべ、接吻し、最後の愛の言葉をよびかける。そして棺を担う者が登場する。四〜八人でこれは本来近隣から選ばれるが、同職組合のばあいは仲間の義務であった。リューベックなどでは靴屋と指物師のツンフトがその役目を引受けていた。また賤民のばあいは棺の担い手を探すのに苦労したことはすでに別の機会に触れた通りである（拙著『刑吏の社会史』中公新書、参照）。死者が未婚なら未婚の者がかついだ。彼らは魔除けとしてまんねんろうかレモンをひとつ手にもち黒装束に白手袋をして棺をかついだ。彼らが死者の家族と同じ喪に服すところもある。

死体は足から運び出し、死者の目が家に向かないようにしていた。家から出されるとす

青年と死

ぐに棺がおかれていた台は片付けられ、霊が再び戻らないようにする。死体を敷居の下から運び出すところもある。運び出されるとすぐに戸は閉じられ、そのあとを掃き清め、瓶を投げて割り、水を撒く。

墓地までの道は馬車か徒歩であったが、フォイクトラントなどでは大通りを通ってはならないとされ、西プロイセンでは逆に大通りを通ることになっている。前者は複雑な小路を通ることによって死者の霊が再び戻れないようにするためであり、後者は死者が縁者への愛からその安否を確かめに来るとき、道が解り易いためなのであり、このあとの方の考え方がより古い形だとみられる。葬列は参加者の社会的序列を示すもので、序列は大変厳しかったがこの問題は別の機会に扱わねばならない。フロリヌスによるとコペンハーゲンでは葬列は夕方に歩きはじめ、家々の窓に四本の蠟燭がともされている街路を柄のついた提燈を先頭にして葬列を照らしながら墓地へ向ったという。

葬列に加わる人は頭巾をかぶり、途中で振り返ってはならない。葬列は十字路や村の境界、橋などでしばしば歩をとめ、祈りと犠牲の葬式を行なった。これも霊が戻ってくるのを防ぐためであった。行列が近づくと一斉に鐘がならされたのも本来は同じ目的のためであったといわれる。

墓所に着くと通常は一〜三回教会のまわりを廻り、教会のなかでの式がないばあいはそのまま墓地に行く。そこで再び棺が開かれて最後の挨拶がなされ、聖職者の祈りと言葉、そして歌ののち棺がおろされ、縁者と友人が三回手で土をかけてやったのちに埋められる。参加者全員が墓のまわりをまわって埋葬の儀式は終る。

誰もが一様に墓地に葬られたわけではない。妊娠した母親が死んだばあいは教会墓地に葬られなかったこともある。人々は彼女の墓を垣でかこみ霊をとじこめようとした。自殺者や処刑された者の墓も中・近世においては教会墓地には入れられなかった。十九世紀には墓地の隅に葬られるようになったが歌も歎きの声もなく、しばしば夕方にこっそりと葬られた。また不慮の事故で死んだ人の墓の前を通るときも人々は石や柴の束を投げ、霊をその場に留めようとした。死者が生者を悩ませつづけることが明らかとなると、その墓はもはや神聖なものではなくなり、墓地をあばき、生者を苦しめる死者を再び殺すことによって自分たちを助けるのである。

埋葬からの帰路は出来るだけ急がねばならない。オーベル・プファルツでは馭者は切株や石ころの上をやみくもにつっ走り、棺の下にしいてあった藁が全部落ちてしまうまで乱暴に走って帰る。この藁の処置も地域によって異なり、多くの地方では焼却するか野原にすて、朽ちるにまかせるのだが、キリスト教の浸透のおそかった東プロイセンでは全く反対に村の境においておく。死者が故郷を再び訪れるときその上で休息出来るようにするためなのである。

家に着くと皆身体を洗い、食物と飲物で元気をつける。これが死者との最後の宴をもみしていたのである。

3

以上簡単にみてきた葬送儀礼にはすでにキリスト教会の影響が色濃く影をおとしているが、死後の霊の居場所をめぐるキリスト教とそれ以前の民間信仰との間の抗争にはまだ決着がついていなかった。カトリック教会は煉獄の教えによってこの世での罪を完全には償っていない大多数の人間の霊は煉獄へ行き、いずれにせよ地上を離れると説いたが、一般の庶民は墓所を新しい住処として霊がそこにすんでいると考えていた。この二つの考え方は決定的に対立するものであったが故に結局のところ両者の間で妥協が行なわれねばならなかった。煉獄の思想が民衆の間に普及したかにみえる時でも死者の霊には一定の休日Urlaubstagがあるという形で始源的な信仰がのこっていたのである。即ち死者の霊は死後三日目に別れの訪問をすると信じられていた（フォイクトラントでは九日目という）。そこで教会は四十日目を死者のための祈りの日と定め、この民間信仰と妥協しようとした。おそらく教会は復活したキリストが四十日間地上にあったといわれたことを根拠としているとおもわれる。これによって人間の霊も四十日間地上に留まり、死者のための祈りが霊を本当に解放する行事とされたのである。こうした死去の日から数えるいわゆる命日の他に過去の死者のすべてに対する祈りの日もあった。オーベル・プファルツやラインラントでは土曜日に死者の霊が家に戻るとされていた。カトリック教会のもとでも土曜日になると死者の霊のためにバターのランプをつける習慣があったという。この燈明は家に戻る死者の霊を照らすためのものであったが、それには煉獄の教えが普及するにつれてホイジンガのいう民衆の情感を伝える解釈が加わってくる。即ち煉獄の火で焼かれている哀れな霊が土曜日になると家々に燈されるランプのところに来て、煉獄で受けた火傷のあとをバターでこすって痛みをやわらげようとしているというのである。このような慣習の解釈をつくり上げていった民衆にとって、キリスト教の教義はどんなにむごいものとうけとめられたか想像するに余りあるものがある（九九八年にはベネディクト修道院において万霊節（十一月二日）がすべての死者の日と定められ、教皇ヨハンネス十八世は一〇〇六年にそれを全キリスト教会の行事とした）。

このような死者と生者との交流は死者との食事（一種の法事）に典型的な姿で示されて

いる。

すでに原始キリスト教のもとにおいても殉教者を含む死者への記念祭は宴会として墓地で営まれた。人々は財産に応じてこの宴会に供物をもって集い、供物を出せない者も参加することができた。こうしてこの供養には貧者保護の目的も加わることになる。そこでは酒も飲まれたから、トゥールの宗教会議では五六七年にこのような宴会は異教徒的なものとして禁じられたという。教会は墓地や教会内での宴会を禁じて、キリスト教受容以前の宗教的行事を根絶やしにしようとしたのである。民衆はそれに対して死者には供物をし、その後死者の家で旧来のやり方で宴会を開くという形で教会に対抗したのである。

セバスチャン・フランクの「年代記」によるとアウクスブルクでは死後七日目と三十日目に法事を営んだという。彼らは古い習慣にしたがってパンとローソクを墓に供え、そののち祭壇にワイン・パン・粉などを供物として捧げたという。これは本来死者の前で行なわれるべきものであった。

リッパートによるとこのような法事はやがて死者ミサが導入されるに及んで変質していったという。教会がかわりに供犠を行ない、その一部を貧者に与えた。貧者はかつては供犠に参加する権利をもっていたのであるが、施しをうける地位にかわってしまった。すべては金に換算され、人々は死者ミサを営んでもらうために教会に金を出すか、ミサに附随する喜捨として貧者に金を配る。リッパートによるとこれはかつての死者への愛の宴がひからびた形で残存している痕跡だという。

しかしこの死者ミサにおいても教会は死者がそこに現存するという考え方を僅かにせよのこしている。一三〇五年六月二十一日に死去したヴェンツェル二世の命日には十九世紀にいたるまでプラハの教会ではガラス瓶に入った遺物が棺台にのせられて出されたという。こうして死者は故人の追憶のためのミサに自ら出席するのである。廟所などの構造は戸をあけさえすればそこに死者の現存があるように出来ている。通常のミサにおいては最後に司祭は会衆に向い、「行け、ミサは終われり」ite, missa est と解散を宣するが、死者ミサにおいては「安らかに眠らんことを」requiescat in pace と述べ、死者は再び解放されるのである。

リッパートによると古代においては死者との宴は今日のようにしめやかなものではなく、人々が再訪した死者に振舞うものは何よりも楽しみであったという。「長い年月ののち遠い国から戻った友に、罪や責任を問うたり、苦しみと悲しみの表情で歓迎しようと誰が思うだろうか」。すでにみたように教会内でのこのような飲み食いかつ踊る宴会が禁じられてからは、宴会は教会の外で行なわれることになったが、年に一回だけ古くからの遺制が Cachinus として残存していたという。それは楽しい大笑いの行事であり、教会内では「復活祭のメルヘン」とか「復活祭の馬鹿笑い」Risus Paschalis として中世に伝えられていた。主の復活を記念する復活祭に司祭が祭壇からあらゆる種類のいたずらや馬鹿話をして会衆を爆笑の渦に巻きこむのである。これは長い冬が終り、春が始まる喜びを共にするカーニバルの行事の一環とみることが出来るが、観点をかえればかつては死者との宴に必ず登場した道化を年に一度だけ教会内に復活させた行事とみることも出来る。教会が追放した道化を司祭が年に一度だけ自ら演ずるのである。

死者と生者は古代・中世においては以上のような関係にあり、死者に与えられるものは現代人の考えるような単なるしるしとか象徴ではなく、現実に与えられたのである。しかしそれは死者のためにだけ与えるのではなく、生者のためでもあった。死者に与えられるべきものを怠るとそれは自分に復讐してきたからである。霊が生き残った者を招きよせるという信仰は根強く各地にみられるが、それも死者に対する当然の手続きを怠ったことによると考えられたのである。現在では全くの形骸だけになってしまったため、グロテスクなイメージしか生まないヴァンパイアがそのような生者を招きよせる霊であることはよく知られている。ヴァンパイアという名がドイツに知られたのはようやく一七三二年であり、スラヴ地域ではかなり早くからその存在が伝えられていた。しかしドイツにおいても生者を招きよせる霊の存在とそれを防ぐ手段とは一般に知られていた。すでに述べたように死者の口に貨幣を含ませるとか、死者の使った道具を共に葬るとかあるいは家畜に主人の死を宣告するとかいった単純な手続きがなされなかったばあい、霊が物や生者を招きよせるとみられたのである。中世においては血が生命そのものをいみしているとみられたから吸血がすなわち霊の招待の表現とされたにすぎない。こうした伝承の背景に中世のペストや疾病による大量死があったことはいうまでもない。

霊と物とのフェティシュな関係が承認されているところではどこでも亡霊ヴィーダーゲンガーがみられる。ドイツに限らず民話やメルヘンに登場するモチーフにはこうした関係に基づいているものが極めて多い。吝嗇な男が宝を隠したまま死に、宝が発見されないと亡霊となってさまよい、多くの場合は子供に宝の場所を教えて宝を与え、自分は救いを達成する。このようなモチーフの民話やメルヘンはいたるところにみられる。

このように死者と生者との関係の絆は中世社会の庶民の日常生活とメルヘンの世界を構成する重要な要因であった。そしてここにみられる世界が決してわれわれにとっても異質なものではないことを考えるとき、私たちはヨーロッパの中世社会研究が決して閉された研究の分野ではないという確信をいよいよ深くするのである。歴史研究もこれらの中世庶民の生の営みと本質的に異なっているわけではない。メーテルリンクの『青い鳥』の「思い出の国」のように私たちが、たとえ研究という煩瑣な手続きのうえにもせよ過去の人々の生きた姿を想起し、追体験しようとするとき、死者の国の人々は目を覚して語りはじめ、時計も時を刻み、鳥も唱いはじめる。そのとき過去と現在はひとつの世界、ひとつの運命のなかにあるものとして感ぜられるのであろう。

II　人と人を結ぶ絆

扉の絵は、なめし職人と靴職人（十三世紀初め）

現代に生きる中世市民意識——欧州の深層を支えるギルド

一見ささいなことのようにみえるが、ヨーロッパで数年暮らしたとき、非常に印象が深かったことがいくつかあった。思い出すままにあげてみると、ひとつは冬の暖房用の石油を購入したときのことである。ドイツの冬は長く厳しい。各家庭は秋のはじめに集中暖房用の石油を地下室の大きなタンクに一杯にたくわえる。そのときドイツでは家庭で暖房用に使用される石油にかけられる税金が、大企業などで大口に消費される石油にかけられる税金よりもかなり安くなっている、と知らされたのである。全く逆の事情のもとにあるわが国の消費者の立場を思いかえして、ことの重大さを深くうけとめざるをえなかった。

もうひとつはドイツ銀行でみかけた光景である。近代的様式に建てかえられ、総ガラス張りの立派な銀行のドアをあけると受付嬢がいた。この二人の受付嬢が二人とも身体障害者で、車椅子にのって仕事をしていたのである。この二人は何のくったくもない明るい顔で受付の仕事をしていた。このときも日本の銀行の受付を思いかえし、しごく当然な事柄に驚くわが身を、つくづくなさけないと感じたのである。

ついでにもうひとつ思い出すのはドイツの夏のことである。毎日郵便を配達してくれるおじさんが一カ月以上姿を見せないので、退職したのか、それとも……と案じていたら、八月の末に真っ黒に日焼けして現われ、マジョルカ島へ休暇で行っていたという。休暇をとることは権利だから誰でも必ず行使する。医者も一カ月は休んでしまう。馬車馬のように休まず働く日本人が話題になっていた頃である。もちろん、ドイツでは外国人労働者がその代わりをしているということもいえるかもしれない。しかし日本では一カ月もの休暇を考えることができるだろうか。

町のなかで車がクラクションを鳴らすと罰金をとられるとか、雪が降ったとき、家の前の雪かきをしないでいて、そこで通行人が滑って怪我をすると、その家の住人が治療費などの諸費用を払わされるといった事例には事欠かない。レストランに入ると帽子掛けには、当店はこの帽子掛けについては責任をもちません、と書いてある。盗難の際の補償をしないという意味である。いいかえれば、こういう札がないと賠償の請求ができるのである。自然公園のなかに湖に面してホテルなどを建てることが許されていないとか、町の広告は一カ所にまとめられ、壁や柱に勝手にポスターを張ることは許されない。また車椅子のみならず、乳母車ごとバスでも電車にでも乗せ、乗客がみな乗降を自然に手伝う。

一体このようなわが国とは全く異なる慣習あるいは規則はどのようにして生まれたのだろうか。私はヨーロッパ史研究者の一人として胸にきざまれたこれらの経験を歴史的に解明してみたいと考えつづけてきた。

このような消費者保護、身障者保護、環境規制、公と私の責任分担の明確な区分などはヨーロッパの市民意識のあらわれとして説明されている。しかし市民意識とは一体何だろうか。日本では公徳心とほぼ同義に使われる場合もある。この場合は「私」をおさえて近所隣や町、そして国のためにつくすといった意味でうけとめられることが多い。「私」をおさえて行なう行為にどれほどの効果を期待できるだろうか。ヨーロッパにおける市民意識は本当に「私」をおさえた努力の結果だったのだろうか。そうではないのである。この問題を探るには市民意識の源流にまで遡って考えてみなければならない。

*

ヨーロッパにおける市民意識の萌芽をどこまで遡ってとらえるかという点ではいくつかの考え方がある。しかし重要なことは中世に成立した都市で生まれた市民意識の原型が基礎となっており、それが十八、九世紀に近代的な市民意識へと転換していった点であろうと思う。そこで中世都市における市民意識の萌芽について観察することからはじめなければならない。

中世都市の市民は、聖職者、貴族、農民等の諸身分よりもおくれて、十二、三世紀に生まれた。この頃ドイツの各地で都市が成立した。そのきっかけはいわゆる「商業ルネサン

橋のたもとの市門のところで入市税を徴収する役人（15世紀）

ス」とよばれる通商の活発化にあり、主要通商路沿いに遠隔地商人の隊商が集まる市場が開催され、それがやがて商人定住地となっていった。これらの商人は市場開催権をめぐって土地の領主と争い、抵抗や妥協ののちに独自の生活空間を獲得したのである。それが中世都市の出発点であり、そのなかでは商人がまず指導権を握って都市法を確立していった。この都市法は皇帝や領域君主の承認をえて、ここに新しく市民という身分が生まれることになった。

市民意識とはこのような中世都市の空間のなかで育まれていった生活意識の表現にほかならないのである。外敵防衛のために市壁がつくられたことが何よりも決定的なことであった。高い市壁に囲まれた狭い空間の中で暮らす市民は内の人間であり、外の人間とははっきり区別された意識をもたざるをえなかった。また外の世界があることによって仲間としての意識を培った人々は当然、外を否定的媒介として外に対して内の秩序を形成することができたのである。

また市の内部に市民権をもてない下層民がギルド・ツンフトにも入れずに多数存在したことも、ギルド・ツンフト内の秩序を形成する媒介となったのである。ヨーロッパの市民意識は市壁の外の世界と下層民を否定的媒介として成立したものなのである。こうして成立した人間の関係はまず仲間団体という形をとったから、この仲間団体内部と団体相互の協定、しきたり、慣習のなかにこそいわゆる市民意識の萌芽をみなければならない。

市民意識にはのちに十八、九世紀になっていわゆる国民意識へと昇華してゆく過程で、本来中世都市の仲間団体のなかで形成されてきた日常生活の規範としての素朴な生活意識を私的なものとして退けてゆく傾向が生まれた。しかし冒頭であげたような事例は本来中世都市の市民の生活規範として培われた慣習が十八、九世紀以降一般化され、ときには法文化されたものとみることができるのであって、その限りでヨーロッパの人々の日常生活のなかでは今でも中世市民の生活規範が底流となって生きていると考えられるのである。

＊

中世都市の市民生活の中心は何といっても仲間団体であった。それは商人仲間の団体である商人ギルドと手工業仲間の団体である手工業ギルド（ツンフト）に大別され、いずれも更に遠隔地取引商人と小売商人、パン屋、肉屋、大工、馬具匠などの数十種の同職組合に細分されていた。同職組合の原則は強者による弱者の支配を斥け、資本のある者が資本

客人の接待（1419年）

のない者を支配することのないようにあらゆる競争を排除することにあった。

このために原料の共同購入や販売価格の規制、店舗数の規制など厳しい規定があった。これらの同職組合は現在のわれわれが想像するような労働組合とは違って、都市内でその職業を中心として生きてゆく老若男女を包摂する組織なのであった。例えば父親が大工であれば大工の組合にはその一家が加入していることになり、組合員たる父が死ぬと未亡人が一年間はその職業を継いだ。その間に同じ大工の職人と再婚して家業を伝えることができたのである。

また組合員の子弟の出生、結婚、病気、死去の際も組合がすべての面倒をみたし、祭日には皆で揃って教会に行き、そこで自分たちが寄付してつくった祭壇の前にひざまずいたのである。また組合がそれぞれの居酒屋をもっていて組合員は原則としてそこで飲んで楽しみ、結婚披露宴などもそこで開かれたのである。仲間団体とは何よりもまず飲食を共にし共に歌う団体でなければならなかった。近代人は飲食をともすれば軽視しがちであるが、中世においては仲間団体である限りきまった日時に皆が揃って食べ、かつ飲んだのであり、そこにおける規律、約束が対人関係の倫理をもなしていた。

十数年前になるが、ヨーロッパ各国の若い研究者とバスで二週間ほどドイツ国内を旅行したことがあった。ある町のレストランで私はギリシャ人の哲学者、トルコの物理学者、スロバキアの言語学者などと同じテーブルについた。ところがトルコの学者は回教の戒律のため豚肉を食べることができないので、豚肉を使っていない料理を探すのに手間どって、ほかの三人が食べ終わったときに料理を食べはじめたばかりであった。

他の仲間は皆すでにレストランを出てバスに乗り、われわれの方をみて早く来るよう催促しているかにみえた。それをみてトルコの学者は料理を食べかけたままでやめようとしたところ、ギリシャの哲学者が、「われわれは今同じ食卓についている仲間です。いわば食卓共同体をなしているのですから、あなたが終わるまで、少なくとも私たちはここを離れませんからゆっくりおあがりなさい」と言った。私はこのとき、古来の仲間団体意識が今に生きていることをごく自然に了解したのである。

こうした仲間意識は他には喫煙仲間としても古来から残存している。たとえば、たばこをすおうと思ってマッチがないとき誰でもが「ちょっと火を貸してくれませんか」と言って火を借り、礼を言って別れてゆく。火は太古の昔からすべての人間にとって共有のものだったからであり、われわれのこうした日常のちょっとした動作のなかにも、古代人の人間関係のあり方が現代に生きていることが示されている。

同職組合も組合員も出生から埋葬までのすべてを共にする仲間団体であるから組合員の日常生活の倫理的規制も組合によってなされていた。いわば中世市民生活の究極的な単位が組合だったのであり、そこで職業倫理や対人関係の倫理が日常的生活規範として形成されていったのである。このように市民生活を規定した生活単位であった同職組合が十二、三世紀以降、十九世紀にいたるまで存続していたことは、ヨーロッパにおける市民生活と市民意識の形成に決定的な刻印を押さずにはおかなかった。

その刻印は十九世紀に営業の自由が認められて、同職組合が解散されたのちの今日においても各地の市民生活のなかに厳然と生きており、冒頭でみたいくつかの例もその萌芽を中世都市の同職組合のなかに求めることができるのである。

中世都市市民の生活空間は、大変狭隘であった。広い牧野や森林につつまれた農村と違って住居は互いに軒を接し、外敵の侵入に備えて高い市壁をめぐらした中で二、三万の人間が暮らしたのである。こうした中世都市の生活にとって最も重要なことが、共同防衛と相互扶助の精神であり、とりわけ食糧の確保と安価な供給にあったことはいうまでもない。

中世都市には現代使われるような意味での消費者はいなかったといってよいだろう。市民である限りみんな生業をもっていた。つまり、なんらかの同職組合に属して生業に従事していたのである。肉屋もパンを必要とするときは市場へ行って買った。市場以外での売買は禁じられていたから、すべての取引は市場でなされた。ところがそうなると、市場での購入にあたって競合する場合が出てくるのである。

つまり、焙肉業者が原料肉を仕入れようとするとき、現代のような卸問屋がないから市民一般に開かれている市場で購入したのだが、そこには鍛冶屋の内儀も大工の内儀も肉を買いにくる。そこで競合が生じた場合、「消費者優先」の原則があった。この場合の消費者とは焙肉業者以外の者のことである。この原則は他のどんな職種にも市場規則として適用されていた。

焙肉業者は本来市民に売るための肉を買おうとしたのであるから、市民と競合した場合、市民が優先的に購入するのは当然と考えられていたのである。すべての市民が何らかの形で生業を営んでいたから、この原則は一般に承認されていた。冒頭でみた、暖房用石油の税金が家庭用暖房に限って一定限度まで大口の営業用に消費される石油の税金よりも安くなっているという原則の精神は、この中世都市の市場規則にまで遡るものと考えることができる。

＊

同職組合はこうして市民の日用品購入の際の市場規則を守っていただけでなく、各商品の品質管理も行っていた。

ウルムの綾織綿布（バルヘント）、シュトラースブルクやニュルンベルクの金細工、アウクスブルクの武器製造、ケルンの絹織物などの同職組合では監視官が任命され、市場を回ってはその品質、価格を監視していた。規格に合わない商品は直ちに没収された。グライフスワルドの桶匠も、規格に合わない桶を作った場合、その桶は直ちに晒台で燃された。多くの場合、罰金が科されたが、その罰金の半分は市に、半分は同職組合の金庫に納められた。

この品質管理ははじめ購入者たる市民を保護するために設けられたのだが、後には商品の名声を維持するうえで、その組合のためにもなっていた。リガの金細工師組合は金銀の合金の比率を九対一と定め、違反が三回発見されると違反者を組合から追放した。組合を出るということは、すでにみたような同職組合のあり方からみても、生活の基盤のすべてを失うに等しかった。

品質管理上、製造者を明示するためには、商標が定められた。それは同時に個々の商品の品質を明示するものでもあった。パッサウの刀剣製造業者は一三六六年にパッサウ司教アルプレヒトから狼の商標を受ける許可をえた。これは今日のＪＩＳマークに相当する品質証明標でもあった。フライブルクの鍋工は鴉の頭を商標としていた。

市民の生活に直接かかわるパン屋や肉屋などの商品の品質、価格については特に厳しい検査が行われていた。中世の同職組合はいわば独占事業であったから、組合の態度次第で市民は数日にして飢えてしまったからである。

一二七六年のアウクスブルク都市法では市参事会代表二名とパン屋の同職組合の代表二名からなる委員会が粉を吟味し、試しに焼いてみて穀物価格を勘案してパンの値段を定めた。こうして定められた規定を守らないときのパン屋、肉屋に対する刑罰は峻烈を極めるものであった。有名な「シュップフェン」がそれである。

その方法はさまざまであるが、規定に反し、市民に不利益をもたらした親方は鉄製の籠に入れられて高い柱に吊るされる。数日して飢えに耐えかねてとびおりると、そこは糞尿あるいは汚水だめになっている、という仕掛けである。

パン焼き風景（16世紀）

パン屋や肉屋は市の同職組合のなかでも地位の高い豊かな親方であったから、この厳しい罰はこたえたに違いない。実際一二八〇年にはチューリヒのパン屋の親方ヴァッカーボルトはパンの目方をごまかしたかどで、「シュップフェン」の刑に処せられた。チューリヒ市内で悪評高かったためにこの刑には大勢の観客が集まり、見物した。彼はついに飢えにたまりかねて汚水溜りにとびおりて泥まみれになって家に戻り、数日後自分の家に火をつけ、市のかなりの部分が焼けてしまったという。

これはすでに伝説に属する話となって職人から職人

へと伝えられてきたものであるが、品質管理や消費者保護のためにはこれぐらいの実質的刑罰を行わなければならなかったのである。市民意識といわれるものは決してきれいごとで生まれたものではなく、その背後では厳しい刑罰があったことを如実に示している例といえよう。

＊

人間であれば誰しも病気をさけることができず、ときには職務上その他の怪我で障害を受けることもある。このようなとき、中世都市の同職組合ではどうしたのだろうか。古いドイツの法に、「健康なときに仕えてくれた者には病気になっても助力せよ」とあり、支配する者には保護の義務も本来課されていたのである。

同職組合にも後になると職人の相互扶助のための職人組合が成立する（職人の組合等については本書一四五ページ以下をも参照）。一三七二年にはすでにシュテンダルの毛皮匠職人の組合規約に病者看護の条項がみられる。一三九七年のケルンの桶匠組合では老衰した職人のために額はわずかだが、生涯の年金が設けられている。職人たちは仲間の病気が重いときには交代で看病し、看護人もつけた。

フレンスブルクの十五世紀初頭の鍛冶屋の組合規約にはその点について詳しい条項が設けられていた。同職組合が病院と契約を結んで常時二人分のベッドを確保していたハンブルクの仕立屋組合（一六四三年）のような例もある。病気があまり重くなったり、費用がかさみすぎる場合には救貧院に送られることもあった。また初期の病者看護の多くは組合の金庫から貸付金の形でなされたから、治ればその金を返済しなければならなかった。しかし、一六七三年のオーストリアの銅細工師組合のように、金のない者にもキリスト教的精神に基づいて助力をすることが親方や職人仲間の義務とされているところも多い。怪我や病気は運命であり、いわば天の配剤であるから皆で支えようとしたのである。

だが、これらはすべて就業中の職人や親方についての規定であり、遍歴途中で病気になった職人についてはすべての規約は沈黙を守っている。遍歴途中で病気になった場合については、わずかに一六二八年のパン屋の文書で同職組合の宿で病気になった職人について宿の主人が面倒をみるという規定があったにすぎない。

十八世紀にいたるまで、このような形で就業中の職人や病気や事故の際の助力は同職組合や職人組合の義務として定められ、実質的にもかなり実施されていたとみられるが、十八世紀に入ると手工業同職組合の古き良き伝統が崩れはじめ、病者看護の伝統もすたれてゆく。その例を皮鞣工ゲオルク・トリュメルトの事件にみることができる。

トリュメルトはヴァイセンブルクで働いていたとき、一七七一年に事故で手足がしばしば麻痺し、言葉も話せなくなってしまった。同市の職人組合は一年間病床にあったトリュメルトの看護をし、八十ターレルも出したが、その出費に耐えられなくなって市と共謀してトリュメルト名義の職人としての資格証明書を発行し、この哀れな男を遍歴の旅に出したのである。

トリュメルトは行く先々の町の同職組合で仲間の権利として一夜の宿と飲食物、路銀をもらって旅をつづけ、一七七三年にははるか北のレヴァルで市当局に捕えられてしまった。仕事をする能力がないのに職人としての証明書をもっていたため、偽証書と判断されて笞打ちの刑をうけ、証書を没収され、所持金のなかからレヴァル市とペルナウ市で同人のために要した費用を差し引いて船に乗せられてしまったのである。

その後のトリュメルトの運命を知る人はいない。この事件は同職組合が身体障害者となった仲間に対してできる限りのことをしようと努力したにもかかわらず、小規模な町の組合では限度があり、この段階では国家の側からの施策が必要とされていたことを示している。実際、一七八三年にはプロイセン政府もこうした事態をうけて遍歴職人の病気の際の援助について法令を出し、一七九四年のプロイセンの一般ラント法典でも不十分ながら規定が作られた。

中・近世都市の職人組合の相互扶助の精神と障害者保護については、これまであまり指摘されていなかったから、この点をあらためて評価する必要があるのは当然であるが、だからといって、中世の方がすぐれた組織をもっていたとみてはならない。一小都市の小さな組合がどんなに努力しても遍歴してくる多くの仲間が老衰したり、障害者となったとき、それらを保護しつづけることは市場経済が進展しつつある近世社会においては不可能なことであり、国家的規模の施策が要請されたからである。だが、中世以来の職人組合の病者看護の制度が国家的施策に先行していたことは明らかなのである。

同職組合の職人の労働時間は、大変長かった。大体陽が昇って沈むまで働いたので、夏には休憩を含めて十五、六時間も拘束されていた。夜は照明が不十分で、松の割木や蠟燭、油ランプなどでは正確さを求められる仕事はできなかったし、何よりも火災の危険が大きかったから、原則として夜業が禁じられることが多かった。

一四三〇年のフランクフルトの亜麻布織工組合では一マルクの罰金と、極端な場合には就業停止の罰をもって夜業を禁じていた。だが火災の危険が少ない職種では夜業をするケースも多く、職人の労働時間は長くなる傾向が強かった。一五七三年にリューベック、ハンブルクなど十五の都市の鋳造工組合の親方たちは職人の労働時間を朝四時から夜八時までとする協定を結んだ。このような各都市間の親方の協定に対して、職人組合も労働時間の短縮を求めて長時間闘ったのである。

十九世紀にいたるまで労働時間の短縮を求める職人の闘いは主に週休日の増加に向けられていた。日曜日は聖なる日と定められていたから職人の集会等も許されなかったので、職人は月曜日を休暇とするようくり返し主張し、そのために長い間闘いつづけた。休日となった月曜日のことを「青い月曜日《デア・ブラウエ・モンターク》」と呼ぶ。なぜ青い月曜日なのか、この点についてはさまざまな議論があり、日曜日に職人が酒に酔い乱暴を働き、あげくの果ては喧嘩となって、月曜日には体中青痣だらけで仕事場に現れたから、「青い月曜日」というのだという者もいる（青い月曜日をめぐる議論については本書一三七ページ以下を参照）。

R・ヴィッセルはある鍛冶屋の親方から聞いた話を伝えている。つまり鉄を徐々に熱して真っ赤になったとき直ちに冷やせば、大変もろいので、徐々に熱し、黄白色から黄色へ、そして青色になったときが一番よい硬さとなるといわれ、この手続きを「鉄を青色にきたえる」という。この親方によると一週間が青色になるようにする、つまり労働に好都合な状態におくために「青い月曜日」がある、という。

実際、職人の労働時間は大変長かったから、仕事の集中度も低く、キリスト教会の下で祭日が極めて多かったことが職人の労働意欲をようやく保つ骨休めとなっていた。一三五六年のクサンテンの教会建築現場での記録によると、全体で四十九週間かかったなかで労働日は二百五十日しかなく、あとは皆、日曜祭日にぶつかっていた。したがって平均週五日制と同じ結果になっていたという。このように祭日が多かったことが職人を怠け者にしたとみる者もいるが、R・ヴィッセルなどは逆に、これらの祭りのおかげでようやく職人の労働意欲は保たれたのだとみている。

月曜日は組織の問題を片づける日でもあった。実際、都市生活においても市の境界を見回る仕事がこの日に行なわれ、遍歴に出る職人もこの日に仲間に見送られて市の境界近くの村まで行き、そこで別れをつげ、他の職人もこの日に浴場へ行って疲れを癒した。職人の集会も月曜日に開かれた。こうして「青い月曜日」とは単に労働時間の短縮を求めるために要求されたのではなく、自由な時間、生活を楽しむ時間を求める運動でもあり、この日に居酒屋で皆で飲んで歌ったのである。

*

しかし一三七五年にハンブルクでは月曜日に休む職人は禁固刑と定められ、一五〇九年にフランクフルトの毛皮工親方は月曜に休む職人には一週間分の賃金を支払わないことを申し合わせた。だが、十五世紀には「青い月曜日」はかなり認められるようになり、この段階では仕事を半日にするか、月曜を休日とする回数を減らすかが争点になっていた。

一四八〇年のリューネブルクでは一週間のうち一日も祭日がないときは月曜を休日とすることを認めている。月曜を休日にすることは職人の集会を認めることにもなったから、この点について官憲の監視が厳しかったのである。

十八世紀になると職人のストライキが各地で激発したことと相まって月曜日を休日にすることに政府の側からの反発が強く、一七八三年にプロイセン政府は「青い月曜日」を手工業者の不祥事として扱い、月曜日に休む者の名を報告するよう求め、抵抗する者は十四日間拘禁し、二度目はパンと水だけの拘留、三度目は四週間の刑務所行きと定めた。一七九四年の一般ラント法典も同様の規定を設け、中世以来の伝統であった「青い月曜日」は十九世紀にはほとんど姿を消すことになった。以後は一日の労働時間の短縮が大きな課題となってゆくのである。

いずれにしても休暇を求める職人の数百年にわたる闘いが、自由な時間、生活を楽しむための時間を求める運動として展開されてきたことは、「青い月曜日」がなくなった今日にいたるまでうけつがれている。

皺だらけの顔を真っ黒に日焼けさせ、重い郵便袋を引いて日本からの便りを届けてくれた郵便配達のおじさんの表情のなかに、私は数百年にわたる職人の闘いの成果をよみとるのである。

ギルドやツンフトは近代化を阻害したものとして位置づけられることが多く、そのポジティブな側面にはこれまであまり照明があてられなかった。しかしここでわずかながら瞥見したようにヨーロッパの庶民の生活意識の基礎はまずギルドやツンフトのなかで形成され現在の市民意識へとうけつがれてきたのである。たとえ制度としてのギルド・ツンフトが解体されたとしても、五百年にわたってそのなかで形成されてきた人間関係の絆のあり方は直ちに消え去るはずがなかった。

いわば共同体規制の延長線上に市民意識が形成されたのである。しかもそれはあくまでも中・小都市の市壁内において形成されたものであった。祭りや行事にまつわるさまざまな慣習、冠婚葬祭の習慣もギルド・ツンフトのなかで保たれてきたのである。

ところが十八、九世紀には産業革命の結果、市壁の外に住宅ができはじめ、鉄道が建設され、市の内外を区切る市壁が除去されてその意味がなくなっていき、市民意識は大きな転換期をむかえる。

*

かつて中世には「都市の空気は自由にする」という法諺があった。不自由人も都市に一年と一日以上住むと自由身分となるという意味で解されていたが、現在この言葉が語られるとき、それは小さな都市や村の鬱陶しい人間関係から離れて、他人に無関心な大都会の空気のなかではじめて自由を感ずる、という意味で用いられる。この法諺の意味は社会的状況の変化によってかなり変わってしまったのである。

この変化をもたらしたのが大都会の出現であったことはいうまでもない。大都会は市壁に囲まれた都市の拡大であるようにみえるが、実際は市壁はないに等しく、内外の区別は目に見える形では存在しなくなっている。十八、九世紀以降、特に十九世紀の後半以降かつての市民意識はその私的で仲間団体的な性格を公的な性格へと転換し、普遍的な国家公民の倫理へと昇華させてゆく。啓蒙思想はこの過程を促進させたが、それは中世以来ドイツの都市のなかで培われてきた仲間団体生活意識や生活規制をローカルな枠組みから解き放し、普遍的人間の倫理へと展開させる役割を果たしたのであり、中世以来の仲間団体的生活意識を全面的に否定したのではなかった。五百年もつづいた生活意識を啓蒙思想によって全面的に否定するなどということは不可能なことなのである。

今でも日常用語のなかでツンフトという言葉、インヌンクという言葉は学者の仲間やその他の団体を示すときに、必ずしも批判的な意味をこめずに用いられている。ギルド・ツンフトの生活慣行のうち、迷信や俗信に属するもので今日生きているものも数多くある。しかしそれらについて論ずることは小稿の範囲をはるかに越えてしまうので機会を改めなければならない。

ブルーマンデーの起源について

休日とは何か、という問題を考えようとするとき、ひとつの示唆を与えてくれるのはヨーロッパにおける休日の歴史である。誰でも知っているように天地創造の神話から生まれた休日としての日曜日は初期には世俗の労働を自発的に慎む休日にすぎなかったが、キリスト教が国家宗教となるにつれて、強制的な休日となっていった。すでにコンスタンチヌス帝は三二一年に都市住民に日曜日の労働を禁ずる法令を出している。聖なる日として日曜日に労働を行なわない習慣は十九世紀にいたるまで宗教的な色彩を強くおびていた。

十九世紀以降現在にいたるまで聖なる日としての日曜日は徐々に宗教的な色彩を失いつつあるが、労働を行なわない休暇としての意識は強くのこっている。他方で十九世紀以降労働運動のなかで労働時間の短縮を求める運動が展開され、現在では一日八時間労働が一般化しているが、この運動には宗教的な動機はほとんどなかったといってよいだろう。

ところで労働時間の短縮を求める運動のなかで中世以来のブルーマンデーの制度が想起されていった。R・ヴィッセルに代表される研究者（といってもヴィッセル自身遍歴職人から身を起こして社民党の大臣になった人物だが）は中世以来の手工業職人の休暇を求める運動がブルーマンデー運動であり、それは十五世紀にはかなりの成果をおさめていた、とみている。中世の職人たちは親方の家に住み込みで働いており、朝四時頃から、遅いときには夜八時頃まで働いていたし、夜間の外出は禁じられていた。中世末に、親方になる見通しのない職人を含めて、職人の相互扶助の組織として兄弟団が結成されたときにも集会をする時間がなかったのである。すでに七八九年の勅令において農作業や狩、手工業だけでなく、集会も日曜日に行なうことは禁じられていたためである。そこで職人たちは月曜日に自分たちの組織の集会を開くことを求め、ヴィッセルによれば十五世紀には一般的にこの運動は成功をおさめたという。

事態がヴィッセルのみた通りだとして、一体その運動が何故ブルーマンデーと呼ばれたのかという点については諸説が入り乱れており、いまだ定説はない。一般的には四旬節の月曜日は「青い月曜日」と呼ばれていた。それはこの日に教会の祭壇にかけられる布が青色だったからであり、この日に人びとは集まって飲み食いをした。やがてそこから宴会をする日を同じ名前で呼ぶようになったのだという。これは言葉についての説明だが、北ドイツでは青という言葉は酔っぱらった状態を示す言葉であり、日曜日に職人たちが掟に背いて酒を飲み、月曜日には二日酔い（つまり青い状態）で仕事場に現われるからブルーマンデーなのだという俗説もある。

職人の仕事風景

E・F・ジンガーは中高ドイツ語の青という言葉には「聖なる」という意味があり、青い火とは聖火のことであるという。そして聖なる日とは労働をしない日のことであるとみている。ジンガーはさらに青という言葉には空虚、空っぽ、とりとめのなさ、といった意味があり、空の青も無窮の空の空虚さ、捉えどころのなさ、とてつもない遠さを示しているという。休日あけの月曜日の職人はまさに空虚な、ボケーとした状態で仕事をしているからこの名称が生まれたのだという。このような解釈にはかなり近代の労働者の意識が反映していると考えられるが、R・ヴィッセルもこのジンガーの説をとっている。

近代労働運動史のなかで、中世におけるブルーマンデーが想起されてゆくとき、当然のことながら、近代の労働時間短縮運動の前史としてブルーマンデーが位置づけられることになる。ドイツの労働者はすでに十五世紀において、事実上週休二日制をかちとっていた、と語られ、労働運動に大きな歴史的根拠が与えられることになった。

このような研究の動きに対して、もっぱら史料に沈潜するという姿勢に立ってブルーマンデーの「客観的な」姿を発見しようとする試みが出てきた。それはアルノ・カップに代表される研究であり、休日の宗教的意味に戻ろうとするものである。

中世の職人には教会が定めた祝日や日曜日以外に労働を行なわない休日があった。教会は一年を四つに分け、四季の斎日で区分しており、四季の斎日は水曜日にはじまり、土曜日までつづく四日間の節制の日々であった。四日間厳しい節制をしたあと、それがあけた月曜日には大いに飲み食いをして衰弱した身体を休めたのである。どの手工業組合でもこの四季の斎日ののちの月曜日は仕事を休んだ。こうして四旬節の第二主日前の水曜日（三月中旬）と聖三位一体の祝日（六月中旬）、聖十字架称讃の日（九月十四日）、ルチア祭（十二月十三日）のそれぞれのあとの水曜日が斎日であり、そのあとの月曜日もやがて四季の月曜日と呼ばれるようになっていった。また多くの土地で職人たちは市場やメッセが開かれたあとの月曜日に大いに飲み食いをする習慣もあった。市場やメッセが立つ日には職人は定められた時間以外の超過労働を強いられていたから、市場が終ったあとの月曜日は代償として休日になった。しかしこの市場あけの月曜日は四季の斎日のあとの月曜日と重なることが多かったという。

カップはこのような考え方に立ってブルーの意味も解釈しようとしている。中世の職人は原則として兄弟団に組織されていたが、兄弟団は灰の水曜日に盛大なプロセッション（行列行進）を行なった。これが一年の斎日のはじまりであり、このときの教会の祭壇の布の色はすでにみたように青であった。ここからこの節の月曜日を青い月曜日と呼ぶようになったのだという。それは宗教改革以後「良い」月曜日と呼ばれるようになり、十九世紀になって再びブルーという言葉に戻ったのだという。いずれにしてもブルーマンデーを斎日の月曜日とする考え方である。

しかしながらカップも認めているように職人の兄弟団が組織されていた町ではこの他にいわゆる月曜日の集会があった。職人組合の集会は普通の曜日には開けなかったので、はじめは日曜日の午後職人宿や職人専用の居酒屋で会食を開いていた。ときには二週間毎に午前中から開かれるばあいもあった。ところが教会は日曜日の集会を禁じていたから、新しく町に遍歴してきた職人が仕事を探すことさえ日曜日には禁じられていた。こうして十七世紀末にライプチッヒの靴職人は日曜日の集会の代わりに四週間毎に月曜日に集会を開くよう市参事会から命ぜられている。そのばあいも午後二時以降とされている。ところが職人はすぐに四週間毎の月曜日を全日休日とするように要求した。市参事会が拒否すると職人の兄弟団は次の月曜日に仕事につかず、職人宿に集合して「青い月曜日」を祝った。

そこで市参事会は七十三人の靴職人を逮捕し、三名を追放した。カップはこのような事例をあげ、「ここでは青い月曜日は月に一回月曜の午後を休み、職人宿で会合を開くことでしかなかった」と述べている。この点で最も恵まれていたとみられるライプチッヒの手工業職人のばあいでさえ十八世紀後半に年七回の月曜日の休みしかなかったという。つまり三回の市場あけの月曜日と年四回の斎日の月曜日を休日としていたが、市場あけの月曜日は斎日のそれと重なることが多かったから、結局は休日の月曜日は四回しかなかったことになるという。ただ製本業職人だけは年八回月曜日を休日とすることができた。いずれにしても十九世紀初頭に職人の兄弟団は解体され、月曜日を休日とする権利も失われてしまったのである。カップの結論は「歴史のなかには闘い取られたブルーマンデーはなかった。ただ年に数回月曜日の午後職人は数時間兄弟団の集会を開くことができたにすぎない」ということであり、ブルーマンデーのメルヘンは古文書の研究が進めばすっかり消えてゆくだろうという。

カップは、ブルーマンデーについての新聞の記事（一九三〇年十月二十日のライプチッヒ国民新聞）に反論して議論を展開している。つまり「労働者はすでに中世に週休二日制をかちとっていたのだ」という言葉に反発して、それが決して全面的な休日であったわけではなく、毎月曜日でもなかったことを論証しようとしているのである。ところがたとえ半日でも中・近世の職人は自分たちの兄弟団の会合のための休日をかちとっていたことはカップも認めているのである。カップはヴィッセルの書物を全く引用していないが、そこではすでに十四、五世紀の手工業規則のなかで、月曜日を休日にすることが繰り返し禁じられている事例が多数あげられている。また、十六世紀初頭の民衆本『ティル・オイレンシュピーゲル』のなかでも親方は職人に「お前たちは月曜日を休みにしようとしているけれども、わしはそれを認めないぞ」と語っている。実際に月曜日を休日にしようとする運動があり、それがかなり成功していたからこそ、多くの町で禁令が繰り返されたのであり、ときには半日は休日にするという協定も結ばれている。これらは当局側との交渉のなかでの妥協の産物に他ならなかったとみられる。

「12人兄弟の館」の管理人、老オットーの肖像画（1443年）

　しかしこうした問題よりも注目をひくのは、兄弟団の会合の日として月曜日を休日とする要求が出されている点である。つまりただ余暇をよこせというのではなく、死者のために祈り、相互扶助の組織を維持し、年金や保険をも制度化していた兄弟団の会合のための休日の要求であり、その限りでただ身体を休めるための純世俗的なものではなかった。その日に宴会が開かれたとしても宴会自体が宗教的性格を全く失ってしまっていたわけではない。遊びが聖なるものと結びつき、仕事のなかに楽しみや遊びの要素もおりこまれていた時代の休日の要求を、現代の骨休めの休日と同じものとしてとらえることはできないのである。

中世賤民身分の成立について

本日は歴史科学協議会第十四回大会で報告するようお招きにあずかり、大変有難く思っています。本年度のテーマは歴史における身分制の諸問題でありますが、前近代の賤民身分、被差別部落の問題をとりあげながら、各社会の構造とその中での身分のあり方を検討するという意図のようであります。この問題のたて方は私には大変魅力がありますので、非力をかえりみず、報告することをお引受けした次第です。私が報告をお引受けした理由はまだ他にもあります。私はヨーロッパ中世史を専門にしているわけではありませんが、比較的長い間ドイツ中世の歴史を勉強してきたために、日本の中世史研究者ともしばしば話をする機会があります。特に日本中世史研究における最近の展開は目覚ましく、大変勉強になるのですが、話をつづけるうち、どうしても近世史の問題が浮び上ってきます。近世について勉強しなければならなくなってくるのです。ところが歴史学研究会でも日本近世史は外国史研究者とは別個の神聖な空間をなしている観があり、ヨーロッパ史の研究者が自由にのこのこ入ってゆける雰囲気ではないようにみうけられます。このように思っていたところへ今回のお誘いをうけましたので、喜んでお引受けしたのですが、十分に勉強もしていない分野のことゆえ、ちぐはぐな話になるおそれが多分にあるかと思います。その点はどうかお許し頂いて、今後も近世史の分野にヨーロッパ史だけでなく、さまざまな地域の研究者を加えて、日本近世史研究のこれまでの成果を世界史の研究にも摂取させて頂きたく思います。こういうわけでまかりこしたものの、報告の依頼を受けたのが一〜二カ月前でしたので、そのための新しい準備をするゆとりがありませんでした。そこでこれまでやっていた研究の延長線上にある問題について今日はお話したいと思うのであります。ヨーロッパにおける下層民の研究に私がかかわることになったのはたかだか五年ほど前からで、ドイツ中・近世社会の賤民のなかでも最も差別されていた刑吏についてささやかな見通しを発表しましたのが一九七八年であります。すでに『歴史評論』三六四号のレジュメにも書きましたように、ヨーロッパにおける賤民の歴史的存在形態は広い範囲にわたり、これらを地域単位でひとつずつ掘り起し、研究してゆく作業は同時にヨーロッパにおける近世・近代の社会の全体をとらえ直す作業になると思われます。ところが日本におけるヨーロッパ史の研究は現在でも全体としてみますと、そのような個別的な研究をする条件に恵まれていないようにみえ、研究者の数は非常に少ないのであります。日本中世史の研究者と話をするときにしばしば大変羨ましく思いますのは、各地に着実な研究者が数多くいて、それらの人々の研究成果を常に利用できる点であります。ヨーロッパ史の研究者も数的には決して少なくないのですが、身分制の研究をしている人で同時に下層民あるいは賤民制の研究をしている人は私の知る限り大変少ないのではないかと思います。このような状況ですので、今日私がお話しますことも細々とやってきた仕事にいまひとつ石を積みあげるというだけのことでありますので、この点を御承知おき頂きたいのであります。

レジュメでも書きましたが、ヨーロッパにおける刑吏は、中・近世を通じて都市的な職業であります。『刑吏の社会史』に対する批判のなかで、農村部の刑吏が扱われていないという批判がありましたが、農村には原則として刑吏はおかれていないのであります。もちろん賤民は農村部にもいるのですが、刑吏を扱って以後私の関心は、当面都市部における賤民層の問題に集中していました。それは私が賤民層の問題をそのものとして扱おうとしていなかったからであります。どういうことかと申しますと、私は差別が生じてくる社会的構造の方にむしろ関心をもっていまして、そこで都市における手工業親方と職人などの人的結合と賤民の関係に注目していったのであります。

ヨーロッパにおける人間と人間の関係の変化に注目して社会史という分野を自ら設定しているのですが、私の考えている社会史の内容は極めて素朴なものでありまして、人間と人間の関係の一方の極には人が人を裁き、殺すという関係がある。殺人や暴行のことではなく、仲間団体の合意のうえで裁判を経て処刑が行なわれる事態がある。他方に人間と人間が睦まじく暮す関係があり、この二つの全く対立するかにみえる関係はひとつの関係の

ワイン作り（16世紀）

両極に位置しているにすぎない。つまり仲睦まじく暮しているはずの人間同士が処刑を行なわなければならないわけです。この二つの両極に位置づけられている人間と人間の関係の変化をヨーロッパについて探るとき、一方の極にある処刑が問題になり、それを追求するなかで刑吏の存在につき当ったわけであります。

他方の極にある仲睦まじく暮す関係には農村では村落共同体、都市では兄弟団をさしあたり考えることができますが、都市の兄弟団とは fraternitas, Bruderschaft, confrérie のことで、これまではツンフト・ギルドとの関連のなかでしかわが国ではとりあげられてこなかったものであります。都市に住む市民が特定の教会に自分たちの専用祭壇を維持し、そのための専属の祭壇付司祭をおき、仲間が死去したときには全員が埋葬に参列し、日常生活のなかでも多方面にわたる相互扶助を行なう団体です。今日の健康保険や養老年金の制度が本来これらの兄弟団のなかで生れたものであることはよく知られている通りであります。これらの兄弟団は現世と彼岸、誕生と死を結び、生産と娯楽、礼拝と祭を営む主体であって、都市における市民の生活のなかで最も親密なつきあいの場でありますから、これらの兄弟団の歴史的分析を通じて、中・近世の都市における人と人との関係の変化をとらえることができると思われるのであります。

私はこの点でこれまで都市の兄弟団について小さな文章を二つほど書いてまいりました。ひとつは病者看護の兄弟団 fraternitas exulum に関するものです（本書二〇八ページ以下）。これは町を通過してゆく貧しい巡礼や旅人がたまたま死亡したとき、あるいは病に倒れたときに看病したり、埋葬し死後の霊の救いを祈るための兄弟団であります。もうひとつはハンブルクのビール醸造職人の兄弟団についてでありますが（『一橋論叢』八三—三）、それらの内容を紹介しますと本日のテーマからはなれてしまいますので、ここでは立入らないことにします。

ところで兄弟団の研究をしてゆきますと当然のことですが、賤民の問題にぶつかってしまいます。兄弟団の目的は生者・死者を合せた相互扶助にありますから、来世における霊の救いだけでなく、現世における救いや楽しみも兄弟団のなかで追求されていました。兄弟団の最大の行事はお祭のときの行列と宴会であります。宴会は月に一回あるいは年に数回行なわれ、歌を唱ったり、踊ったりする大変楽しい会食ですが、他にたいして楽しみのなかった人びとのなかにはこの宴会に加わりたいがために「貧しい旅人を看護し、埋葬する兄弟団」に入る者もいたくらいです。総じてヨーロッパにおける団体は今でもそうですが、会食を大変大切にします。共に飲食することによって仲間としての絆が結ばれると考えられていたからであります。

町の祭のときには兄弟団の序列にしたがって行列が組まれます。その序列は当初はパン屋や仕立屋、肉屋のように町にとって重要で豊かな手工業が先頭をきっていましたが、やがて序列の決定にもいろいろな要素が入ってきます。そうなると、兄弟団に入ることによって、町のなかでの社会的序列に多少の上昇の可能性がでてくることになりますが、この点で中・近世都市における市民内部の階層意識が問題になってくるわけです。

一五一〇〜一一年頃に成立した民衆本の『ティル・ウーレンシュピーゲルの退屈しのぎ話』の七十七話に次のような話があります。

ニュルンベルクのある宿にティルは滞在していたのですが、その隣に信心深い金持ちの男が住んでいて、真面目に教会に通っていたのですが道化師などを毛嫌いしていました。道化師などがいる席には同席しなかったのです。この男は年に一度近所の人を呼んで料理や酒をふるまうことにしていました。ティルが泊っている宿の客も毎年呼ばれて御馳走になっていたのです。丁度隣の金持ちが客を呼ぶ頃となり、ティルが泊っていた宿の客も招かれたのですが、ティルだけは呼ばれませんでした。宿のおやじはティルにお前が道化師だと思われているから招待されなかったのだといって出かけてゆきました。ティルはそこで「俺を道化師とみたのなら、道化師ぶりをみせてやろうじゃないか」と考え、客が大勢集まっている隣の家の部屋の壁の下に宿屋の方から穴をあけました。そしてひどい臭いのする糞をたっぷりたらすと、ふいごをもってきて臭いを宴会の部屋へ送りこんだのです。食事をしていた人たちははじめは隣の席の男がおならをしたのだと思ってにらんだりしていたのですが、臭いはますますひどくなるばかりです。しまいにみな立ち上ってお互いに臭いをかぎあったのですが、どうしても原因がわかりません。服にまで臭いがついてしまったので、いたたまれなくなって皆家に帰ってしまいました。主人は面目を失墜してしまったのです。ティルの宿の主人も戻ってきたのですが、余りの悪臭に飲み食いした酒や食物も皆吐いてしまったほどでした。

この話のポイントは、この金持ちの男が一種の兄弟団の宴会を主催していたという点にあります。兄弟団の宴席に賤民であるが故に招かれなかったティルが仕返しする話は他にもありますが、ここではっきりと賤民だから招待しないと言葉でいわれているわけです。この話が何故問題になるのかといいますと、十五世紀から十七、八世紀にいたるまでツンフト兄弟団は、賤民を排除することによっておのが一体性を守ろうとして必死になっていたからです。

ここで本日の話のテーマにようやく到達しました。都市内部において手工業者も含めた市民は細かくみますと原則として兄弟団という形で結ばれていたわけですが、それらは常に賤民に対して一線を画すことによって名誉を守ろうとしていたからです。「名誉ある生れ」の者しかツンフトに入れないという原則はほとんどあらゆる職種にみられ、この原則はすでに十三、四世紀から現われはじめます。R・ヴィッセルの研究（Wissell, R., *Des alten Handwerks Recht und Gewohnheit*. 2 Bde. 1929, Neuauflage 3 Bde. 1971）のなかからいくつかの例をみますと、

一二三五年にリガのパン屋はドイツ人以外の者の加入を認めていません。この地域にはリトゥアニア人その他が多数いたのですが、それらの人びとは排除されているわけです。

一三二〇年にブラウンシュヴァイクの金細工師のツンフトは司祭の子供の加入を認めていません。「不名誉な生れ」の故とされています。

一三三〇年にはブレーメンの靴屋は亜麻布織工などの子弟の加入を禁じています。

一三四五年にハンブルクの製鋼業者は名誉のある自由な生れの者しか加入を認めていません。

一三八八年のヒルデスハイムの肉屋の規則では羊飼、粉挽き、亜麻布織工の子弟の加入を禁じています。これらの職種が賤民職とみられていたためです。

以上は十三、四世紀の例ですが、十五世紀になるとこのような事例は非常に多くなってきます。

一四一六年にはオズナブリュックのアムトは司祭の子だけでなく、私生児の加入も禁じています。

一四二三年のヒルデスハイムの鍛冶屋の規則では亜麻布織工や羊飼の子は加入させない

としています。ところが一四二五年にリューベックの亜麻布織工はヴェンド人の加入を認めていないのです。

このような規定は十六世紀になるとますますふえ、十七、八世紀にいたるまでのこっています。

こうしてレジュメにあげたような様々な職種や人種などが名誉をもたない賤民の仕事として位置づけられていったのです。そこで問題は何故これらの職種や人が賤視されたのかという点と、手工業者のツンフトが特に賤民やヴェンド人などに対して一線を画そうとしたのは何故かという点の二つにしぼられるわけです。ヨーロッパにおける賤民研究は今世紀に入ってからはほとんど進展しませんでした。ヨーロッパ内部に賤民がいた十九世紀の研究がほとんどで、今世紀においてはむしろアルジェリア問題や少数民族問題、ユダヤ人問題などとの関連でとりあげられています。ドイツのばあいは外国人労働者の問題が新たに発生していますが、まだ十分に研究が進められているとはいえません。ダンケルトが一九六三年に出版した『賤民』という書物（Danckert, W., *Unehrliche Leute*, Bern, München 1963）は、中・近世社会において賤視された人びとについて詳しく分析し、何故賤視されるにいたったのかを解明しようとした意欲的な研究ですが、この研究は主として第一の論点をとりあげています。ダンケルトは刑吏、捕吏、墓掘り人、塔守り、夜警、浴場主、理髪師などをひとつのグループとし、第二のグループに森番、亜麻布織工、粉挽き、娼婦、第三のグループに皮剝ぎ、羊飼と牧人、犬皮鞣工、牡の家畜を去勢する者を分類しています。この他第四のグループとして道路清掃人、煙突掃除人、陶工、乞食、放浪芸人、第五のグループに異教徒やユダヤ人、ジプシーなどをあげています。これらのうち、刑吏については かつて私なりの見通しを述べたことがありますので、本日は主として第三のグループについてお話しようと思っています。第四、第五のグループについては別の考察が必要となってくると思われるからです。

レジュメに書きましたようにダンケルトは、第一のグループに死、彼岸と死者供養、第二のグループに生、エロス、増殖、第三のグループに動物、第四のグループに大地、火、水とのかかわりをみています。

賤民とされる人びとのなかで皮剝ぎは最も低く位置づけられています。Abdecker, Schinder はいずれも皮を剝ぐ者の意ですが、一七三一年の帝国法令において他の賤民がすべてツンフト加入を認められているなかで、皮剝ぎだけは両親が皮剝ぎ以外の名誉ある職業についているばあい、その子供の代になってはじめてツンフト加入が認められるという条件がつけられているのです。実際一七四八年においてもシュヴァーベンのグンデルフィンゲンでは一人の男が皮剝ぎの埋葬に立ち合ったというだけで織工の組合から除名されています。皮剝ぎが賤視された理由についてこれまでいろいろな説がたてられていますが、ダンケルトは賤民の成立に関するひとつの理論をたてており、そこから皮剝ぎに対する賤視をも説明しようとしているのです。ダンケルトの基本構想はレジュメにも引用しておきましたが、キリスト教が普及する以前におけるゲルマン的祭祀習慣がキリスト教の普及以後も残存し、両者が拮抗するなかで賤視される物や人が成立するというもので、彼はそれをヨーロッパ以外の諸地域にも適用できる理論として考えているようです。

皮剝ぎなどに対する賤視の根源にはダンケルトによるとキリスト教以前の呪術的なタブーがあることになります。皮剝ぎとの接触が穢れを生むと考えられているのは単に野獣の死肉の汚さや悪臭のためではない。屠殺人が屠殺した家畜は正常な穢れのないものとして用いられるのに、自然死した家畜の肉は穢れを生むとされているのは、屠殺人が供犠をささげる祭司の世俗化された姿を意味しているためではないかと考えられているからです。野獣を殺すという仕事は、狩人に野獣の祟りを防ぐさまざまな儀式がのこっていることから解るように、単純な仕事ではなく、一種の責任と罪の意識をのこす仕事であったとみられてもいます。

そもそも野獣はキリスト教が入る以前にはデモーニッシュな存在であって、古ゲルマンの遺制をのこす様々な祭には野獣の毛皮をかぶって踊る祭が数多くみられます。こうした祭の仮装に対してキリスト教会は激しい非難をあびせ、廃止させようとしているのです。七五四年に死んだ聖ピルミンは説教のなかで鹿の毛皮などをつけて走ることを禁じ、カーニヴァルの時でも許されないことだといっています。善きキリスト教徒はデモーニッシュな歌や踊り、賭け事やコメディーから遠ざからねばならないと述べているのです。六世紀の教皇の勅書のなかですでに動物の仮面をつけることがアングロ・サクソン族に対して禁じられています。真冬の祭のときに鹿の毛皮や牛の皮をつけたり、野獣の頭をかぶったりして歩いた者はデモーニッシュな行為をしたかどで三年の償いを科されることになっています。

狩の獲物、鹿をさばく（15世紀）

現在でもムルナウ（オーバーエスターライヒ）では謝肉祭（四旬節）に仮装行列が村のなかを行進しますが、中心を八人のシェルファシングと二人のグロックファシングが歩きます。この十人は全員が真白な服を着て赤い帯をしめ、前者は貝殻をつけた枝をもち、後者は鈴をつけた杖をもって歩くのです。さらに腰のすわらない白馬（人がなかに入っている）がヨロヨロ歩き、そのあとを皮剝ぎとその妻が歩きます。その間に馬の仲買人が馬をさんざんほめちぎり、やがて買手がついて鍛冶屋が蹄鉄を打ちつけます。ところがこの馬の欠陥がすぐにばれて馬がつぶれてしまうと皮剝ぎと妻が登場するという筋書きです。今日でもこの祭がその年の豊穣を祈る祭となっていて、そこに皮剝ぎが登場するのです。この間にさまざまな冗談がかわされます。この馬殺しの場面でも皮剝ぎと妻がある種の性的な意味あいをもった豊穣をもたらす儀式を行なうわけです。つまりダンケルトによれば皮剝ぎは殺すことによって新しい生命をもたらす役割を与えられていることになります。

皮剝ぎは本来は供犠をささげる祭司であったものが、キリスト教の浸透とともにかつての動物をめぐる呪術が禁止され家畜を含めた呪術信仰がデモーニッシュなものとしておとしめられていった結果、賤視へと逆転させられたのだと考えているわけです。

この考え方は大変に興味のあるものであって私たちもこのような視角を無視することはできません。私自身かつて刑吏について研究した際に、十三、四世紀以前には近代的な意味での刑罰の観念は少なくともゲルマン領域においては存在せず、処刑に当るような行為がみられたとしてもそれは供犠としての意味をもっていたということを書きました。しかしながら刑吏についてもダンケルトのように死と彼岸との関係だけから説明することはできないのです。処刑についての考え方が変ってゆく直接的な背景としてより大きな意味をもっていたと考えられるのは、異教的な慣習からキリスト教への転換だけでなく、その転換を真にもたらすことになった社会的条件だったからであります。刑吏のばあいにはそれは何よりもまず都市の成立であり、さらに領域的権力の確立でありました。第三のグループに関するダンケルトの以上のような説明では満足できないとしたら、どのような要因を考えてゆけばよいのかを次にお話ししたいと思うのであります。

皮剝ぎについては刑吏に関して考察した際にも少し書きましたので、本日は少し新しい材料を御紹介する意味でも犬を話題にしたいと思います。

一七三一年八月十六日の帝国法令（Emminghaus, G., *Corpus Iuris Germanici*, Jena 1844）では第十三章において「皮鞣しが犬の皮を扱っても罰せられることなく、手工業者が犬あるいは猫を殺したり打ったり、溺殺し、あるいはその死体に触ったとしても名誉を失ったものとみなされない」と書かれています。帝国法令のなかにこのような規定があることは奇妙に思われるかもしれませんが、すでにこの帝国法令よりも二百年以前から、手工業者による犬殺しがさまざまな形で裁判沙汰になっていたのです。犬殺しといっても犬の毛皮をとるためだけでなく、犬にかまれたり、屋台の品物を奪われたりして防衛のために犬を打ったり殺したりした場合も大変多いのです。いずれの場合も犬を殺したり、死んだ犬に触れたりしただけでその手工業者は名誉を失ったとみなされ、ツンフトから除名されたために、市参事会に訴え、除名取消を求める訴訟がおこされているのです。死んだ犬に触れたり、犬を殺したりしただけで手工業者ツンフトの名誉を汚すことになるという考え方は十六、七世紀にはドイツで一般的になりますが、その萌芽は十五世紀末まで遡ることができます。裁判の事例が多くのこされているのは十六世紀ですが、ブレスラウ（ヴロッワーフ）の市立文書館にある Libri definitonum という文書にはその史料が豊富にのこされています。そこではツンフトの親方、職人、徒弟などが何らかのきっかけで犬と接触し、その犬を殺したばあいの裁判事例が三十四例あげられています（Frauenstädt, P., Aus der Geschichte der Zünfte. *Zeitschrift für Sozialwissenschaft.* 5 Jg. 1902)。そのうち三十例が十六世紀のもので、他が一六四七年までのものです。その例をみますと、犬殺しに対する偏見がこの頃すでにシュレージエン全域に及んでおり、この地域外にもみられたことが解ります。

一五一三年のひとつのケースをみますと、ブレスラウの小売商人が年市で犬を一匹殺したためにツンフトから除名された事件でした。本人は犬に脚を嚙まれたので、剣で犬を刺し殺しただけであって、金をもうけるためでもその他の利益のためでもなく、自衛のためにやむをえずやったことなのだから、それによって生計の道を絶たれるのは納得できないといって市参事会に訴えたのです。ところがツンフトは犬を殺すような人間は自分たちのツンフト内に留めておくことはできないと主張し、市参事会において議論されたのです。市参事会は解答に困ってマクデブルクのシェッペンシュトゥール（上級審）に教示を乞うたところ、当該のツンフト構成員は被害をうけた現場で犬を殺したのだから、他の者は彼と一緒に仕事をつづけ、彼を追放すべきではないという意見でした。マクデブルクのシェッペンシュトゥールに問い合わせたことと、そこで答が出されたことなどを考えると、犬殺しをめぐる賤視の問題はすでにザクセンにおいても前から知られた出来事であったと考えられます。

この他にも事例は多数ありますが、市参事会は原則として同じ立場を貫いています。しかしながらそれらのケースはいずれにしても過失による犬殺し（ハンマーを投げたら犬に当ったとか、石を投げてたまたま犬に当ってしまったなど）、あるいは自衛のための犬殺しであって故意ではないのです。つまり面白半分に、あるいはさしたる被害もうけていないのに犬を殺したばあいはツンフトから除名されることは正当とされているのです。このような偏見が一般的に認められていたのは、何よりもまず手工業者自身がこのような偏見にとらわれていたためであると考えられます。一五七一年にブレスラウの指物師ツンフトの一職人が犬を一匹殺したという理由で、ツンフト仲間全員が他のツンフトから一緒に働くことを拒否されているのです。ツンフト親方だけでなく、職人仲間にもすでにこのような偏見は広まっていました。鍛冶屋の徒弟が修業を終えて職人仲間に加えてもらうときのタウフレーデ（入会の儀式）において、職人頭が新入会者に次のように述べることになっています。

「さてお前がこれから職人宿を出たとき、美しいちぢれた尻尾をもった小さな白い犬に出会ったとする。お前がその犬に石を投げて殺し、その尻尾をとって帽子の飾りにしようと思ったとしても、決してそうしてはならない。お前が犬を殺せば名誉ある手工業の職を失うことになるのだから」。

ここで注目を惹くのは、まさに犬殺しが手工業の名誉を損う行為とみられており、他の動物を殺しても（猫はやや特殊で犬に近いのですが）名誉を失うことにならない点です。何故犬だけがこのような特別の位置におかれているのかという点については市参事会の記録をよんでも何も解らないのです。ただ十七世紀末になると、こうした偏見がグロテスクなまでに進行していることが解るにすぎません。一六九二年の例をひとつみてみましょう。

ヴォーラウ公国でのことですが、ある肉屋の職人が三人、冬に家畜の買い付けに農村へ出かけてゆきました。途中の森の中で獣が死んでいるのをみつけましたが、三人はこれを狩人にうたれて倒れた狼だと思い、喜んで次の村までひきずっていったのです。そこで自ら内臓を出し、そののち皮を剝ぐために村の羊飼に渡しました。羊飼が獣をよくみると、それは狼ではなく農民が飼っていた大きな犬でした。それを聞いて肉屋の職人たちは驚愕し、慌てて逃げ出したのです。しかし噂はすぐに広まり、公国の職人仲間がこの三人を名誉を汚した者としてツンフトから追放するよう要求したのです。肉屋のツンフトはシェッペンシュトゥールに照会したのですが、シェッペンシュトゥールは除名は認めず、ただ犬を狼とまちがえ、手工業者の慣習に背いて自ら内臓をさばいたことについて、ツンフトとしての罰金を科すよう決定を下したのです。

狼なら許され、犬猫を殺したばあいツンフトから除名されるほどの穢れが生ずる理由を考えるとき、当然のことながら時代を遡ってゆかなければなりません。

ゲルマン古代においては犬も馬と同様に主人が死んだばあい、主人の墓に葬られるという慣習があり、バイエルン部族法典（七世紀）においても「主人の屋敷を守る犬を、日が沈みたる後夜間に殺したときは、三ソリドゥスをもって賠償すべし」、あるいは「もし犬が人の衣服または手足を捉え、彼が手によりてそれを殴打し、その結果これが死したるときは彼は同種のものを返還すべし。それ以上は要求せられざるべし。しかして犬の主人は犬がなしたることを、あたかも彼みずからなしたるごとく、その半額を賠償すべし」とあり、犬殺しが何らかの穢れをもたらすとはどこにも記されていません。少しさかのぼって、六世紀初頭とみられるサリカ法典においても同様の規定が第六章にありますが事態は異なりません。六、七世紀の部族法典におけるこのような犬の位置は十三世紀のシュヴァーベンシュピーゲルにおいてもほぼ同じ内容でくり返されていて、基本的には変っていないのです。

つまり犬を盗んだり殺したりした者は飼主に同種の犬を返し、かなりの賠償金を払わねばならないことになっていますが、それ以外に何らかの穢れが生ずるということはなかったとみられます。

民間伝承のなかでは飼犬を殺したばあいの賠償について、殺された犬を尻尾で吊し、口が地面にふれる高さまであげ、穀物を犬が全くみえなくなるまで積みあげた額を賠償するという規定があります。これはザクセンシュピーゲルの註解では採用されていませんが、グリムのドイツ古法集では古い法に遡るものとみられています。いずれが正しいのか今は判定を控えたいと思いますが、いずれにしても犬殺しが穢れを生むという考え方はこの段階でも全くみられないことはたしかです。

またブルグンド法では飼犬を殺した者は群衆の前で犬の尻にキスをするという刑罰があるようですが、これは金銭で代えることもできるとされています。このようにみてくると、十三世紀頃までは犬殺しが穢れを生むという観念は一般化していなかったといってよいと思われますが、注目すべきことに他方で犬がすでに蔑視ないし蔑視の悪口言葉、罵言に登場しています。犬の子 Hundesohn、犬を強姦して生まれた子 gesortener Hund、その他いろいろあります。これはルプレヒト・フォン・フライジングの「フライジング法書」(一三二八)にでてきますし、皇帝ルードヴィッヒのラント法書(一三四六)にも同じような悪口がでてきます。この他 Hundsfott(雌犬の陰部)といった犬にかかわる悪口がすでにこの頃に記録されています。そしてこれらの悪口はただの悪口ではなく、重い罰金を科される大変厳しい侮辱の言葉となっているのです。十三世紀の都市法のなかにはこのような悪口を吐いた者には重い罰金を科し、払えない者はさらし台にしばりつける規定がしばしばみられるのです。私闘(フェーデ)のときにも疥癬にかかった犬や、切り刻んだ犬を送りつけることが宣戦を意味していたものです。

また犯罪を犯したユダヤ人をさかさづりにし、両側に犬を吊す刑罰が十四、五世紀から十六世紀の間にはときにみられたようです。このような悪口や慣習の出現は、すでに犬の一部がかつてのように主人の墓に共に葬られるような地位から差別された者の代名詞となる地位にまで落ちていることを意味しています。しかしながら中世末期にいたるまで、これらの悪口にも拘らず犬を殺すことが恥ずべき、穢れを生む行為としてみなされている証拠は全くありません。そのような見方が生れるのはすでにお話ししましたように、早くても十五世紀、つまり中世末期のことなのです。犬をめぐる悪口の出現は文献で確認しうる限り、十三、四世紀以降ですが、実際に犬殺しの行為が賤視の対象となるのは十五、六世紀とみることができます。この時代ははからずも刑吏がかつての名誉ある地位から賤視される地位に移ってゆく時期と丁度重なっています。

犬はたしかに古くから狩人や牧人にとって不可欠の家畜であって、人間には大変親しい動物ですが、それは同時に馬と同じく予知能力をもち、霊をみることができるデモーニッシュな動物とみられてきました。犬をめぐる民間伝承にはこの種のものが数多くあります。これは犬が特別に嗅覚にすぐれていたことなどによるものと思われますが、ダンケルトはキリスト教の普及によって、このようなかつてのデモーニッシュな存在としての犬が否定され、犬をめぐる迷信が抑圧された結果、犬をめぐる穢れが発生したのだと説明しているのです。

しかしながら犬だけでなく、馬についても本来なら同様のことがいわれうるはずなのに、何故犬殺しだけが穢れを生むことになったのか、この点についてダンケルトの説明では納得がゆかないのであります。

また過失にせよ犬を殺した者は穢れるという考え方は、手工業者の間の史料にのみのこされています。貴族の行為のなかで犬殺しが穢れを生むという例を見出すことは困難なのであります。ですから、犬殺しの問題は手工業者との関連においてまず問題にせねばならないのであって、それをダンケルトのように、犬に関する古ゲルマンの伝承からキリスト教による変質へという形で問題を広げてしまうことは正しいやり方ではないと考えられるのであります。

このように考えてきたとき、すぐに思いあたるのは、この時代の都市と農村との関係、並びにツンフトの閉鎖化の傾向と都市内の社会的状況であります。

都市と農村との関係についていえば、十三世紀末頃までは農村から都市に流入した人間にもまだ都市の職業は開かれており、手工業職人の多くは周辺農村の出身でした。しかるに都市法制が確立してゆく十四、五世紀には、農村から都市に入ってくる者に対して厳しい条件が課されてきます。それがツンフトの閉鎖化の傾向であります。つまり農村から大量に流入してくる人々をツンフトに加入させないだけでなく、それらの人々との間にはっきり一線を画すことが、組織をもつ手工業者の名誉を守る道であるという考え方が出てきます。こうした傾向の背後にあったのが都市内における人的関係の変化であります。都市の市民の間で数多くつくられていた兄弟団相互の間に序列が生れ、祭の行列の順番が問題になるような事態は、兄弟団相互の間に上昇志向が強く働いていたことを示しています。一四九五年のコルマールのパン職人たちが聖体行列参加の問題をめぐって二十年近くもストライキを行ない、ピケをはっていますが、これなどは手工業職人にとって社会序列がいかに重要なものと意識されたかを物語っています。これと同じ位のエネルギーをもって、彼らは賤民身分と自分たちのツンフトが明確に区別されることを主張したのであります。そのことは『刑吏の社会史』のなかでも書きましたように、都市法制の確立と不可分の関係をもっていただけでなく、都市と農村との関係の問題をも反映していました。

こうした事態はあたかも都市が農村からの大量の流入者の前に門戸を閉ざしはじめる時期、十五世紀に起っています。都市内の手工業者が農村から入ってくる人々に対して自らの組織を固め、厳しい加入条件をつくっていったことが、賤民層の創出に拍車をかけたのだと考えられるのです。例えば亜麻布織業は本来農村で営まれていたのですが、十五世紀には多くの亜麻布織工が都市に流入してきます。各地で亜麻布織工が賤民化してゆく理由のひとつはこのような状況にあったのではないかと考えられます。農村から都市に流入してきた者がさしたる困難もなしに、なんとかありつくことができたような職業がまず差別され、手工業者ツンフトがそれらの職業に従事する者の子弟のツンフト加入を拒むという事態が生じてから、それらの職業が賤民の職業として位置づけられていったのではないかと私は考えているのであります。近世ヨーロッパでは人びとの横のつながりが日本よりも強いように思われますが、まさにその横の結合が賤視を生んでいるのです。

農村から多くの人びとが都市に流入していた頃、都市内の犬の数も増加していました。記録がのこっているウィーンでは一四四四年だけで八六六頭の野犬が捕獲されています。野犬化し、危険な状態になりましたので、市当局は犬殺しを設置しました。ニュルンベルクではこの職は Huntslaher, Hundetotschläger と呼ばれ、これにも農村から出てきた者が当てられたのです。他の都市では犬殺しの仕事は刑吏が行なっていました。

処刑の前に聖職者の祈りをうける死刑囚（1509年）

ツンフトのなかで体制に順応し、うまく適応し上昇する可能性をつかんだ手工業者たちにとって、あとから次から次へと都市に流入してくる人びとは、自分たちの生計の道をあやうくするばかりでなく、自分たちと同じ出身であるが故に出世の妨げとなる存在でした。彼らにとってこれらの連中は村から町へと大群をなして動きまわる犬同然にみえたのでしょう。こうしてこの時代の犬はまさにこの時代の下層民の動向をそのまま伝える存在となっていったと考えられます。放浪者や乞食を捕え、処刑する刑吏がこの頃に賤民として位置づけられてゆくように、町のなかを群をなして走る犬をつかまえる犬殺しも賤民として位置づけられ、ときには刑吏が犬殺しをもかねていました。こうした状況のなかで社会的上昇を心がける手工業者はこれらの下層民とのかかわりを一切絶ちきり、手を触れることもしないと主張することによって自分たちの名誉を保とうとしていたのであります。都市の手工業者とその予備軍が両極分解し、一方では兄弟団的結合のなかで社会的に上昇してゆくグループと、他方で都市に入ったものの賤民的職業にしかつけないグループとに両極分解してゆくように、犬もまた貴族や豊かな商人などに飼われてペットになってゆく犬と、犬殺しにつかまって殺されてゆく犬とに両極分解していったのです。兄弟団的結合のなかで後続の流入者を差別していった人々のことを馬鹿にするわけにはいきません。貧しい農村から都市に出てきて、なんとか食べてゆけるだけでなく、立派な服を着て専用の居酒屋で飲むこともおぼえた若者たちにとって、農村での生活は悪夢の如きものであり、思い出すことさえはばかられたことでしょうから。そして犬はまさにそのような農村の貧困と都市のなかで定職につけない放浪者や賤民のシンボルとなっていたのです。彼らは貧しい放浪者たちと自分たちが同じ根をもつ存在であることを知っていたが故に、放浪者や賤民のシンボルとしての犬（特に犬殺し）との接触を絶ち、あやまちで犬を殺した仲間をも除名したのです。もし除名しなければ他の職種の者からお前たちは犬殺しの賤民と同格だといわれ、共に働くことを拒否されたのですから。

このようにして賤民身分の成立は、都市内における手工業者身分の成立と不可分の関係をもっていたのだと私は考えています。

最後に、このような事態を当時の人びとの意識や心のなかにまで入って捉えるには、どうしたらよいのかという点について一言ふれておきたいと思います。

すでにいろいろな機会に書いていることですが、一五一〇〜一一年に出版された民衆本の『ティル・ウーレンシュピーゲルの退屈しのぎの話』の主人公はまさに賤民なのです。この書物の著者ヘルマン・ボーテもまたブラウンシュヴァイクの徴税書記という職にあり、この町では賤民職とされていた地位についていました。賤民であるウーレンシュピーゲル(一般にはオイレンシュピーゲルとして知られる)が、十五、六世紀の社会の諸階層を相手としてさまざまないたずらをくり返してゆく話が描かれているのですが、どの話をよんでもウーレンシュピーゲルは相手から何かしかけられたり、ひどい目にあわされたりしたときに仕返しをしているのであって、何もされないのに、関係がない人にいたずらをしかける例はほとんどありません。

ウーレンシュピーゲルが貴族や聖職者、都市の威張りくさった親方や博士、はてはローマ教皇までこけにしてゆく姿はまことに胸のすくよみ物となっていますが、これらの話は荒唐無稽な話なのではなく、それぞれの話に歴史的な核があるのです。

たとえば八十八話において、ウーレンシュピーゲルはある旅籠にきて、おかみにウーレンシュピーゲルを知っているかとたずねるのです。おかみは会ったことはないけれどもとんでもないやくざ者だということは聞いていると答えます。ウーレンシュピーゲルは「本人に会ってもないのにどうしてやくざ者だというのかね」と聞きますと、世間が皆そういうのだからという答です。ウーレンシュピーゲルは「おかみさんは奴に何かひどい目に会わされたのかね。やくざ者だというけれども噂を聞いただけじゃないか」といいますと、おかみは客から聞いた話をしているのだといいます。あくる朝ウーレンシュピーゲルはおかみをベッドからかかえて、はだかのお尻を暖炉の火の上におろしましたので、おかみはお尻に大やけどをしてしまいます。ウーレンシュピーゲルは「これからはウーレンシュピーゲルをやくざ者だといってもいいぜ。お前さんは自分の肌でそのことを知ったのだから」といいはなったのです。

この話もこれだけよむと、ウーレンシュピーゲルもひどい奴だなあ、何もこんなひどいことをしなくてもよいのに、と誰でも思うでしょう。噂話をうのみにしてはいけないという教訓話としてよんでしまうかもしれないのです。しかし、この話が書かれた十五、六世紀という時代は風評に基づく裁判が放浪者や余所者に対して適用されつつあった時代でした。

「噂ではやくざ者です」と証言する者が七人いれば、事実はどうであれ断罪できたのです。まさに村から流入してくる犬と同じ扱いを最下層の人間はうけつつあったのです。このような事態をみていた著者は、民衆本のいたるところで新しい都市法に対して厳しい批判を向けていますが、この話をよんだり聞いたりした人びとの意識のあり方はその人のおかれていた立場によってさまざまです。しかしこのような話に対する読者の反応を考えてゆくとき、民衆本を通してこの時代の人びとの意識のあり方を探る道も開かれているのではないかと私は考えているのです。本日は時間がありませんので、この点についてはごく簡単にふれることしかできませんが、これで私の報告を終らせて頂きます。

(本稿は一九八〇年八月二十三日歴史科学協議会第十四回大会において行なった報告に手を加えたものである)

黄色いマーク——ユダヤ人差別のシンボル

中学生の頃ナサニエル・ホーソーンの『緋文字』をよんで大きな衝撃をうけた。緋色の文字を身につけて暮さなければならない一女性の心境がおぼろげながらも感じとられ、おそろしい世界を垣間見た思いがした。ところが緋文字は格別ホーソーンの発明であったわけではなく、ヨーロッパ中世に淵源をもち、十三世紀からキリスト教徒と区別するためにユダヤ人などが黄色いマークを強制的に着用させられている。そのことを知ったのはかなりあとであった。ホーソーンをよんだときに黄色いマークの歴史的経過を知っていたとしてもおそろしさには変りはなかったかもしれないが、ヨーロッパ史をみる視角には多少の違いがあったかもしれない。

ヨーロッパ史をユダヤ人の歴史を中心にしてみてゆくとどのようにみえてくるのか、というテーマを追いはじめてからまだ数年にしかならない。ユダヤ人居住区の研究を主として行なっていたために黄色いマークについては十分に検討してこなかったのだが、ギド・キッシュの研究などいくつかの研究や史料をよんでゆくうちに、黄色いマークの問題がただたんに中世ヨーロッパのユダヤ人だけの問題ではなく、ヨーロッパ史の根幹にかかわる問題であることがおぼろげながら浮び上ってきたような気がするのである。

ユダヤ人史の叙述をよむと黄色いマークの由来は一二一五年のラテラノ公会議の決議六十八条にあると書かれている。ユダヤ人に関する公会議の決議は概略次のようなものである。

「教会領域によってはユダヤ人またはサラセン人はキリスト教徒とは衣服に違いがある。しかしなかには両者の間に〔服装の〕混同が生じ、外見からは区別ができなくなっている地域もある。そのためキリスト教徒が誤ってユダヤ人あるいはサラセン人の女性と通じ、またユダヤ人あるいはサラセン人がキリスト教徒の女性と通じるという事態がときに生じている。この種の誤りという口実を与えないためにも将来にわたってこのようないまわしい関係が度を越すことのないように〔ユダヤ人とサラセン人の〕両者が男女ともにいかなるキリスト教領域においても常に公衆の面前で服装によって見分けられるようにすることに決定する。この法はすでにモーゼによって定められているところである」。

この決議ではユダヤ人やサラセン人がキリスト教徒からはっきり区別できる服装を着用することが命ぜられているだけで、黄色いマークの規定はない。

公会議の決議を最も早く実行に移したのはイングランドであった。一二一七年にヘンリー三世はユダヤ人の上衣に十戒を書いた白いリンネルか羊皮紙の札をつけることを命じた。

一二二一年のオックスフォードの公会議では札の大きさも定められ、上衣とは違った色の札でなければならないとされ、一二七五年のエドワード一世のときにはじめて白いリンネルまたは羊皮紙であったものが黄色にかえられたのである。

フランスのユダヤ人もラテラノ公会議の直後にキリスト教徒と区別しうるような服装を着用するよう命ぜられたが、生命の危険を冒してまで着用するには及ばないとされている。キッシュは一二一七年にパリに滞在していたラビ・イザーク・ベン・モーゼスの著述のなかから、この頃フランスで円型の環の着用がユダヤ人に命ぜられ、上衣に縫い込んでいる者もいたことを伝えている。ルイ九世の治世のもとで、はじめてフランス全域にマークの着用が強制された。このばあいはフェルトあるいはリンネルの縦四インチ横三インチほどの大きさの黄色い布地のマークを男女ともに上衣の前と後につけねばならなかった。キッシュによるとマークをつけていないユダヤ人は告発されて捕えられ、告発者がユダヤ人の上衣を手に入れることができたという。のちにマークの色はサフランの黄色から赤と白の二色にかえられている。フィリップ四世などはユダヤ人からマーク使用料まで徴収しているのである。

＊

イベリア半島では事情はやや異なり、ラテラノ公会議のすぐあとでカスチラのユダヤ人はマークの着用を強制するなら国外に退去し、ムーア人の領域に移住すると主張したため、財政上の配慮から実施が延期され、教皇ホノリウス三世もそれを承認している。十四世紀から十五世紀にかけてユダヤ人にその国の衣服の着用が禁じられているが、黄色いマークの言及はない。アラゴンでは一二二八年、ナヴァラでは一二三四年、ポルトガルでは一三二五年にマークの着用が規定されている。

　イタリアでもシシリーを除けば（シシリーのユダヤ人はすでに一二二一年にホーヘンシュタウフェンのフリードリッヒ二世によってキリスト教徒と異なる衣服の着用を強制されていた）十五世紀になって環の形をしたマークの着用が強制された。婦人はヴェールに青色のしるしをつけ、地域によってはO型のものもあった。後になるとイタリアのユダヤ人男性は赤い縁どりのある黒いフェルトの角帽《ビレッタ》の着用を強制されている。ユダヤ人女性は一ヤードの布でつくった黄色い帽子をかぶらなければならなかったが、女性は服全体を黄色にして抵抗したという。

　ドイツ、オーストリア、ボヘミアではキッシュによるとユダヤ人はすでに早くから独自の服装をしていたという。九世紀に編まれた『アンスガール伝』によると「あるキリスト教徒がユダヤ人のような服装をしている」という記述があり、これはユダヤ人独特の髭と帽子を指しているとみられる。同じ頃皇帝の宮廷にいたボドという男が神学上の疑問を抱いてキリスト教を棄て、割礼を受け、髪と髭をのばし、名前をエレアザールとかえたとい

キリスト教徒と論争するユダヤ人（右側）

う記録があり（八三六年）、いずれのばあいもユダヤ人独自の身なりがあったことを示している。

ラテラノ公会議に先立って一二〇八年と一二一五年に開かれたユダヤ人のラビの会議では非ユダヤ的な髪の刈り方を禁じ、剃刀で髭をそってはならないと定めている。それらはレビ記（二〇―二三）などにある「あなたがたの前からわたしが追い払う国びとの風習にあなたがたは歩んではならない」にのっとったものであるが、ラビの会議でこのような決定がくり返されているところからみて、現実にはユダヤ人とキリスト教徒との服装の違いが目立たなくなってきていたと考えられる。キッシュはそれをユダヤ人がその国の流行を追ったためではなく、まさにユダヤ人独自の伝統的な服装をしていることが危険になったためと解釈している。実際旅行中にはフランスなどでもマークをはずしてもよいという規定があったほどだから、キッシュの推測は正しいといえるだろう。この頃の旅の際ユダヤ人男子は聖職者の服を着、婦人は修道尼の服を着ることが多かったという。
つまり第四回ラテラノ公会議よりはるか以前からユダヤ人には独自の服装と身なりがあったのであり、円錐型の帽子で先端がおれまがっているものと髭は中世のユダヤ人の民族衣装ともいうべきものであった。ユダヤ人のミンネジンガー、ジュスキント・フォン・トリムベルクは自分の詩のなかで、詩作をやめてトルバドゥールの生活からも足を洗い、吟遊詩人からユダヤ人に戻りたいという希望を歌い、「灰色の髭をのばし、以後は老ユダヤ人として生き、長い上衣を身にまとい帽子をまぶかにかぶって謙虚な歩みをつづけるであろう」と歌っている。

つまりキッシュによるとドイツのユダヤ人は伝統的な尖り帽子をかぶり、独特な服装を自由意志で着用していたから、これらの地域では十五世紀以前には環のマークも他のユダヤ人用のマークも史料に言及がない。ところが十三世紀後半から伝統的なユダヤ人の帽子であった尖り帽子の着用が強制されるにいたった。ユダヤ人はシナゴーグを出るときには帽子をかぶらなければならないと定められている。同じ帽子はユダヤ人と性的関係をもったキリスト教徒の婦人もみせしめとしてかぶらされ、ユダヤ人の犯罪者が死刑を宣告され刑場へ向うときにもこの帽子の着用が義務づけられたのである。

いかに伝統的な帽子であり、自由意志でかぶるものであったとはいえ、その着用が外から強制され前述のような蔑視の道具とされるときユダヤ人にとっては苦痛以外の何ものででもなくなるだろう。ユダヤ人に尖り帽子の着用を義務づけるに当ってニコラウス・クサーヌスとフランシスコ会の説教師ヨハネス・カピストラヌスの影響が大きかったこともクサーヌスらの思想を理解するうえで記憶にとどめておかねばならないことであろう。

一四一八年にはザルツブルクの公会議でユダヤ人女性は衣服にマークの他鈴をつけねばならないと定められている。一四三四年になってはじめてドイツではアウクスブルク市がユダヤ人に黄色い環 Ringel を胸につけるよう命じている。一五三〇年の帝国行政法令においてこの規定は全国に布告された。オーストリア地域では一五五一年のフェルディナン

マークをつけたユダヤ人（上：15世紀、プラハ　下：1470年、パッサウ）

ト一世の布告によって、すべてのユダヤ人は左胸に幅二センチメートル、直径八センチメートルの黄色い環を着けることを義務づけられている。このマークを着用していないで捕えられたばあい、路上で着ているものをすべてはぎとられ、衣服は告発者と当局とで分配されたという。ヨーロッパ諸国においてユダヤ人に強制されたマークの規定はほとんどの国で十八世紀まで効力をもっていた。実にユダヤ人は五百年近くもの長い間屈辱的なマークの着用を強制されつづけてきたのである。

＊

以上は主としてキッシュの研究によりながら第四回ラテラノ公会議以後各国において黄色いマークが強制されてゆく過程を簡略に展望したのだが、つぎにそもそもラテラノ公会議において何故ユダヤ人の衣服をキリスト教徒のそれから区別する必要があったのか、また何故マークの色が黄色だったのか、という問題をみておかねばならないだろう。

第四回ラテラノ公会議はローマのサン・ジョヴァンニ教会に司教四百十二人、修道院長など八百人の他聖堂参事会員や高位聖職者など主なキリスト教国君主の代理をも集めて開かれた盛大な会議であった。開催された時期はまさに第四回十字軍の直後であり、アルビジョア十字軍が進行している最中であったから、この公会議では十字軍と異端の運動、「聖職者の道徳的悪習や規律違反、司教選挙や裁判権をめぐる俗人との対立、ユダヤ人問題など緊急を要する現実的課題が取扱われており、そこには教会と世俗社会との係わりが生々しく映し出されている」(今野國雄『西洋中世世界の発展』一九二頁)という。

公会議を主催したインノケンティウス三世は正統なる信仰の確立と教皇権の強化をはかった人物として知られているが、ユダヤ人問題に関して発言したのは一二一五年がはじめてではない。すでに一二〇五年にユダヤ人はキリストの死に直接責任があることを強調し、ユダヤ人は永遠の隷属の状態にあると述べている。ユダヤ人はカインのように地をさまよい、その顔が恥であふれ、主の御名をよぶにいたるまで歩きつづけなければならないと述べている。その段階では神学の教説として説かれているにすぎなかったのだが、ラテラノ公会議において現実的な政策として打ち出されたのである。しかもキッシュによるとそれより前の一二〇四年にもインノケンティウス三世はユダヤ人に何らかのしるしをつけたいという希望を表明していたという。

当時の社会的状況は各地にみられる異端の動きにみられるようにローマ教会にとって大変厳しいものがあった。ヴァルドー派にせよ、カタリ派にせよ、無所有を主張し、富に関するローマ教会の矛盾を指摘し、結果的には糾弾したからである。だからキッシュのいうように左右から「不信の徒」にとりまかれていたローマ教会がユダヤ人を「みせしめ」として血祭りにあげようとしたと解することもできるであろう。

しかしユダヤ人に特定の衣服を強制し、特定のマークの着用を強制するという発想は決してユダヤ人だけの問題にはとどまらず、他のキリスト教徒の序列にも波及してゆかざるをえない。

そもそも衣服による差別は第四回ラテラノ公会議以前からみられ、『エンサイクロペディア・ユダイカ』によるとオマル二世（七一七～二〇）がユダヤ人とキリスト教徒にイスラム教徒と同じ服装をすることを禁じている。八〇七年にもカリフのハルーン・アル・ラシードはユダヤ人の上衣に黄色いマークをつけるように命じている。キリスト教徒も青色のマークの着用を命ぜられているが、いずれのばあいも厳しく強制はされなかった。

イスラム世界のユダヤ人がつけることになっていたマークが何故黄色だったのかについては私には答えられないが、ヨーロッパにおいても何故黄色であったのかという点については一義的には答えられないだろう。

すでにみたようにユダヤ人に強制されたマークには赤と白、白、赤、黄などさまざまな色が用いられているからである。衣服の色と違うものという原則のみが一致していたところであった。しかしながら、一般的にいえば黄色は圧倒的に多い。

そこで中世において黄色はどのような意味の色として受けとめられていたのかという問が生ずることになる。

＊

中世の人びとが個々の人間の運命だけでなく、歴史の過去と未来についても天体の運行、特に七つの遊星の運動と関連させて解釈してきたことはよく知られている。ネッテスハイムのアグリッパ（一四八六〜一五三五）によると色とは物と混り合った光のことであって、その物が同調する星や天体の影響の下であらわれるという。たとえば黒っぽい色や土色、暗褐色の色はすべて土星の影響を受けて生れ、サファイアのような常緑色、深紅色、やや暗い金、銀の混ざった色などは木星の影響下に生れ、赤、それも燃える血のような赤は火星の影響下に生れ、金色、サフランから作った黄色、紫色は太陽の影響下に生れる。すべての白色、美しい多色、緑、赤っぽくややサフランの黄色が混った色、あるいは紫色は金星、水星と月の影響下で生れるという。

十二宮もそれぞれの色をもち、第一の白羊宮と第七の天秤宮が白、第二の金羊宮と第十二の双魚宮が緑、第三の双子宮と第十一の宝瓶宮がサフランの黄色、第四の巨蟹宮と第十の磨羯宮が赤、第五の獅子宮と第九の人馬宮が蜜のような黄色、第六の処女宮と第八の天蝎宮が黒と分類されている。

アグリッパの分類によると黄色は太陽あるいは水星、金星、月のいずれかと何らかのかかわりがあるものとされている。ところが土星や火星を除くと太陽も水星も金星も何ら当時の観念として賤しむべき仕事や人間とはかかわりがないのである。金星は肌の黄色い人や純潔でない者の星とされているが、幸運の星であることには変りはない。

一四八〇年頃に成立した「家の書」の絵に描かれた七つの遊星と人間の職業の運命の分類をみてみよう（詳しくは本書二九ページ以下を参照）。

土星は最大の星だが徳性に欠け、冷たく乾燥し人間の本性に背く星とされ、悪しき不徳の人びとの星である。皮剝ぎ、魔女、死刑囚、農民などがこの星の運命のもとに生れた人びととされている。

木星は徳のある星で温暖で湿潤、賢明で平和的な星であり、倫理にあつく、正しい者、美しく気品にあふれ、芸術性豊かな者、鷹狩り、裁判官、官僚と廷臣たちがこの星のもとで生れている。

火星は暑く乾燥し、戦と苦難を示す。この星のもとで生れる者は怒りやすく、気性が激しく戦闘的である。盗み、殺人、詐欺にあけくれる戦の星である。

太陽は王の星である、最も穏和で、人びとに愛を向け、人びとを賢くする。この星の運命のもとに生れた者は大きな目をもち、白い肌にうすく赤色が混っている。楽しんでいる男女、楽師、競技に打ち興じる者などが描かれている。

金星は冷たく湿っているが、幸運の星でもあり、黄色い肌の人びとや純潔でない人びと、女色を好む男たちがいる。この星の運命のもとで生れたものは清潔を好み、音楽を楽しみ、よく踊る。入浴している男女、カルタに興じている男女、踊っている男女の群が描かれている。

水星は手工業者の星である。金細工師や、彫刻家、パイプオルガンの製造者、時計造り、などが描かれている。

月の絵は最も有名なものだが、そこには粉挽きや水浴をしている人びと、漁をする人、奇術師、狩人、放浪学生、浴場主、沖仲仕などが描かれ、月は水によって生活する人びとの星である。

たしかにベヒトルト・シュトイブリの編集した『民俗学事典』では黄色は他の色のなかで最も目立つ色で、人々の注目をひく色とあり、それ故に中世においては人中で目立ちたい人びとが衣服の色に黄色を用いた。ベルトルト・フォン・レーゲンスブルク（一二一〇頃〜一二七二）の説教のなかでも「娼婦などが黄色い布で髪を飾り、黄色の帯をつけ、黄色いヴェールをかぶっている。誰もこういった連中以外に黄色の服を着てはならない」と説いている。黄色は娼婦がつけるべき色とされていたらしい。十四世紀のクララ・ヘッツレリンの『歌の書』でも黄色と青は自惚の意図を示すといわれている。一五四六年にヨハネス・パウリは放浪学生が首に黄色の布をつけていたとその書『冗談と本気』に書いている。また異端者も処刑の際に首に黄色の十字架をつけさせられていた。マクシミリアンの刑法典によると二十五ベルナー以上の借金をして返済できない者は、返済がすむまで首から黄色い円盤をさげていなければならなかったという。またハンス・ザックスによると黄色とは「悪い」という誹謗の言葉でもあったという。

『民俗学事典』にはこのような例があげられているが、これらの事例はベルトルト・フォン・レーゲンスブルクを除けばいずれも一三五〇年以降ドイツの諸都市で衣服規制令が厳しくなり、取締りの対象が帯の幅や長さやひだの数何本かという具合にこまかくなって以後の事例なのである。そしてベルトルト・フォン・レーゲンスブルクがフランシスコ会の説教師で、第四回のラテラノ公会議ののちに活躍した人物であることを考慮に入れなければならない。他方で黄色は常に以上のような蔑視さるべき者の色とされていたわけではない。

とくに悪霊や魔女を追い払うときには黄色い色がしばしば用いられたし、病気の治療にも黄色い花が用いられることが多かった。早春に黄色い蝶をみた者は幸運が近いとか、愛の生活のなかでも黄色は幸運を招く色とされている。したがってこれらの民俗学的資料のなかから何らかの単純な帰結をひき出すことは困難といわざるをえない。ル・ロワ・ラデュリーによるとピレネー山麓の村モンタイユーでは異端の疑いをかけられた者は二重になった黄色の十字架を着用しなければならなかったという。

やはりキッシュがいうように黄色が最も目立つ色であったというのが単純な理由であったといえるのかもしれない。しかし私にはそのほかに気になることがある。それは第四回ラテラノ公会議を開いたインノケンティウス三世が色には特に配慮を示した教皇であったという点である。

中世教会にとって典礼がもっていた重要性については、いまさら指摘するまでもないが、インノケンティウス三世は西欧教会の典礼に用いられる色を公式に定めた最初の教皇であったからである。教会の祭ごとに四つの色（白、赤、緑、黒）を定めたという。紫はインノケンティウスにとっては黒のヴァリエーションとして位置づけられていたらしく、後になって典礼の第五の色と定められた。十六世紀に典礼の色は最終的に確認され、十九世紀に再度白、赤、緑、紫、黒に整理された。そこでは黄色と淡青色は禁じられている。

黄色それ自体は民俗学資料でみる限り、決して一義的に蔑視すべき特徴だけをもっていたわけではないのだが、インノケンティウス三世が典礼の色として四色を定め、黄色を省いたとき、すでに色のなかに公的な階層化の兆しがもちこまれたのではないだろうか。

黄色いマークに対する抵抗についてはすでにみたようにカスチラのユダヤ人が国外退去をちらつかせて延期をかちとっている。他に中・近世については十分に調査が進んでいない。いうまでもなく、二十世紀においてもナチは一九四一年にユダヤ人のマークを復活させて、六歳以上のすべてのユダヤ人に六角型の星形で黄色い布地に黒い縁どりをし、真中にユダヤ人と黒い字が書きこまれているマークの着用を強制したのである。アントワープでは全住民がユダヤ人のマークをつけて外出し、抵抗の姿勢をみせたことが伝えられているが、それは今から半世紀も前のことではないのである。

ヨーロッパの煙突掃除人

シルクハットに黒ずくめの服を着た背の高い煙突掃除人がまだ明けやらぬ町の通りを影のように横切るのをみかけるとき、何故か一瞬ハッとさせられる。煤だらけの煙突掃除人に出会ったときの異様な感じは彼らの服装のためだけではない。煙突掃除人はヨーロッパの歴史の深淵とかかわる秘密をたたえているからなのである。

煙突掃除人は近世にいたるまで多くの地方で賤民に数えられていた。A・マルチンによるとクロスターノイブルクやバンベルクなどでは風呂屋が煙突掃除人を兼ねていたし、風呂屋は一般にどこでも賤民であった。

ところが煙突掃除人は今日でも幸運をもたらす存在として畏怖のまなざしでみられているのである。煤けた身体に真黒な服を着たみるからに異様な煙突掃除人に正月の朝出会うとその年一年は幸運が授かるといわれている。煙突掃除人三人と白馬三頭に出会うとその日は運が良いなどと各地でいわれている。こうした出会いの縁起かつぎは古来の呪術的伝統によるものであった。

ダンケルトによると煙突掃除人との出会いが運命を定めたりするのは、古来ゲルマン人やローマ人にとって竈《かまど》の火が神聖なものとされていたことによるという。

竈の火は古代世界の住人にとっては〈地から生れた火〉であった。竈は本来は地面にあいた火の穴に他ならず、地の女神の秘所とされていた。そのなかに火をおろし、そこから地の男神の火の精子をメラメラと燃えあがらせるのだという。

他方で煙突掃除人の煤に汚れた顔はヨーロッパの祭に登場する様々な霊と似ているところからそれらと結びつけて考えられてもいる。四旬節の前のカーニバルで顔に墨をぬりたくって踊る異形の姿は穀物の精など人間の目にはみえない霊界の無気味な存在であるが、これらが五月には勢揃いして春の到来を祝う祭の中心となる。

ダンケルトによると一八二五年五月一日にロンドンで煙突掃除人の一隊が金色の紙の道化た服を着てシャベルやブラシをもって踊りまわった。これらの煙突掃除人は冥府の霊をあらわしているのだという。

ニュルンベルクでは十四、五世紀以来手工業者が四旬節の前の祭に仮面をつけて町を踊り歩くシェンバルトという祭があるが、そこでは煙突掃除人は冥府の住人として登場するという。このような祭の本来の意味や姿は時と共に忘れられたり禁止されたりしても、祭の形は近代にいたるまで生きのこっていた。

一八四八年二月にドイツ全体に革命の渦がまきおころうとしていたおりに、ミュンヘンでも学生たちはルードヴィッヒ一世と愛人の舞姫ローラ・モンテスによる支配に抗議して立ち上った。

二月十日に文部大臣のヴァーラシュタインが処罰されると、学生たちは歓呼の声をあげて文部省のまわりを行進した。そのとき一人の煙突掃除人が仕事着を着たままでその隊列に加わって一緒に唱ったのである。一人の学生が「君は何の学問をしているのかい」とたずねると、煙突掃除人は「上つ方のやつさ。Die höheren.」と答えて、人々を爆笑の渦にまきこんだ。こうして煙突掃除人は学生と共にローラ・モンテスに対する抗議に加わったという。

煙突掃除人はその異様ないでたちと異教の祭に由来する火や冥府とのつながりのために人々に畏怖の念を起させる存在ではあったが、近世以降は人々の日常生活にしっかりと根づいた存在であった。煙突掃除人は竈や暖炉の煤を落して人々の生活に欠かせない火を守り火災を予防する、日常生活の中心に立つべき者であった。新年には煙突掃除人は一年分の掃除費用を各家々を廻って集金して歩き、そのときに暦を配る。この暦にはめでたい言葉が書かれていて、次の年まで入口や寝室のドアに貼られ、家の年中行事もそこに書きこまれる。煙突掃除人はその年のはじめての祝詞を各家庭に配る者でもあった。

煙突掃除人が使う箒には幸運をもたらす力があると信じられていたから、それが家の前に立てかけてあったら、誰にも気づかれずにすばやく三本の細枝を折りとり、しまっておくと幸運が与えられるといわれていた。だから煙突掃除人のなかには新年に財布に入れるための箒の細枝を売り歩く者もいた。

煤にも同じような働きがあるといわれていた。だから煙突掃除人が通りすぎるとき、人々はあたかも相撲を終って仕度部屋に引き上げてゆく勝力士に触れるように、煙突掃除人の服などに二本または三本指でさわり、唾をはいて「煙突掃除人さん、幸運を」という。同じ意味において、煙突掃除人は悪霊を払うことができると信じられていた。しかしながらそれは悪魔の力をかりて悪霊を追い払うのだといわれ、ここにも異教的な色彩を色濃くおびた煙突掃除人の姿がほのかにみえている。

厳しい気候風土の下で煙突が日常生活に欠かせない役割を果していたヨーロッパにおいてはその保全のための仕事をする煙突掃除人にもこのような様々な伝承があり、今日に生きているのである。

人間狼の伝説――悪しきイメージはなぜつくられたか

近代社会の開幕とともに、かつては人間と深い関係をもっていた多くの動物たちが人間の視界から姿を消して行った。あるものは地上から姿を消し、あるものは人間社会の周辺から遠く離れ、あるものは人間に完全に飼育されることによって、その姿を変えていった。これらの動物たちと人間とのかかわりの歴史を観察してゆくとき、はからずも動物を媒介とする人間と人間の関係の変化が浮彫りにされてくることがある。人間社会の周辺に生きていたあらゆる動物について同様な事情を観察しうるであろうが、ここでは狼と犬についてみることにしよう。

狼と犬はいずれも食肉目イヌ科に属し、ときには見分けがつかないほど似ているにもかかわらず、人間とのかかわりにおいてこれほど対照的な関係をもっていた動物はいない。犬は古来もっとも忠実な狩りの仲間として、あるいは死後の世界への案内者として主人の墓に共に埋葬されるほど人間と密着した生活を送っていたが、狼はついに家畜となることなく、人間社会の周辺にありながら常に畏怖のまなざしでみられていた。狼はヨーロッパにおいては人間社会に脅威を与える存在として、常に異端や悪しきもの、無神論者などの代名詞となり、強欲、偽善、不誠実というイメージを与えられていた。これに反して犬は、忠犬、愛玩犬として、人間に幸運をもたらす『トリスタンとイゾルデ』のプティ・クルのような位置を与えられていたのである。しかしながら狼も犬もしょせんは人間と人間の関係のなかでこれらの評価を与えられたにすぎないのであるから、人間社会の関係が変化してゆくにつれて、これらの評価も変ってゆかざるをえない。そこには一体どのような変化があったのか。以下において狼と犬を通してヨーロッパ中・近世社会における人間と人間の関係を観察する試みを行なってみたい。狼と犬自体に即してそれぞれの存在を内側から解明する試みは自然科学者に委ね、ここではあくまで人間の目からみた狼と犬が扱われることになる。

*

古代地中海世界において狼は牧畜を脅かす存在として人間の生活に深い関係をもっていたから、狼をめぐる伝承は豊かにのこされていた。アポロと狼、レトやアフロディテと狼、あるいはマルスと狼などについても多くの伝承がある。とりわけロムルスとレムスの伝説やゾロアスターの伝説など狼に育てられた人間の伝説もよく知られているところである。ヨーロッパに目を転じてみればすでに北欧の伝承のなかで狼はデモーニッシュな姿を現わしている。アイゼンヴァルトに住んでいた巨人の女が狼の姿をした息子を数多く生む。その一人は人間の肉を食い、月を飲みこみ、血で天と大気を汚す。そのために太陽は輝きを失うといわれている。

またこの世に災難をもたらすロキが巨人の女アングルボダとの間になした狼は神々の憂いの種子ともなるおそるべき動物で、ついに追放されて小さな島に縛られてしまうといわれている。

エッダの時代には世界の終末の到来は「狼の時」と呼ばれている。「狼の解き放たれる」とき、世界の終末が訪れるといわれるのだが、神々に縛られて閉じこめられた狼が再び現われ、オーディンが狼と戦うと考えられていたのである。

このような伝承の主人公となる狼は神に仕える犬の敵として悪魔によってつくられたとされ、近代にいたるまで人びとの恐怖の的となっていた。

ニュルンベルクのシェンバルト祭の仮装

狼は冬と夜の動物といわれる。冬になって森が雪で覆われるとき、狼が村に近づき、家畜や人間をも襲い、夜になると家の戸口まで現われたからである。飢えた狼の恐ろしさは各地で伝えられている。フランス中央部のペリー地方の伝承では「狼は九日間食べつづけ、そののちの九日間は人畜に害を与えることはない」といわれていた。あるいは「九日間は肉を食べ、九日間は血をすすり、九日間は空気をすい、そののちの九日間は水だけ飲んで過す。したがって最後の十八日間は害を加えない」などともいわれている。コト・デュ・ノールでは三カ月間は肉を食べ、三カ月間は血をすすり、三カ月間は野草をはんで、最後の三カ月間は空気だけで過しているともいわれていた。ヴィヨンも狼はクリスマスのころには空気のみで生きていると伝えている。このような伝承は狼を神秘化するうえで大きな働きをしていた。

ニュルンベルクの職匠歌人ハンス・ザックスが狼を「神の猟犬」と呼んだこともおそらく、オーディンの猟犬としてゲリとフレキという二匹の狼がいたと伝えられていることとかかわりがあるのだろう。

一六九五年においてもポンメルンの魔女裁判においてある女は自分の村に狼がいることを証言している。エンゲル・メラーの娘は母のベッドの前の箱の上に狼が横になっていたが、母親が「こわがることはない。この狼は何もしない」と語ったと証言している。また一七一八年にもケルンテンのオーベルヴェルツでヤーコブ・クラナヴィッターという放浪者が「狼を呼びよせるぞ」と叫んだために魔法使いとみなされている。十七、八世紀においてなお、狼はデモーニッシュな存在とみられていたのである。

＊

魔女は狼の姿で現われるといわれる。ときには魔女は狼の背にのって現われ、サバトに赴くという。また狼には人間を金縛りにする力があるといわれ、その魔力は逆に人間をさまざまな災難から守る力をもっているとみられていた。狼が口をあけている剝製の像は盗賊や悪魔、魔術師から人間を守るといわれ、家の戸口や蜜蜂の巣箱などにかけられていた。狼の頸の皮も同じ効力をもつといわれ、家の内外にかけられていた。狼の皮の帽子をかぶっていれば、他人から誹謗されないという伝承もある。また狼の目玉を身につけていれば蛇や盗賊をもおそれることなく、誰からも敵視されないといわれていた。狼の歯も尻尾もみな厄除けの効能をもつお守りとされていたのである。

狼の皮をはった太鼓を打ちならせば馬も羊も逃げ出すとか、狼の油を馬具にぬれば馬は常に跳びはねるなどといわれていた。また狼の毛を屋根につけておくと火事にならないとか、狼の舌を身につけていると賭に勝つなどといわれていた。

以上簡単にみてきたように狼をめぐる伝承は、狼が犬と違って人間の及ばない不可思議な力をもつ生き物であることを示している。狼自身が家畜を襲い、人間に危害を加える恐るべき存在であったから、逆に狼の身体の一部には病気や災難などあらゆる危難から人間を守る力があるとみられていたのである。

古来狼は人間に害を加えるあらゆる現象の象徴として扱われ、外界に対する人間の恐怖を一身に引受ける光栄ある立場に立っていた。人間と狼のこのような関係は、まさに人間狼 Werwolf（ドイツ語）という現象に最もはっきりみることができる。

人間狼とは狼に変身した人間のことであり、スラヴ、ラテン、ケルト、ゲルマンの諸民族にしばしば現われ、この他の民族にもかなり一般的にみられる表象である。すでに十三世紀に人間狼の言及があるが、一四〇〇年ころに成立した『ヴォルスンガ・サガ』にはシッゲイル王の母が妖術と魔法によって狼の姿をしてシグニューの息子を一夜に一人ずつ、九日間で九人喰い殺す話がある。

人間のなかにはときおり自分の肉体から脱け出して動物などの他の生物の肉体に宿る能力をもつ者がいると信じられており、このような霊の移動に関する信仰から人間狼や吸血鬼信仰が生じたとみられている。

ところで人間狼の信仰は特に北・東ゲルマン部族において先史時代まで遡るものとみられているのだが、その表象は時代とともに変化している。初期中世における人間狼の表象を当時の人間社会との関係のなかで観察するならば、それは何よりもまず「平和喪失」の結果発生する状況であった。平和喪失とは神殿の掠奪、屍体の掠奪、加害呪術、密殺して死体を隠す犯罪、軍役回避などの人民団体や国家の法を侵す行為、夜間の窃盗、夜間の放火、強姦、境界犯罪などの破廉恥罪を犯した者に対して宣告されたものである。つまり、これらの犯罪に対しては犯人の氏族団体も犯人を助けることができず、犯人は法喪失者として家族や氏族との一切の関係を絶たれてしまう。このとき犯人は森の放浪者、人間狼となったとされるのである。誰でもこの男を殺してもかまわない状態におかれることになる。このようにして集落から追放され、森の住人となった者が生きのびてゆく可能性は非常に少なかったとみられるが、稀に生きのびたばあい、その姿は集落の人間にとっては恐ろしい未知の力を体現したものとみえたであろう。

15世紀に用いられた狼を捕えるためのわなを描いた古図…入口のわなが虎ばさみになっている

したがって人間狼が発生する法的な原因のひとつは平和喪失にあったとみられるが、それだけでなく、『ヴォルスンガ・サガ』のシグムントとシンフィヨトリのようにたまたま狼の皮を身につけたため、十日間人間狼の姿に変身してしまうばあいもある。この場合も仇討ちのために村を離れて森のなかをさまよっている間の出来事であり、必ずしも日常的な空間のなかでの出来事ではない。狼の皮を身につけた二人は狼の言葉を解し、狼の吠え声も発するのである。

ところでサガの時代から離れて中世後期になると人間狼の伝承に変化が生じてくる。G・ネッケルが集めた伝説をみよう。

*

三人の労働者が牧草を刈っていた。昼になっても昼食が届かなかったので、皆互いに「あとひとまわりしたら、昼食がくるまで灌木のなかで休むとしよう」と話した。そのとおりに皆横になり、二人はすぐに眠ったのだが、一人は狼革のベルトをつけると人間狼に変身し、草をはんでいた馬の群れのなかにしのびより、最も肥えた馬を引き裂くとペロとたいらげてしまったのである。

眠っていた二人はその間に目を覚まして事のなりゆきを目撃したのだが、眠ったふりをしていた。あまりのことに驚いて、恐怖にかられていたからである。人間狼は腹がくちくなると狼革のベルトをはずし、元の人間の姿になって戻ってくると横になった。しばらくして鍋いっぱいのきび粥と、それぞれにゆで卵六個とパンと塩などが届けられた。すると人間狼は「さっきまでは腹ペコだったのに、今はどうしたことか食欲がない」というのである。他の二人は黙っていた。午後も人間狼は胃がもたれるといいつづけ、ときどき小川の水で渇きをいやしていた。夕方になっても「こんなに腹がいっぱいになったことはなかった」というので、二人は「いや人間にもそういうことはよくあるよ」と答えた。村の入口まできたとき、二人は「馬一頭を食えば人間なら腹がふくれるのは当りまえさ」といった。すると人間狼は「お前さんたちが、それを少し前にいっていたら、お前さんらはここまで歩いてこられなかっただろうにな」というと大鎌を投げすて、ベルトを締めると人間狼に変身して消えてしまい、ついに戻らなかった。

ここではごく日常的な生活をしている人間が狼革のベルトを締めただけで人間狼に変身する話となっている。人間狼に変身することによって通常の人間にはできない異常な能力(馬を一頭たいらげる)をもつことができるのだが、なぜこの男が人間狼になったのか、その理由は格別語られてはいないのである。

もうひとつの話をみよう。

ヒュルゼンブッシュに昔小さな居酒屋があった。年とった女主人には二人の適齢期の娘がいて、近隣の二人の若者とそれぞれ恋仲になっていた。けれども老女は二人の若者が夜中の十二時以後も居すわることを決して許さず、十二時を打つ少し前に必ず追い返したのである。二人の若者はそれが不思議でならず、あるとき二人でどんなことがあっても十二時過ぎまで頑張って居すわってやろうと打ち合わせたのである。二人の若者は恋人をひざに抱いたまま十二時を打つまで居すわっていた。例によって老女はいろいろ理由を並べて追い出そうとしたが、若者たちは頑として動かなかった。老女は悪態をつきながら部屋のなかを歩きまわっていたが、ついに十二時がすぎた。その瞬間に二人は膝の上の娘たちが死んでいることに気づいたのである。驚愕した二人は娘を床の上に横たえるとあわてて逃げかえった。居酒屋からそう遠くないところに小川があり、板橋がかけてあった。その板橋にさしかかったとき、突然大きな人間狼が一人の若者の背中にとびついた。若者はあわてて振りおとそうとしたがぴったりとかぶさった人間狼は離れない。若者は人間狼の前足をしっかりつかんで倒れてしまった。彼はもう一人の若者を呼び、短剣で人間狼を刺すよう声をかけた。その若者は馳けよって人間狼に切りつけ、倒れた人間狼をそのままにして逃げ帰った。

次の日曜日にも二人の若者は再び居酒屋へ出かけていったが、娘の一人は熱を出しているといって終日部屋から出てこなかった。不審に思った二人は制止する老女をふり切って部屋に入ってみたところ、娘の一人が顔に切り傷を負って横になっていた、娘が人間狼だったことが解ってしまったのである。

この話のばあいも日常的には何の異常も認められない娘が、人間狼であったという話であり、娘が人間狼になる必然性は全く描かれていない。つまりこれらの話が語られた段階においては、人間狼の表象は風化していたのである。しかしながら、その他W・E・ポイツカートが集めた『ニーダーザクセン伝説集』第二巻などに数多くみられる人間狼の伝説をみてゆくと、人間狼に変身する人間として、村や町のなかで普段から仲間とうまく打ちとけない人間、どこか変った所行のある人間など、人びとの間で評判がよくない人間などに「あれは人間狼ではないか」という噂が流されてゆくことが解る。

つまりこの段階での人間狼は人間の力の及ばない外界からの災難を体現しているというよりは、人間社会内部のギクシャクした対立関係を反映した存在となっているのである。

*

人間狼が家畜を引裂いて食べるとか、人間をも殺すという噂、さらに狼革のベルトには七つの舌をもった止め金がついていて、それをしめると人間狼になり、はずすと人間に戻るとか、三回洗礼名を呼ばれると人間に戻るなどの伝承が細かく形成されてゆくが、これらの多くは魔女裁判と並行して形成されたものとみられ、魔女裁判特有の詮索と同種のものとみられる。

一五八九年にもケルン近郊で人間狼になって人間を食べ、脳味噌を食ったかどで一人の男が処刑されている。一七一七年にもザルツブルクの宮廷裁判所は人間狼として告発された五人の男が馬など家畜二百頭と鹿十六頭を食べたことを確認したといわれている。この五人は国外追放のうえ、八年間ガレー船の漕ぎ手を勤めるという刑を宣告された。

いずれのばあいにも社会のはみ出し者、既存の社会秩序のなかで正当な地位を得ることができない者に人間狼のレッテルがはられたのだと考えられる。東プロイセンでは乞食たちが「自分たちは人間狼だ」と称して人々を畏怖させ、多くの施し物を強要したことを、M・テッペンが伝えているが、この例は人間狼表象を逆手にとった行動として興味をひくものである。

魔女裁判と結びついたとき、人間狼のイメージはかつての孤高を保った森の野獣としての誇りを失い、なんらかの偶然あるいは運命のいたずらで狼の革を身につけてしまった不運な人びとのイメージが強くなっている。人間と狼の関係の歴史のなかでこのときが狼の評価が最も下落した時代であった。狼は人間にきわめて身近な存在となり、普段は何くわぬ顔をして人間社会のなかに混って暮している。何らかのきっかけで、人間狼であることが解るまで、自分が人間狼であることを隠しているのである。

＊

同じ仲間に属しながら犬と人間の関係は狼とは全く異なっていた。

一六九二年の冬にドイツ東部のヴォーラウで起った事件をみよう。肉屋の職人三人が家畜の買付けに農村に出かけていった。途中の森のなかで野獣が死んでいるのを見つけたのだが、彼らはそれを狩人に撃たれて倒れた狼の死骸だと思い、喜んで近くの村まで引きずっていった。そこで内臓を出したうえで、皮を剝ぐために村の羊飼いに渡した。羊飼いが野獣をよくみるとそれは狼ではなく、農民が飼っていた大きな犬であった。それを聞いて肉屋の職人たちは驚愕し、あわてて逃げ出した。しかしその噂はすぐに広まり、職人仲間はその三人の職人を肉屋の職人の名誉を汚した者として組合（ツンフト）から追放するように要求したのである。肉屋の職人は裁判に訴え、ツンフト除名を免れようとし、上級審でようやく除名は取消された。ただ犬を狼と間違え、手工業者の慣習に背いて自ら内臓を出した点についてツンフトから罰金を科されることになったのである。

この話は十七世紀末における犬と狼の評価の違いをはっきり物語っている。この時代においてなお過失にせよ犬を殺したり、犬の死骸に触れた者は手工業者の組合の名誉を汚した者として、しばしばツンフトから除名されたが、狼を殺しても何の問題も起らなかったのである。このような違いは一体どうして生じたのだろうか。

犬は人間にとって古来親しい狩の友であり、羊の群の番犬としても重要な役割を担っていた。ゲルマン古代においても犬は主人が死んだばあい主人の墓に葬られるという慣習があった。七世紀の『バイエルン部族法典』でも、主人の屋敷を守る犬を夜に殺した者は三ソリドゥスの罰金を科されたし、六世紀の『サリカ法典』でも同様な規定があった。また十三世紀の法書『シュヴァーベンシュピーゲル』でもこのような規定には変化はなかった。

つまり犬を殺したり、盗んだりした者は飼主に同種の犬を返し、かなりの賠償金を支払わねばならないことになっている。しかしこのころまでは犬を殺した者に何らかの穢れが

狼の背に乗って現われる魔女（1490年、シュトラスブルク）

生ずるということはなかった。

　民間伝承においては飼犬を殺したばあいの賠償について、殺された犬を尻尾で吊し、口が地面にふれる高さまでもちあげ、その上から穀物を犬がみえなくなるまで積みあげた量を賠償する規定があり、犬殺しの穢れは問題になっていない。

　ところが十四世紀初頭にはすでに犬が蔑称ないし蔑視の言葉、悪口として登場するようになる。犬の子、犬を強姦して生んだ子、などという悪口がルプレヒト・フォン・フライジングの『フライブルク法書』（一三二八）にでてくるし、皇帝ルードヴィッヒの『ラント法書』（一三四六）にも同じような悪口がある。しかも犬とかかわる悪口は大変厳しい侮辱の言葉として、このような悪口を吐いた者には罰金が科され、支払えない者は晒台に立たされることになっている。これらの悪口の出現は犬がかつての高い地位から、差別される地位に転落していることをうかがわせる。

　これらの悪口の発生は時代をもっと遡ることもできそうだが、十五世紀には犬の社会的地位にとって決定的な転機が訪れる。手工業者が犬に嚙まれ、身の安全を守るために犬を殺したばあいでも、ツンフトから除名されるという事件が各地でしばしばみられるようになったのである。このような考え方はもっぱら手工業者仲間の間で発生したものであって、市参事会などの公権力はむしろツンフト除名を撤回させようと努力していたのである。

＊

なぜこの時代に犬殺しがツンフトの名誉を汚すという考え方が発生したのか。この点についてはさまざまな説がある。

私はこの時代の人間の社会的動きとの関係でこの問題を解くことができると考えている。つまりこの時代に農村から都市に大量の人びとが流入していった。十二、三世紀にはこれらの人びとが都市形成の主役となりえたのだが、十五世紀においては都市の法制も確立しており、市内に新たな特権階層も生れ、身分の序列がギルド・ツンフトを通してでき上っていた。新たに農村から流入してくる貧民たちが、そこで社会的に上昇する可能性はもはやきわめて小さかった。彼らは都市の下層民となり、流れ歩く放浪者群を形成していった。市内で上昇しようとするツンフト職人たちはあとから陸続として流入してくる貧民に対して一線を画することによって、自分たちのツンフトの純粋性を守ろうとしたのである。こうした事情のもとで賤民層の一部が形成されていったと考えられる。

人間の移動とともに犬猫も十五世紀には急速に都市内で増加していった。このころの都市に犬殺しの職業さえ生れている。かつては狩の友、羊の番犬として人間と親しい関係にあった犬は、今では市内を徘徊する危険な存在となっていたのである。

上昇しようとしていた手工業職人層にとっては市内を徘徊する野犬の群れは村から流入してくる大量の貧民のイメージを喚起するものであった。このころから皮剝ぎを兼ねた刑吏が賤民の最下層に位置づけられ、極度の賤視の対象となっていたことも、このイメージの強化に拍車をかけていた。牛馬や犬、猫の死骸の処理をする皮剝ぎの道具にふれただけで賤民の仲間におちるという激しい差別意識は他方で職人層の上昇志向に支えられてもいたのである。

この時代の都市住民が市民権を得てギルド・ツンフトに加入し、まがりなりにも上昇しうる状況にあった人びとと、市民権をもてず、都市下層民として差別された生活を強いられた人びととの両極に分解していったように、この時代の犬猫も上層民や貴族のペットとして大切に扱われてゆくものと、群れをなして市内を徘徊し、野犬狩りの対象となる野良犬や野良猫の両極に分解していったのである。

狼は人間の社会に組みこまれなかったから、最後まで人間からこのような意味での蔑視をうけることはなかった。しかしその狼も人間社会の近くにいたために、仲間はずれにされおそれられた人間のイメージを転嫁され、人間狼という表象が生ずることになった。町や村で何くわぬ顔をして日常生活を送っている人間が、あるとき化けの皮をはがされて人間狼としての本性を現わすという話は、中世後期から近世にかけて魔女裁判の時期に増大しているが、このような表象の増加は犬をめぐる穢れの成立と深い関係をもっている。市民権をえた人間の間でも互いに不信の目を光らせ、都市下層民の系譜をひく者を嗅ぎ出そうとしたり、異質な分子を排除しようとしていた。仲間のなかでも特異な振舞いをする者や、折合いのよくない者、異なった相貌や考え方をもつ人びとに人間狼の疑いがかけられたのである。

犬をめぐる穢れにせよ、人間狼という表象にせよ、市民のそれぞれの階層が自分たちの位置を確保するために自分たちより下の階層あるいは異質な分子との間に一線を画そうとして作り出したものであり、そういう意味では社会的上昇というよりは社会的に転落しないために、必死で作り出した表象であるということもできるだろう。

病者看護の兄弟団

1

西洋中・近世史のなかで人間と人間の関係がどのように変化してきたかを観察しようとするとき、注目に値するのが兄弟団 fraternitas, Bruderschaft と呼ばれる組織である。都市における市民相互の人間関係を探ってゆくと一般に知られているギルドやツンフトの背後に実に多彩な兄弟団が形成されており、それらは旧来の社会経済史の手法では捉えきれない多様な側面をもっていることが解る。

生業を共にする各ツンフトがそれぞれ兄弟団を結成し、特定の教会に祭壇を寄進し、祭壇付司祭をおいた。そこで成員の彼岸における救済を祈禱し、成員が死去したときには埋葬に参列し、遺族の世話をする相互扶助のための組織をつくり、それぞれが守護の聖人などにちなむ名称をもっていた。さらに年中行事の一環として宴会 convivium が週一回ないし月一回必ず開かれていて、仲間団体のなかで互いに楽しむための組織でもあった。中世にはあらゆる生活領域においてこのような兄弟団の絆が結ばれていた。しかもそこでは宗教と世俗の生活とが区別しえない渾然一体の姿をみせていたのである。このような兄弟団における人的結合のあり方を調べるためには単に社会経済史研究の手法だけでは不十分であって、教会史、宗教学、民俗学などの分野にもわけ入ってゆかなければならないことになる。

ひとつのツンフトがひとつの兄弟団を結成していただけではない。いくつかのツンフトが共同で二、三の兄弟団をつくっていたり、商人ギルドの構成員と手工業ツンフトの構成員とからなりたっている兄弟団もあった。そのうえギルドやツンフトとは直接関係のない兄弟団もあった。本稿で問題にしようとするのは貧しい旅人の世話と看護、そして旅人が死去したときには埋葬するための兄弟団 fraternitas exulum, Elendenbruderschaft であり、特定のギルドやツンフトとの関係はもっていなかった。各都市にはこのような兄弟団が数多くつくられており、中・近世都市の市民生活の大きな絆となっていた。中世のハンブルクだけで百以上の兄弟団があったのである。

建築師の兄弟団の一人

兄弟団の発端は北ドイツでは修道院などにつくら

れたカランド兄弟団 Kalandsbruderschaft にあったといわれる。ハンブルクではすでに一二三六年にカランド兄弟 fratres calendarum の言及があり、一二九四年に聖堂参事会はニコライ教会のカランド兄弟団に同教会内に祭壇をもち、専属の司祭が日曜と祭日を除いて毎日死去した兄弟団の会員のために死者ミサ missa pro defunctis をあげ、一年に四回法事 memorie をあげることを承認している。

　ここでいう法事とは死者の霊の救いのために行なう祈禱のことであり、この世にのこされた者が彼岸に旅立っていった者のために祈りを贈るのである。死去の日から三日、七日、三十日後に行なわれ、一年後の命日 Anniversarium annuale を特に重要な祈りの日とした。法事の習慣は八世紀に成立したものといわれ、死者ミサのなかで司祭が特に死者の名を呼び記憶をよびもどすのである。教会は死者の法事を行なう日を死者人名帳 nekrologium あるいは過去帳 liber memoriarum と呼ばれる書物に記し、教会のカレンダーと併用していた。

　いうまでもなく法事は教会にとって大きな財源であり、法事を行なうことは教会禄 Präbende 保持者の義務となっていた。教会禄とは寄進者あるいは兄弟団が自分のあるいは縁者の法事を行なってもらうために教会に土地や建物その他を寄進し、祭壇付司祭《アルタリスト》の費用が賄えるだけの収入レンテを保証する制度であった。中世都市における教会の多くはこの教会禄を多数もっていたのであり、今日でも主祭壇の他に会堂内に数多くみられる小祭壇はそのなごりであって、その前にゆらめいている数十本の蠟燭の燈はかつての法事の記憶をとどめている。

法事について興味ある点は法事のためのレンテが何らかの事情（経済の変動など）などで消滅したとき、過去帳に記載されていた故人の名が消されたことである。ハンブルクで今日ものこっている過去帳には横線を引いて消された故人の名をどの頁にもみることができる。一度消されたら二度と法事は行なわれない。ここでは都市の教会における合理性が貫かれており、肉体を備えた人間と彼岸における霊の救済との間に介在した物の存在が制度として確定されている。兄弟団をめぐるさまざまな問題も、また兄弟団の変質といわれる後の歴史的経過もまさにこの点にひとつの根をもっていたとみられる。小稿ではこの問題に接近するためのひとつの準備として、貧しい旅人のための兄弟団 fraternitas exulum をめぐる問題を、主としてハンブルクについて素描してみることにする。

2

ハンブルクには少なくとも二つの貧しい旅人のための兄弟団 Elendenbruderschaft があった。ひとつは聖霊病院 Heilig Geist Hospital にあり、もうひとつは聖ゲルトルード小聖堂におかれていた。

聖霊病院は本来修道会として一一七九年にギドが創設したもので、はじめはモンペリエにおかれ、一一九七年にはギドはペスルス山近くの聖霊病院の創設者にして管理者Procurator et Fundator Hospitalis sancti Spiritus juxta Montem Pessulumと称している。一一九八年四月二十三日に教皇インノケンティウス三世の承認をえてその保護下におかれ、後になってすでに七二五年にアングロ・サクソンの王イネがローマに創設していたといわれるサッシアの聖マリア教会St. Maria in Sassiaと合併してサッシアの聖霊病院Spedale di san Spirito in Sassiaがつくられた。一二〇八年以後はこうしてローマのチベル河畔に本拠をおくようになり、巡礼の保護を使命とする修道会として発展していった。アルプス以北ではすでに十三世紀前半にウィーン、ハルバーシュタット、ウルム、マインツ、ニュールンベルクなどをはじめとして各地に聖霊病院がつくられ、急速に普及していった。

ハンブルクの聖霊病院は一二四七年にはじめて言及され、一二六四年には独自の管理人Procuratorが市参事会のなかから任命されている。一四〇三年には兄弟団についての言及がある。この兄弟団は一四三四年には大司教二名と司教十三名から贖宥特許状を与えられ、一四四七年には市参事会から独自の収入源証書レンテブーフを得ている。この兄弟団は寄進によって豊かな財産を得て、五つの祭壇をもっていた。一五二八年の文書がこの兄弟団に関する最後のもので、宗教改革のなかで解体されたとみられる。しかしそののちも貧民救済のための聖霊病院は存続し、一八五四年にも市参事会の管理下におかれていた。

聖ゲルトルードの貧しい旅人のための兄弟団 Elendenbruderschaft は一四五五年に独自の収入源証書レンテブーフを得ているが、すでに一四三九年には存在していた。ここには老いた婦人のための養老院がおかれていた。この兄弟団は十九世紀まで存続していたといわれる。

この他にハンブルクには貧困学生のための兄弟団 fraternitas pauperum scholarium があった。これは一三八五年に創立されたといわれ、ブレーメン大司教アルベルトがこの年に承認している。この兄弟団の目的はハンブルクで死去した異国の貧しい司祭、聖職者、学生を正式に埋葬することにあった。この兄弟団は一八四三年にも存続していた。

モェラーの研究によると貧しい旅人の世話をし、死んだときに埋葬するためのこのような兄弟団は中世においてはほとんどの都市にあり、全体では大変な数にのぼっていた。これらの兄弟団は一体どのようにして成立し、その本質はどのようなものだったのだろうか。

貧しい旅人のための兄弟団の目的は他の兄弟団のそれとは違って余所者の世話をすることにあった。したがってこの兄弟団は職業その他の絆による結合体ではなく、全く自発的にさまざまな職業グループのなかから集まった人びとによって構成されていた。しかも会員の身分も多様であり、ときには国王や貴族、市民、農民がひとつの兄弟団の会員になっているばあいすらあった。しかしながら既婚の市民しか会員になれないのが通常の原則であり、この点でも必ずしも開かれた組織ではなかった。会員は一般に二十〜三十人で、もっと小人数のばあいも多かった。入会にあたって特別な誓いをたてることも、共同生活を営むうえでの何らかの義務もなく、ただ貨幣あるいは蠟の僅かの入会金を払えばよかった。入会金の他の年会費があり、ボイツェンブルクの例では年四プフェニヒで、この他に埋葬、ミサ、巡礼の世話などをする際に特別な献金を求められた。また会則に背いたときに徴収された罰金も兄弟団の収入にあてられた。

しかしながら兄弟団として独自の法人格をもっていたから、貧しい旅人のための兄弟団は財産とその管理者、会則並びに印章をもっていた。ハンブルクの聖霊兄弟団では十二人の管理者のなかから大年寄 Oberalte 二人と年寄 Alterleute 二人を選んでいた。大年寄は生涯職であったが、年寄は二年交代が通常であった。日常的な仕事を年寄が行ない、大年寄がそれを監視することになっていた。兄弟団の財産はすべて寄進によるものであり、穀物や穀物レンテ、土地、牧地、建物、屋台、農民の賦役などであった。

コップマンの編集した市財政帳簿 *Kämmereirechnungen* によると一三五〇年、一三五七年、一三五八年、一三六〇年にこの聖霊兄弟団に対して補助金などが市から支出されていたことが解る。

聖ゲルトルード兄弟団は一五〇〇年に収入百二十三マルク一シリングで、支出は百十八マルク九シリング二プフェニヒであった。収入は後述する棺桶売却代金や衣服などの売却によるものである。

支出の大部分は祭壇付司祭の費用にあてられていた。五人のアルタリストをかかえていた聖霊病院兄弟団のばあいその費用はかなりの額にのぼっていた。この他に年に数回全員で行なう宴会の費用があった。この会食は一日中つづき、大量のビールや食物が消費された。中世においてはどのような団体も必ずこのような宴会を行なっており、貧しき旅人の世話をする兄弟団に入会する人の目的も自らの霊の救いと同時にこの宴会の楽しみにもあったことは疑えない。いうまでもなくこの会食のときには貧しき旅人は招待されなかったのである。この宴会ではときに大きな騒ぎが起きたので、そこでの喧嘩、乱暴を禁ずる法令がしばしば出されている。

教皇ウルバヌス四世が一二六四年に定めた御聖体の祝日 Fronleichnamsprozession は、十四世紀に入って特にバイエルンで盛んになったが、そこにもこれらの兄弟団は参加していた。一四七一年のミュンヘンのプロセッションのときの描写がのこっているが、そこでは貧しき旅人のための兄弟団の全員は豪華な衣装を身につけて行進している。貧しき旅人のための寄金の多くが会員の行列の費用にあてられていたのである。

3

ところでこれらの兄弟団が世話をした「貧しき旅人」とはどのような人びとだったのだろうか。亡命者 exules, 異邦人 advenae, 追放された人 exulantes, 巡礼 peregrini, 貧民 pauperes, 困窮者 miseri などという当時の呼名から考えても Elendenbruderschaft の Elenden が今日の意味、困窮者とは違って余所者 Fremde の意であったことは疑えない。モエラーは「ドイツ人にとって故郷 Heimat にいることは幸福の自明の前提であり、異国にいる (fremd) ことは不幸であるという考え方があった」という。古ゲルマン時代の余所者がしばしば追放された者、平和喪失者であったこともこのような考え方の背後にあったとみられる。やがて放浪の聖職者や学生の姿が街道に現われるようになり、イギリス人、フランス人、スペイン人などが各都市に交易に訪れるようになると余所者なる観念が変貌してくる。

貧しい旅人のための兄弟団は十二、三世紀以来商業取引の活潑化によって人間の往来が頻繁になったという社会的条件を前提として成立したものであり、特に巡礼者の群が街道にあふれるようになったことが成立のきっかけともなっていた。まず都市で兄弟団が生まれたのもこのような理由によるものであった。だからこの兄弟団の仕事はまず第一に貧しい旅人の世話をすることであり、豊かな旅人は除かれていた。いうまでもなく貧者に施すことは善行の筆頭にあげられる行為であり、天国における救いを確かにしたからである。中世の一般の人びとにとって天国における救いとは自己の肉体の再生を意味していたから、今日のわれわれには想像もつかないほど大きな意味をもっていたと考えられる。第二にこの兄弟団は街道を放浪して歩く楽師や放浪者、奇術師や乞食などの世話はせず、神と教会に仕えるために旅に出ている者だけを世話した。主として巡礼と聖職者を対象としていた。この頃に巡礼の数は激増していたから、それらを受容れるこの種の兄弟団も各地に数多く設立されたのである。ナポリの巡礼者のための三位一体兄弟団S. Trinita de' Pellegriniなどでは兄弟団の会員が巡礼の足を洗ったといわれている。

兄弟団のなかには貧しき旅人のための宿泊所を設けているものがあった。ハンブルクの聖霊病院は病者看護を主たる仕事としていたが、他に貧しい旅人のための宿をアルスター川のほとりにもっていた。すでに一三一六年にハインリッヒ・ブローメンベルヒなる者がこの宿に二マルクの定期金レンテを寄進しているところからすでに十四世紀初頭には存在していたことが解る。この病院でもクリークがすでにフランクフルトその他の聖霊病院について指摘したのと同様に、子供のない老人が一定の金を払い込んで終生住居と暖房用の薪、寝具、衣服、食事を保証されていた。クリークによるとブルフザールにあった貧しい旅人のための宿Elendenherbergeでは旅人に厳しい規律が課されていた。冬には日没一時間前、夏には二時間前にならないと門は開かれず、入室に際しても喧嘩、呪訴誹謗などしないことを宣誓しなければならなかった。いかなる賭事も禁じられ、夕食の前には祈禱が義務づけられていた。就寝前に男女別の部屋には外から鍵がかけられ、男女間の交渉を防いでいた。また就寝前に下着以外の衣服や持物をすべて部屋の前に出しておかねばならなかった。八時間の睡眠ののち出発するときには病院内から何も持ち出していないことを確認しなければならなかった。食事にも年齢、地位、性別などによって違いがあり、その違いはビールの質の差によっても示されていたという。

しかしながら貧しい旅人のための兄弟団にはこのような宿泊設備や病院をもたないものが多かった。このような兄弟団では貧しき旅人に一体どのような援助をしたのだろうか。

貧しい旅人のための兄弟団が設立された本来の目的は旅人がたまたまその町で死去したときにその死体を埋葬し、死者の霊の救いのために祈ることにあった。すでに述べたように中世においては復活の思想は即物的に理解されていたから、彼岸における救済のためにはキリスト教の儀式通りに埋葬することが死後の蘇りのために大変重要なこととされていた。それはモェラーがいうように「飢えや病気、暑さや寒さから肉体を守ることよりもはるかに重大なこと」なのであった。ギルドやツンフトなどの兄弟団においても会員の埋葬に立会うことが最大の義務とされていたし、会費の多くを兄弟団の祭壇を維持し、日曜・祭日には蠟燭の燈を絶やさず、司祭を給養するためにあてていた。貧しい旅人のための兄弟団は同様な慣習を会員の間だけでなく貧しい旅人に広げていた点で他の兄弟団と異なっているのである。

ハンブルクの聖ゲルトルード兄弟団は一五〇〇年に三十人の貧しき旅人を埋葬した。「そのための棺は会員が下僕に命じて榛の木で作らせたものであった。埋葬それ自体に先立つ仕事、例えば遺体に死装束を着せたり、埋葬の案内を出したりする仕事は小聖堂に無料の住居を与えられていた貧しい女が行なった。兄弟団が埋葬した旅人の持物は兄弟団の所有に帰した」。この兄弟団と聖霊兄弟団とは棺桶を製造する特権を与えられていて、この特権は全市に及んでいたから、かなりの収入となった。そのために指物師のツンフトとしばしば争いが生じたという。

貧しき旅人の遺体は多くのばあい他の墓から離れた場所に埋葬された。後には自殺者の死体が同じ場所に埋葬された。モェラーによると、中世においてこのように貧しい旅人が特定の場所に葬られたことは特別な賤視によるものではなかったという。

アダムとイブと死（1530年）

ハンス・ブルクマイル　葬列

貧しい旅人のための兄弟団は自ら埋葬した旅人の霊の救済のために祈禱やミサを行なった。死者の霊の救済のために祈ることがこの兄弟団の最も重大な使命と考えられていたから、〈貧しい旅人の霊の兄弟団〉fraternitas exulum animarum という名称の兄弟団もあったし、埋葬もせずにもっぱら霊の救いのための祈禱のみ行なうための兄弟団もあった。

死者の霊のための祈りに不可欠だったのが蠟燭である。「祈禱に蠟燭を用いることは古来実際の必要に基づいていたのみならず、シンボリックな意味ももっていた。内面を照らし出すことや、苦難のとき信仰、儀式、教会によって助力が与えられることがその明りによって示されていた。一般の礼拝におけると同様に数多くの兄弟団の祭りを高揚させるためにも中世では蠟燭が用いられた。だから兄弟団の会長はしばしば蠟燭係 Kerzenmeister と呼ばれ、入会金や年会費、罰金が蠟燭で徴収されることもあったのである」。

異国で淋しい孤独な死を迎えねばならなかった旅人にとって蠟燭の燈は他の何にもまして救いになると考えられていたから、ところによっては絶えず燈しつづけられた。また埋葬や死者ミサの際にともさるべき蠟燭の数も厳しく規定されていた。

4

仲間の死体を埋葬する習慣は人類の歴史のなかでも最も古い層にまで遡るものであろう。自分たちの集落を通過してゆく余所者がたまたまそこで死んだとき、その死体を埋葬する習慣もそれに劣らず古いものと考えられる。しかしながら余所者の死体を埋葬するときの意識のあり方は時代によっても地域によっても常に同じではないだろう。その違いが解明されるとき、私たちは各時代と地域における人と人との関係の変化をその最も深いところにおいてとらえることができるであろう。残念ながらまだそこまでは研究が進んでいない。最後に貧しい旅人のための兄弟団の思想について簡単に展望して小稿を閉じなければならない。

「エゼキエル書」に「彼ら定まれる人を選ぶ。その人国の中をゆきめぐりて往来の人と共にかの地の面に遺れる者を埋めてこれを浄む」（三九―一四）とあり、死者の埋葬は古代イスラエルにおいては国土を浄めるために行なわれた。旧約聖書外典（アポクリファ）のトビト書にも、老トビトがアッシリア捕囚のときに、イスラエルびとが殺されて市場になげすてられているのを埋葬した話がある。またギリシア・ローマにおいても放置された死体を埋葬することは倫理的な義務であったという。しかしながら異邦人を葬るための兄弟団のような組織は存在していなかったらしい。

中世においてはすでにみたように復活の思想が素朴に解釈され、民衆の間で文字通りの意味において理解されたために、死体の正式な埋葬が彼岸における救済に不可欠の前提と考えられるようになった。それと同時にマタイ伝（二五―三五）にある六つの善行（裸のときに着せ、渇いているときに飲ませ、空腹のときに食べさせ、獄にいるときに訪ね、旅人にであったときに宿をかし、病気のときに見舞う）と並んで死体の埋葬が七番目の善行として位置づけられるようになった。

十二、三世紀における商業・交通の活潑化と都市の成立、巡礼の大量移動さらに十四世紀における疫病の流行などを背景として、死者の埋葬は人びとが軒を接して住んでいる都市空間においては衛生上の見地からも必須の仕事となっていた。このような社会的要請に促がされ、彼岸における自らの霊の救済と肉体の復活のための善行への衝動を活力とし、そのための兄弟団の結成による現世的利益の魅力（仲間と共に飲食する楽しさ）にひきよせられて、十四世紀以降各都市に数多くの〈貧しき旅人のための兄弟団〉が生まれることになった。

当時の人びとが路傍で死んでいった旅人を葬るとき、そこには死者の霊が彼岸において救われるようにとの配慮が働いていたことは疑えない。しかしそれと同時にその仕事が何よりもまず自己の霊の救済にとって決定的な意味をもつ善行であるという意識が伴っていた。さらに善行と祈禱は複数の人間によって行なわれることによってより有効性をますところから兄弟団が結成されるとき、それは孤独のなかに生きなければならなかった中世の人びとにとってこの上ない現世的な楽しみでもあったであろう。

このように個々の人間の彼岸における救済と現世的利益が法人格をもった組織のなかで統一され、その運営が合理的に営まれていた点に西欧中世の人と人との関係の特異性があった。死者のための祈禱も教会禄 Präbende が消滅したときにはとりやめとなり過去帳 liber memoriarum から死者の名が削除されるという慣習もまさにその合理性の生んだものであった。ところでその合理性そのものが何に由来するのかは今ここで扱うにはあまりに大きな課題である。

中世ヨーロッパのビールづくり

「一つ釜の飯を食う」という言葉がある。他人と知り合い交歓するには何よりも飲食を共にすることが一番よいということを、この言葉は示しているのだが、ヨーロッパの人びとの生活を知るにも、やはり一緒に彼らの食卓に座らなければならない。とはいえ、ただ一緒に飲み食いするだけでは不十分であって、ヨーロッパの人びとの生活史のなかで、飲食物が果たしてきた役割と意味についても知識をもっていなければならない。飲み食いすることこそ洋の東西を問わず人間の生活の基本であって、そこに様々な慣習や掟、喜びや悲しみが織りこまれているからである。

ヨーロッパの人びとにとっては、古代以来パンとビールは日本人の米と酒と同じような意味をもっていた。紀元前四〇〇〇年頃にメソポタミアですでにビールがつくられていたし、ハンムラビ法典にもビールについての記述がある。エジプトでもヘロドトスによると、酒は大麦からつくられるとある。タキトゥスは『ゲルマーニア』(九八)のなかで、「ゲルマン人の飲料には大麦もしくは小麦より醸造され、幾分ワインに似た液がある」と書いており、古ゲルマン人がビールを飲んでいたことを伝えている。

ケルト民族は、すでにそれ以前に大麦または小麦を用いるビール醸造技術をもっていた。ドイツで最古のビールの記録はアレマンネン法（七一二〜七二五）にみられ、そこでは神殿にビールを供えることが定められている。中世においてはビールはワインと競合し、ドイツの西と南はもっぱらワインの土地となったが、ヴェーゼル川から東の地域では、今日においてもビールが主たる飲料の地位を占めている。

中世においてビールはただの飲料ではなかった。人びとはビールで煮炊きし、ビールでスープや粥をつくった。貧しい者も弱いビールを飲み、祭のときには上等のビールが飲まれた。こうして中世においては、ビールは日常の食料品であると同時に、嗜好品でもあったから、ビール醸造は特に都市市民の重要な仕事となっていた。

ビール醸造 brauen という言葉は、本来インド・ゲルマン語の bh(e)reu, bh(e)ru 発酵する、ふくれあがる、焼くなどの意味の言葉に由来し、中世においてもビール醸造と同時にパン焼きの意味ももっていた。中世の市民は自分の家をもっていれば自らパンを焼き、家畜を屠殺し、自分の家のなかでビールを醸造していたのである。十六世紀においてすら、少量のビールを買うことはみじめったらしいこととみなされていた。ところがビールの醸造には広い空間と大きな釜が必要であったから、それなりの財産をもった市民でなければ醸造できなかった。ここからも自ら醸造できる市民と、できない住民との間に大きな格差

ビール醸造作業

が生じていたのである。

まず中世におけるビール醸造の工程を簡単に展望してみよう。まずはじめに、通常は冬の間に行なわれる麦芽製造の工程がある。大麦は桶のなかで何度も水を替えながら、数日間水に漬けられやわらかくされる。そののち床の上に広げて発芽させる。さらに加熱して発芽過程を適当な時に終らせるのだが、そのかげんの如何によってビールの質がきまってしまう。加熱工程は十五世紀には薪や藁を燃料として柳の枝で編んだ網の上で行なわれ、十八世紀においてすら木製の網が用いられ、火災の危険が大きかった。こうして乾燥させた麦芽を水車で挽き、醸造の用意ができることになる。麦芽は再び桶に入れられ、柔かくされ、濾される。それから熱湯をくり返し注いで麦芽汁をつくり、ルンガーホルツァーと呼ばれる長い棒でかきまわす。発酵済の麦芽を流し去ってから、釜でホップを混ぜて煮る。そうしてできたものを桶で冷やすのである。

麦芽製造におよそ八日から十四日間、醸造にはほぼ一日を要した。

ビール醸造用の釜が最も重要かつ高価な道具であって、釜があればその家でビール醸造をしていることが誰にでも分った。釜は通常は不動産の扱いをうけ、市の帳簿にも不動産物件として登録されている。豊かな市民は広い土間に大きな釜をおき、自家需要をまかなって余るほどのビールを醸造し、残りを売っていた。自分の釜を持たない市民も隣人の土間と釜を借り、その下僕に手伝わせて自家用のビールを醸造した。こうして道具と労働力を貸すことを仕事とする者もでてきた。内陸部では都市が釜を設置し、市民に貸しているところもあった。

ところがハンブルクやリューベックなどの港湾都市では、後背地や外国でのビール販売の市場が増大すると、自家用ビール醸造の範囲を越えて、輸出用のビールが醸造され、ジョッキや缶で売るだけでなく、樽売りが行なわれるようになる。しかしながら他の手工業と違って、ビール醸造は中世を通じて市民の家内生産としての性格を失うことはなかったから、自家消費のための家内生産と、市場向け生産とに分解することなく、その中間の形態をとりつづけていた。

かなり後になって専業の醸造所ができても、他方で市民は自家用ビールを醸造しつづけていたのである。この点でビール醸造は中世都市手工業のなかでも特殊な位置を占め、市民の生活に密着した手工業として注目に値する性格をもっていた。中世の修道院におけるビール醸造については、これまでもすでにいろいろ解説されているので、ここでは都市市民の生活とビール醸造の関係について観察してみよう。

近代に入って世界に開かれたドイツの門として大きな役割を果すことになるハンブルクも、そのはじめ「ハンザの醸造所」といわれるように、ビール醸造に経済の重心をおいていた。「リューベックは商店、リューネブルクは塩、ケルンはワイン、ハンブルクは醸造所」と当時いわれていたのである。ハンブルク史の中世はビール醸造、近世以降は商取引によって繁栄がもたらされたともいわれる。しかもビール醸造は十三世紀以降まさに都市的な産業として成立し、都市と農村の分業がこれほどはっきりと示されていた分野は他になかった。各都市は自らの力を誇示せんとするとき、ビールの質を誇りとしていた。農村のビールは不味く、町のビールは美味いというのが通り言葉となっていた。農村にも古来居酒屋があり、醸造が行なわれていた。これらはビール醸造、販売の特許状をもっていたが、やがて都市のビールの販売所でしかなくなっていった。村の居酒屋は都市から買い入れたビールの代金を現金で支払うことは稀で、たいていは穀物で支払っていた。中世にはしばしば不作が起ったから、そのようなとき都市のビール醸造商人は、以後は他の商人から は仕入れないという約束をとりつけて掛け売りし、こうして村の居酒屋を支配下におさめていったのである。

＊

近隣農村のみならず、遠くオランダやスカンディナヴィア地方にも、ハンブルクのビールは販路を拡大していった。十三世紀から十九世紀にいたるまで、低地ドイツ地方は北西ヨーロッパ諸国に穀物を輸出していた。とくにハンブルクは穀物と並んでビールを輸出し、市の重要な産業としていた。このように、ハンブルクのビールが近隣農村や遠くオランダなどで高級飲料としての地位をかちえたのは、ハンザのなかでのこの町のたくみな商業政策の他に、ビール醸造技術が優れていたためでもあった。ハンブルクのビールが好まれた理由は、何よりもまずホップの使用にあった。ホップはすでに九世紀にドイツやフランスでビール醸造に使用されていたが、北西ヨーロッパではまだ一般化していなかった。それまでのビールはグルートと呼ばれるヤチヤナギ、野生マンネンロウ、西洋ノコギリ草などの混合物によって風味をつけていた。これらの草の混合の仕方は秘伝で、都市や諸侯の特権の対象であり、その支配の及ぶ限りそのグルートを用いてビール醸造を行なわねばならないと定められていた。

白樺の木でつくった杯（白樺の枝がついている）でビールを飲む男たち（1560年）

ハンブルクのビールは、これらのグルート特権と対

抗して販路を拡大していった。十三世紀においては、まだハンブルクのビール取引は僅かであったが、十四世紀になると、北海沿岸で最も好まれるビールとしての地歩を獲得していった。十三世紀のはじめには、貯蔵によって味をよくしたラガー・ビールもハンブルクでつくられ、ハンブルクのビール醸造の名をいよいよ高くしたのである。

農村部や海外の諸都市に広大な市場を獲得してゆくとき、ハンブルクのビール醸造制度そのものにも大きな変化が起らざるをえなかった。すでにふれたように、ビール醸造は市民の権利でもあったから、その設備をもつ市民は誰でも小売・輸出を目的に醸造を行なっていた。一三六九年のハンブルクのビール総生産高は十七万樽であり、七年後の記録では醸造人の数は四百五十七、十五世紀には五百以上にものぼっている。まさにハンブルク経済の中心をなしていたといえるほどの規模であるが、これらの醸造人とは他方で自ら醸造したビールをアムステルダムその他へ運んで売る商人、あるいは手工業者でもあって、ビール醸造だけに専念していたのではない。この点でビール醸造業はハンブルクの手工業のなかで特異な位置を占めていた。

十五世紀にいたるまでビール醸造という職業は分化していなかったのである。「醸造人か否かは所有が決定した」（W・ビング）のである。他の手工業では仕事は一年中つづけられたが、ビールの醸造は主として冬に集中する季節労働であったことも、手工業身分としてのビール醸造業の成立をおくらせた一因でもあった。この点では、年に数回商用の航海にでる遠隔地取引商人と似ており、この二つの仕事が結合していたのも自然な姿であった。

十四世紀末にはすでに海外に大量のビールを輸出する醸造業者と内陸部に少量販売する業者との区別が生まれているが、一三八一年にはすべての醸造には市参事会からの許可が必要となり、醸造は特権となった。そして市参事会堂の鐘が鳴らされると、一斉に醸造がはじめられることになった。またそのつど醸造されるビールの量も規定された。一三八〇～一四六〇年には一軒当り二十五～三十五樽とされ、そのうち二十～三十樽が売却用と定められていた。こうしてビール醸造においても特定の市民が過大の利益をうることのないように、原料の配分などにも規制がしかれていた。

他の手工業と違って、全市民が一応は醸造人でもあったから、ビール醸造規制を通して市民の平等を守ろうとしていた。中世都市市民の自治と平等の原則は、まさにビール醸造規制において如実に示されていたのである。その意味では全市民がビール醸造という、ひとつの手工業規制に服していたということもできよう。市参事会によるビールの検査を通じて、技術と製品の均質化がはかられてもいた。

検査で不合格となったビールは、市内での飲用に供された。このほかコヴェントなどの軽く薄いビールも醸造されていたが、これらは自ら醸造しえない貧しい市民の飲用に市参事会が醸造を義務づけていたものである。これらの品質の劣るビールはプフェニヒビアとかブラッサービアなど少額の貨幣の名で呼ばれていたが、これらと上質のビールを混ぜることは厳禁されていた。

このことからも分かるように、醸造用の釜を設置しえない貧しい住民はこれらの「平等原則」にあずかることもできなかった。救貧院においても年金のある者は上等のビールを飲み、貧民は薄いビールを飲んだ。ビールの質の区別が料理の違いを示していた。ビールの苦さは生活の苦しさを微妙に反映してもいたのである。かつては道具をもたない者が隣人の道具と労働力を借りて自家用のビールを醸造する慣習があったが、十五世紀にはこの慣習は禁止された。何故なら他人の道具を借りて市場向けのビールが醸造されたばあい、特定の市民の利益が大きくなるからである。各市民は一軒の家でしか醸造してはならないと定められ、醸造人の間の平等をはかろうとすると同時に醸造人の数を限定しなければならなくなる。こうしてすでに述べた醸造権が成立したのである。

醸造権は家に附属したものであり、醸造権のついた家を買うか、相続するか、借りるかした者が醸造人なのであった。ただしその者は市民でなければならなかった。こうして醸造権をもつ者ともたない者の富の差は大きく開いてゆくことになる。一四六二年には手工業者は醸造してはならないという声がはじめて上った。十六世紀になると北ドイツの多くの都市で醸造業は職業として分化・形成されてゆく。醸造業者は他の手工業者からはるかにおくれ、この頃にギルドや兄弟団をつくり、富裕な市民のグループをなしてゆく。十六世紀以来ハンブルクの家屋は、醸造権をもつ家と普通の住居、小屋に分けられ、外見からしてはっきり区別できるほどであった。
その頃から実際に醸造労働を行なう醸造職人の身分が生まれてくる。醸造職人は通常の手工業職人よりも社会的地位の低い賃金労働者であり、親方になる見通しも、遍歴義務すらなく、都市プロレタリアートの核をなしていた。これらの醸造職人の組織が開く祭（ヘーゲ）はハンブルクの近代史を彩る事件にみちていた。

*

十六世紀にビール醸造人のギルドや醸造職人が生れ、醸造がひとつの職業として分化してゆく以前には、市民は自ら日々のパンを焼くように原則として自分の家でビールも醸造していた。ビールは日常の飲物だったからである。したがってビールには庶民の日常生活の喜びや悲しみ、夢や希望が映しだされてもいたのである。醸造は家中で行なわれる大きな年中行事のひとつであったから、自然界の出来事も醸造との比喩で語られていた。空に雲が

16世紀のビアマグ

もくもくと湧き起ってくると、人びとはそれを醸造用の釜とみなし、降り注ぐ雨は雷神トールが醸造するビールだと語っていた。あるいは巨人が雲の釜でビールをつくっているといわれたのである。

グルートの混合が秘伝でもあったことから、ビールの醸造には様々な霊がかかわっていると信じられていた。魔女の集会ではビールが飲まれるといわれ、シュレースヴィッヒ・ホルシュタインではヨハネ祭の夜にあたためたビールを飲み、「老魔女よ来い、火のなかに」と呼びかけたという。

ラテン語でビールのことをケレヴィシア cerevisia という。ceres とは穀物の神であり、vis は力を意味し、従ってビールは穀物のもつ力を凝縮したものであった。ビールはこのように重要な栄養源でもあり薬でもあったから、新年にビールを飲む者は若返るとか、懺悔節にも大量のビールを飲めば長生きするといわれた。ジョッキに残ったビールは魔女が集めて歩くといわれ、飲む前に泡を吹きとばさないと魔女のたたりがあるなどともいわれた。

盟約や婚約などの祝いや裁判などのあとで必ずビールが飲まれたのも、ビールのもつ不可思議な力のゆえであった。アルトマルクでは花嫁の父がビールで乾杯し、花嫁がのこりを父の頭からかける習慣があった。生きている者との間だけでなく、ビールは死者との絆ともなった。墓にビールを注ぎ、「飲めよ飲め、生前にお前が飲んだように」と呼びかける。ヴェンド人の間では十七世紀にいたるまで埋葬の際にビールを死者の頭、胸、足に注ぎ、通夜の夜にも出席した者が沢山飲めば飲むほど死者の供養になるといわれていた。

ビールはまた実りをもたらす力をもっていた。スウェーデンの農民は種子が発芽する頃、粗挽きの穀粉とビールを陽の上る前にそっと畑に供える。収穫の際は収穫祭のビールとも呼ばれる。チューリンゲンでは村の若衆が祭のビールを醸造し、少女たちがそれを樽につめて運ぶのである。このように私たちの喉を霑すジョッキ一杯のビールにも、ヨーロッパの庶民の歴史が秘められているのである。

シューベルトとの出会い

学生などからしばしば「何故ドイツ中世史研究の道に入ったのですか」とたずねられることがある。それを話せば長くなりますからといって逃げられないようなばあいには、やむをえず、学生時代をふりかえって、何がきっかけになっていたのかを考えてみなければならなくなる。私の教師がドイツ中世史家であったということも与っていたに違いないのだが、それはその教師のゼミナールを選択したときにすでに考慮のなかに入っていたことであって、決定的な理由とはならない。むしろドイツ文学や哲学に対する関心の方がはるかに大きな土台となっていたように思えるのである。しかしながら高校生の頃に読んだのはヘッセやリルケであって、哲学にいたってはいうべきほどのものはよんでいなかった。大学に入るとすぐに当時出はじめた河出書房の「世界大思想全集」のなかからドイツ哲学の書物をよみあさったのだが、ドイツへの関心はおそらく高校生の頃につくられていたに違いないと思うのである。まともによんだわけではないのにドイツの文学や哲学への関心が芽生えた背景を考えてゆくときに思い当ることがある。

吉祥寺にあったコンチェルトという小さな喫茶店であきもせずベートーベンやモーツァルトを長時間コーヒー一杯で聴いていたのは大学に入ってからだが、私がドイツの音楽にはじめて出会ったのは高校二年のとき来日したゲルハルト・ヒュッシュの「冬の旅」を聴いたときであった。後になって知ったフィッシャー＝ディースカウやハンス・ホッターに比べればやや粗けずりな感じがするヒュッシュの「冬の旅」は私にとってはとうに忘れていた懐しいある光景を思い出させてくれると同時に新しい世界を開いてくれるものでもあった。

中学一、二年生の頃私は事情があってある修道院にいた。そこではじめて知ったことを今になって思い出してみれば、何よりも大きなことは修道院の部屋から神父の服にまでしみついていたある香りと、合唱を含む音の世界にふれたことであろう。当時はもとより十分に自覚していなかったのだが、それから二十年以上もたってフライブルクの大聖堂に一人で座っていたとき、どこからともなくただよってきた香りが中学生の頃に親しんでいたあの香りであることにすぐ気付いたのである。後になってドイツの歴史家がカトリックのお手伝いさんとプロテスタントのお手伝いさんとでは身辺にただよわせている香りが違っていると書いているのをよんだとき、思い当ったのもこの香りであった。

音についていえば高校二年の頃、ヒュッシュの「冬の旅」を聴いたときまず頭に浮んだのが修道院での生活であったのは何故なのだろうか。修道院といっても中学生に対しては決して厳格な顔をみせていたわけではない。私にとっては院長も神父さんもごく親しみやすいおじさんであり、暇があると聖歌ではなく故郷の民謡を唱ってきかせてくれたのである。後になってドイツで民謡のレコードを買ったとき、神父さんたちから習った民謡が数多くあるのを知って大変懐しかったほどである。神父さんのなかにはドイツ人もいたし、東欧出身の人もいたから、彼らが唱ってくれた民謡がシューベルトの歌曲と共通の背景をもつものであったことは十分に考えられることである。だからヒュッシュの唱うシューベルトの歌曲を聴いたとき、何よりもまず中学生の頃に聴いた民謡を想い出し、同時に修道院での生活が頭に浮んだのである。

シューベルトとの二回目の出会いは中世史研究のなかでハーメルンの笛吹き男とかかわったときである。遍歴楽士としての笛吹き男のイメージが鮮明になってくるにつけ、私には高校二年のとき以来耳の奥から離れない「冬の旅」の一曲一曲が思い出されてならなかった。特に放浪学生が賤民であった大道芸人の一座に加わって歌を唱って歩いていた記録をよむたびに最終曲「辻音楽師」のメロディーが浮んでくるのであった。

もとより「美しき水車小屋の娘」に登場する粉ひき職人が実在した職人像を描いてはいないように、「冬の旅」も歴史研究者としての目で観察したり聴いたりすべきものではないであろう。けれどもシューベルトの歌曲に唱われている小川のせせらぎや木の葉のそよぐ音、そして鳥や犬のなき声などがシューベルトの世界への良き案内となることは否めないだろう。どの作品にも放浪のこころが息づいており、遠い国への憧憬が唱われている。この二つのモチーフは私には作りものではない真実の心から生れているように思えるのである。シューベルトの家がシュレージエンからの移民であったことがその背景をなしていたというより、彼の生き方がこの二つのモチーフを育んだのであろう。

シューベルトが死去した際の遺品目録には数着の衣服とハンカチ、シーツ、ベッドカバーなどの他にはマット一枚、クッション一個、毛布一枚、若干の楽譜しか記されていないという。このような生き方がどのような事情にもとづくものであれ、それは放浪のこころを育んでゆくほかないようなものであったと思われる。彼はウィーンで暮しながら、きまった家ももたず、モノとの絆を拒否して、もっぱら歌と音の絆のなかで生きたのである。

オーケストリオンを聴きながら

最近ドイツから帰国した人のお土産としてレコード盤が一枚届けられた。「オールドタイム・ミュージック」と題するこの盤はライン川のほとりにあるリューデスハイムという古都の自動楽器博物館発行のもので、手廻しオルガンから自動ピアノなどにいたる自動楽器の作品を数多く収録したものである。最も古いものは一七九〇年頃のスペイン人フェルディナント・ペーア作曲のフルート曲と、同じ頃のセリネッテ「お前のために花嫁の冠を編んであげよう」であり、ついで一八三〇年代のシュヴァルツヴァルトのダンス曲などで、はじめて聴いた瞬間から夢中になってしまった。

初期の作品はクランクを手で廻すガクガクという音が入っていたり、ときどき音が狂っているところなどがなんともいえず懐しく楽しいのである。フランス革命の余波が消えやらぬ頃、ライン川ぞいの町の片隅でおそらく老人が廻していたであろうこのオルガンの音色は当時の町の音の世界の重要な部分を担っていたであろうし、文献からはうかがい知れぬその頃の町の雰囲気を伝えてくれるのである。一八五〇年代のニコル・フレールの自動ピアノ曲を聴くとき、四八年革命の後の町の様子が浮かんでくるし、一八八〇年代の「これこそベルリンの空気」というオーケストリオンを耳にするとき、世紀末のベルリンの人びとの息吹きが伝わってくるようにさえ思われるのである。

小さな手廻しオルガンから今世紀のポッパーやルードヴィッヒ・フプフェルト（ライプチッヒ）、フィリップ（フランクフルト）などの工場で製造されたピアノ、アコーディオンなどの楽器を合せたオーケストリオンにいたる発展の歴史はそれ自体興味深いものである。現在のジューク・ボックスやステレオ演奏もそれらの延長線上にあるという見方もあるかもしれない。しかしステレオ演奏がどんなに精妙になろうともオーケストリオンの演奏とは決定的に異なったものなのである。

ヨーロッパにおける自動楽器の歴史は古く、すでに十三世紀には町の塔の上や教会の塔で鐘が自動的に鳴らされ、町の人びとの誇りとなっていた。はじめは鐘つき男が鳴らしていたのだが、やがて機械時計と組み合された自鳴鐘がつくられていった。一三五〇年頃にシュトラースブルク大聖堂のためにつくられた時計は動く暦と天文観測儀をもち、太陽と月と惑星の動きを示すことができた。正午になると聖母マリア像の前に三人の東方の博士が現われて頭を下げ、そののち行進をする。博士の行進が終ると時計の

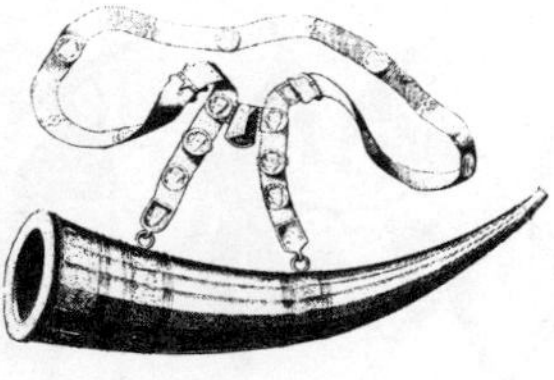
象牙の角笛（14世紀）

道化の服を着て踊る合唱隊員…道化祭の様子（13世紀）

先端に立っている大きな鶏がくちばしを開いて時を告げ、羽根をパタパタ動かしたのである。自鳴鐘はやがて多くの楽器と組み合されて、時がくると人形が動き出して楽器を演奏するという形のものに発展してゆく。これらの演奏時計はシュヴァルツヴァルトの時計博物館に数多く展示されていて、今でも演奏を聴くことができる。

手廻しオルガンにせよオーケストリオンにせよ、直接人間の手を用いずにいくつものメロディーを演奏しうる点に特徴があり、発生の由来から考えてもこうした機械が出現する背景が宗教にあったことをうかがわせる。玩具の祖型が神事に深くかかわっていたように機械仕掛けの人形や楽器は人間の手によらない動きや音の創出、時刻の告知を目ざすものであった。その限りでステレオ演奏とは本質的に異なっている。教会の塔の上の窓がひとりでに開き、自動仕掛けの人形の行進がはじまり、それと同時にいくつもの鐘がさまざまなメロディーを奏でるのを聴くとき、人びとは天上の音を耳にしたのかもしれない。やがて音楽の宗教色が世俗の音の前にうすれていったのちにも自動楽器に対する好みは少しも衰えなかった。町角やキャバレーで人びとはその音色を楽しんでいた。

オーケストリオンの演奏を聴くとき、日本とヨーロッパの音に関する感性の違いをしばしば感じさせられる。吹奏楽や室内楽の合奏は中世ヨーロッパにおいても行なわれていたが、大規模な管弦楽の成立は十六、七世紀の近代以降である。

中世都市自体職人の仕事の歌や乞食の物乞いの声、教会の鐘の音や市門のトランペット吹きの音、物売りの呼び声やその他のさまざまな音の交錯する音の交響楽の世界であったし、中世の森は狼や不気味な悪霊の叫び声の世界として中世の人びとに感じとられていた。人びとは嵐や疫病が襲ってきたときにも鐘をガンガン打ち鳴らして防ごうとしていたのである。ヨーロッパ中世の人びとにとって地上はさまざまな音が対抗し、交錯する世界であったから、天上の世界もまた妙なる音が響きあう世界と考えられていた。近代都市は狼の叫び声や森の不気味な音を遠ざけ、牧人の笛の音に象徴される田園を過去のものとし、町のなかでも各階層がひとつの市場で出会うことは稀となっていった。人びとはそれぞれの階層のなかでそれぞれの階層に相応しい音の世界をつくり上げ、上品な音と下品な音、上品な音楽と下品な音楽の区別が生れていった。このように音が階層化してゆく近代社会のなかで、人びとが無意識のうちに抱いていた中世都市の交響楽の世界、天上の音の世界への憧憬を再現しようとしたのが管弦楽であり、オーケストリオンではないか、などと私は一枚のレコードをくり返し聴きながら夢想にふけるのである。

「心」の最終号をむかえるにあたって私には言葉がない。一枚のオーケストリオンのレコード盤を聴きながら「心」を支えた人びとのことを思うのみである。

鐘の音に結ばれた世界

黄ばんだカスターニエの葉と栗に似た大きな実が路上いっぱいにおちていた十月のある朝のことである。ヨーロッパに来てはじめての日曜日であった。落葉をふみしめながら人影ひとつない小路を歩いていたとき、突如として頭上でそれまでの静寂を破って大小いくつかの鐘が鳴りはじめた。同時に少し離れた教会でも鐘が鳴りはじめ、ハッとして立ち止まったとき一瞬のうちに鐘の音が町のすべてになっていた。そのとき、私ははじめてヨーロッパに来たという実感をもつことができたのである。それまでにもいろいろなものを見てはいたが、それらはほとんどすでに書物などで知っていたことであって、全く新しいものではなかった。しかし鐘の交響楽は書物では知ることのできなかったヨーロッパの扉を開いてくれたのである。あれから十年たった今でもあのときの鐘の音は耳の奥深くで鳴り響いており、鐘の音があれほどの衝撃力をもっていたのは一体何故だったのだろうかという疑問は、鐘の音の世界から離れてしまった今でも折にふれておこるのである。

ところで中・近世のヨーロッパ社会においては、鐘の音は都市や農村あるいは領主の支配圏に生きるすべての人びとを結ぶ絆としてきわめて大きな意味をもっていた。鐘の音が聞える範囲が領主の支配権が及ぶ範囲でもあった。鐘の音に限らず、中・近世の社会ではコミュニケーションの手段として人間の叫び声を含めて音が大きな役割を果していたのだが、ここでは鐘をめぐる人間と人間のかかわりの歴史を観察してみよう。

*

喧噪というよりは雑音の世界に生きている私たちは、中・近世の都市や農村を思い浮べるとき、逆に静寂このうえない世界を想像しがちである。しかし文書や記録にのこされているものだけからみても、中・近世の都市はさまざまな音や呼び声の交響楽の世界であったことが想像できる。朝六時に市門が開かれるとき鳴らされる鐘の音、市の牧人が各家庭から家畜を呼び集める笛の音、山羊や羊がそれぞれ首につけて一斉に市門に走ってゆくときの鈴の音、三時間おきに鳴らされる教会の鐘の音、塔守の吹く笛の音、各種の職人たちが単純労働をするときに必ず唱う職人歌、癩病者の鳴らす鳴子や乞食の訴えの歌、大道芸人の笛や歌、市のトランペット吹きが高らかに青空にこだまさせる音や、市場の商人たちの呼び声など、夕べの鐘が鳴り終るまで中世の町はこれらの音の交錯するなかにあった。都市に生きる人びとは皆、職業や宗教的な目的により何らかの兄弟団を結成していたが、それらの人びとには共通の挨拶の仕方や身振り、そして歌があった。ギルドやツンフトの会合での飲食には大合唱がつきものであった。さまざまな階層と集団のなかで生きていた人びとには、それぞれの階層と集団に固有な音があり、その音によって人びとは結ばれていた。しかしながらそれらの音のなかでも鐘の音は特別な意味をもち、階層をこえた共同体全体の絆となっていたのである。

鐘鋳造の歴史はアジアではじまるといわれ、ケルト人が近東アジアからイタリア、スコットランド、アイルランドに伝え、他に黒海から東ヨーロッパを通って、アイスランド、ノルウェーにいたる道と、地中海南岸を通ってヨーロッパに向かう三つの道があったとみられている。いずれにしても六世紀のイタリアではじめて鐘の記録が登場する。はじめ世俗の、あるいは異教世界で用いられていた鐘は、オリエントにおいて修道院で用いられるようになり、ロシ

鐘鋳造人

アにおいて広く普及し、ケルト人によってスコットランドに伝えられたものとみられている。七世紀初頭には教皇サビニアヌスが鐘を鳴らすことを命じたといわれ、ドイツ語圏ではじめて鐘が登場するのは、ベダの弟子であるワーマス修道院長グトルクトが、マインツ司教ルルスに鐘を贈っている八世紀の史料である。こうして鐘はまず教会、とくに修道院で用いられたようだが、やがて、世俗の世界においても大きな役割を果すようになった。教会の鐘については別の機会にゆずり、ここでは世俗の日常生活における鐘の役割をみることにしよう。

P・ザルトリは一九三二年に『ドイツの鐘の書』というすぐれた書物を書き、E・リッパートは一九三九年に『法慣習としての鐘の音』と題する論文を発表した。この二人によって鐘の研究は大きく進められるのだが、そこでは主として中・近世社会における鐘の社会史的な役割が分析されている。大別すると、㈠朝の鐘と㈡夕べの鐘、並びに㈢招集の鐘と㈣市場の鐘に分けられている。朝の鐘と夕べの鐘は本来教会の祈禱の時刻を知らせるものであったのが、やがて法的慣行として世俗社会にも広まっていったものであり、招集の鐘と市場の鐘は本来、教会の慣行とは別に世俗社会のなかで法慣習として定着していったものであるという。

＊

朝の鐘は修道院において朝の祈りと礼拝のはじまりを告げるものであったが、やがて都市において市門を開く合図ともなっていった。農村には都市のような市壁も市門も原則としてなかったから、わずかの例（たとえば一三三九年のエルザスのミュンスターで賦役農民が鐘の音とともに仕事をはじめ、終えることが定められている）を除くと、朝の仕事始めの鐘の記録はない。夕べの鐘が鳴ると火を消し、朝の鐘の音とともに火を燃やしはじめよという夜間の火災予防の規則が散見されるにすぎない。都市の市門を開くとき必ず鐘が鳴らされたが、その最古の史料としては一三三二年シュトラースブルクに「市門の鐘《トーアグロッケ》」の記述がある。ときには市門の鐘は二回鳴らされた。第一の鐘でひとつの市門を開き、第二の鐘ですべての市門を開いたのである。市門を開くということは市内の商工業の営業開始の合図であり、職人にとっては就業の合図でもあった。朝の鐘と共に公的生活と法行為がはじまるのである。

*

夕べの鐘も一回ではなく二回以上鳴らされた。第一の鐘は六時頃に鳴らされる晩禱の鐘であり、第二の鐘は夏なら九時頃、冬なら八時頃に鳴らされた。第一の鐘は通常は仕事の終了を意味し、法行為の有効期間が終ったことを示していた。裁判などの際に法は陽光の下で示されねばならなかったからである。

夕べの第二の鐘は夜の時間がはじまったことを示す鐘であり、鐘を鳴らしつづける時間の長さも定められていた。何人も鐘の音が聞えなかったとあとで申し開きができないようにするためである。第二の鐘の音とともに市門は閉じられ、市壁に囲まれた都市は外の世界から遮断される。リューベックではこの「トーアシュペルグロッケ」は一八六四年まで鳴らされていた。第二の鐘の音とともに市民の夜警義務がはじまる。この鐘の音とともに、村でも町でも外的世界との交渉のみならず、日中のすべての歌声や音が静まりかえって夜の静寂の世界がはじまるのである。したがってこの時から就労は禁止となり、売買や法行為も終了しなければならない。また賃租その他の支払も第二の鐘が鳴り終るまでに納付しなければならないのである。また労働時間の終了とかかわって、ザールのケーネンの判告録には興味深い事例がある。土曜日の夕べの第二の鐘が鳴り終ると市の水車小屋の粉挽きの就労時間も終る。そののちには市外の貧農は牧地や耕地に水をひくことが許されたというのである。また第二の鐘（就寝の鐘とも呼ばれる）が鳴ったのちは、リューベックではどの家でも燈火を消さねばならなかったという。

夕べの第二の鐘が鳴ると居酒屋が閉店となる記録は、十四世紀初頭から近代まで数多い。夕べの第二の鐘が鳴り終ってのち飲物を出した主人は厳しく罰せられた。この鐘はビアグロッケとも呼ばれた。ツンフト会館もこの時までに戸閉りをしなければならなかった。居酒屋やツンフト会館だけでなく、ヴェストファーレンのミュンスターの警察法令では私人の家の客も第二の鐘のあと留まっていてはならないと定めている。飲酒のほか舞踊や賭事もこの鐘のあとは禁止されている。路上での騒ぎが禁止されていたのはいうまでもない。誰でも公務以外の理由で、夜道路へ出てはならなかったのである。やむをえず夜戸外を歩くときは燈火の携帯が義務づけられていた。こうした規則はいうまでもなく夜の平和の侵害を防ぐためであり、したがって武器の携帯も禁じられていた。

*

本来は修道院における時禱に由来するとみられる以上の鐘のほかに、十三世紀初頭以来、鐘の音はあらゆる集会に人を呼び集めるときに、重要な役割を果していた。鐘を鳴らすことは法行為に不可欠な手続きとなってもいたのである。一般的な住民集会は鐘の音によって招集され、出席しない者は罰せられる。また村や都市の役人の選出や参審員の選出に当っても、鐘を鳴らして選出集会が招集される。集会や裁判の際に鐘が鳴らされることは、このように招集の信号であると同時に、それを聞いた者に出席を義務づける法的性格をもっていたのである。鐘を鳴らすことが、単なる信号であるというよりは法行為の有効性の保証でもあることは判告録にみることができる。裁判集会の前に鐘が鳴らされるだけでなく、判告録の個々の規定が読みあげられるときにも鐘が鳴らされる。つまりひとつの法の規定が発効するためには鐘の音が必要だったのである。アウクスブルクの都市法では、新しい貨幣が発行されるときにも激しく鐘を鳴らすという規定がある。「司教がその貨幣プフェニヒを発行するとき、守護は警鐘を鳴らさせ、何人も旧プフェニヒを受取ることのないよう命じなければならない」(二〇条)、これも新しい法の発布に他ならない。

土地を差押えるときにも鐘が鳴らされる。一二七八年にバーゼルで修道士ハインリッヒがある土地を、附属するすべての権利とともに修道院のものとしたとき、「土地の慣習に従って鐘を鳴らしながら差押えた」とある。貸与された土地の保有者が相続人を残さずに死去したり、賃租を支払わなかったり、耕作せずに放置したとき、あるいは債務がかさんだりして所有者の手に戻されることになったときにも、鐘を鳴らしながら執行される。この鐘の音はリッパートがいうように所有状況の変更を通知するためのもの、あるいは裁判集会の用意とみることもできるが、それだけではなく土地の霊に対して保有者の変更を告げるためのものではないかと考えられる。

裁判集会に人びとを招集するときに鐘が鳴らされたことはすでに述べたが、裁判集会の開会に際しても鐘が鳴らされた。これは招集のためではなく、集まった人びとに裁判の開始を告げるものであった。リッパートはこのばあい、鐘の音が権力の象徴として鳴らされるのだとみているが、それだけではなく、おそらく平和で神聖な時間のはじまりを告げるものであったと考えられる。

裁判集会の終了も鐘の音によって告知される。この鐘についてはいくつかの議論があるが、平和で神聖な時間の終了を告げるのと同時に多くのばあい刑罰の執行と関係している。刑罰の執行のさいは恥辱の鐘《シャントグロッケ》が鳴らされる。また市から追放の宣告をうけたものが追放されるときにも鐘が鳴らされる。いうまでもなく処刑に際しても鐘が鳴らされ、これはのちに死刑囚の鐘《アルムジュンダーグロッケ》と呼ばれるようになる。これらの鐘についても人びとに警告を与えるためであるとか、権力を示すためであるとかいわれるが、たとえ後になってこのような意味あいをもったとしても、本来は別離のためであったり、冥府や悪霊への畏れから、それらを防ぐために鳴らされたものとみられる。

　突如招集の鐘が鳴らされたとき、遠くの耕地に出ていた農民が鐘が鳴り終るまでに村に戻れないこともある。そのようなときのためにいくつかの方法があった。一般的なのは鐘の種類を変えて鳴らす方法である。たとえばフライブルクでは（十五世紀）、まず小鐘三十鳴鐘を三回鳴らし、そのあとで大鐘で同じように鳴らす、あるいはギルトヴァイラーでは朝七時から八時まで二回強く鳴らし、九時頃にすべての鐘を一度に鳴らし、集会に招集するとある。また別の方法では九時から十時まで鳴らし続ける（ライメルスハイム、十六世紀）とか、大鐘を鳴らし、そののちしばらくして参会者の最後の者が到着するまで鳴らしつづける（ロマンスヴァイラー、一三四四年）などとされている。別の方法では鐘を鳴らしてから集会がはじまるまでの間に一定の時間をみておくやり方がある。一五〇四年のヴァツハバッハの村法では鐘を鳴らしたのち、人が水車小屋から教会まで歩ける時間が過ぎてから集会を開くことになっている。いずれのばあいも遅刻・欠席が厳しい罰の対象となったことはいうまでもない。

市参事会の鐘は参事会員招集の鐘であって、一般的集会の鐘ではないが、市の教会の鐘やあとで述べる緊急呼集の鐘などと区別するために、小鐘を鳴らすことを定めているところも多い。いずれにしても中世の市民や農民は今鳴っている鐘がどこの鐘で、何を伝えているのかを即座に判断できたに違いないのである。鐘の音によって就寝の鐘、賃租の鐘、ワインの鐘、開門の鐘、火災の鐘、市場の鐘、穀物の鐘、流血の鐘、死の鐘などきわめて多様な名称がつけられていた。

*

週市や年市の開催も鐘の音によって告げられる。使用されるのは市参事会堂の鐘か、市場用の鐘である。市場の鐘が鳴り終ってからはじめて売買が許される。この鐘は、市に人びとを招きよせる鐘であると同時に市の平和を告げる鐘でもある。ケルンでは一三六〇年に、市の鐘は人が一マイル歩けるだけの間鳴らしつづけることになっていた。市のはじまりと終りに鳴らされるこの鐘は、禁制圏《バンマイレ》内の人びとを市に招く鐘であると同時に家路につく人びとがその間安全であることを告げる鐘でもあった。オーストリアでは市場開催日の十四日前に鐘を鳴らして、市場を訪れる旅人に交通の安全を保証していた。市の開始から終りまでの間、市場内では独自の裁判権と法が施行されていた。

鐘の音のなかで最も大きな意味をもっていたのが警鐘《シュトルムグロッケ》 Sturmglocke である。敵の襲撃やジプシーの群が接近してきたとき、警鐘が鳴らされ、武装能力のある者はすべてただちに駆けつけなければならない。外敵の侵入、接近だけでなく、内乱、一揆の際にも警鐘が鳴らされた。火災や洪水、嵐などの際にも同様に警鐘が鳴らされた。警鐘が鳴ったのち駆けつけない者は市民の宣誓に背く罪、臣民としての責任を放棄した罪に問われたのである。このように重要な意味をもっている警鐘なのだが、その鳴らし方については残念ながら詳しい記載がない。ゾフィンゲンの都市法（一四八〇年）で大鐘を三時間たたきつづけるとあり、通常のように鐘を鳴らす《ロイテン》（Läuten とは鐘全体をゆり動かすことによって鳴らす）のではなく、鐘を叩くのが警鐘の一般的な鳴らし方だったらしい。このような例はほかにも少なくない。

ところで警鐘が鳴らされたとき、住民全員が非常呼集されうるのだとすると、一体誰が警鐘を鳴らす権利をもっていたのかがただちに問題になる。一二六一年のアウクスブルク都市法（六四条）では、「鐘をめぐる権利は市民権に包摂されており、市民が鳴らす時を決定する」とある。一三四九年にシュトラースブルクでは、アンマンマイスターが鐘を鳴らす権利をもっている。シュトラースブルクのアンマンマイスターとは十四世紀末には市の最高権力者であった。都市のばあいは問題は明瞭であるようにみえる。都市当局は、裁

鐘の鋳造

判集会や盗賊の襲撃、火災、内乱などに対して警鐘を鳴らす権利をもっていたからである。しかしながら農村部では必ずしもそうではない。原則として領主や村落共同体の役人《アムトロイテ》が常に領主の名において鐘を鳴らす命令を出している。火災や洪水などの緊急の事態のときには現場にもっとも近い者が許可なしで警鐘を鳴らすこともできたが、このようなばあいでも、次の裁判集会の席でこの行為が適切なものであったか否かが検証されたのである。つまり警鐘に限らず公的・法的信号としての鐘を鳴らす権利は領主にあったとみられるのである。鐘の音の聞える範囲が領主の支配圏であったとされる通念は、判告録においては次のような詩的なイメージとなって表現されている。「われらに命令を与えるドリムボルンの領主、土地と人を支配し、水の流れ、鐘の響き、合唱の歌声を支配する領主」(アイフェル地方、一五四六年)。ところがすでに一四六四年に、バーゼルの近くのムッテンツの判告録では「参審人は封主、村長《シュルトハイス》とその吏員以外の者が命令されずに集会を開いたり、鐘を鳴らしたりしたときには四グルデンの罰金を支払わせるべし」とある。鐘を鳴らす権利は一般的に領主にあったとみられるのだが、この例にみられるように領主の許可をえずに農民が勝手に警鐘を鳴らして人びとを結集するという事例が十五世紀末には激増していたらしい。鐘を鳴らす権利はひとつの共同体員全員を招集する権利であり、支配権の根幹をなすものであるが、それがこの頃におかされはじめたのである。この変化は鐘をめぐる人と人との関係にどのような変化をもたらすことになっただろうか。

*

鐘と農民戦争との関係については、D・シュトックマンの研究が現れるまでほとんど注目されてこなかったが、一五二五年以前にほとんどあらゆる地域で鐘をめぐる闘いが展開されていた。その萌芽はすでに十五世紀の七〇年代にあり、ハイデルベルクの南のディールハイム村の村民の訴状には「領主の代官《フォークトヘル》が賦役の実施その他の共同体の必要時に鐘を鳴らすことを許可せず、われわれは不便このうえない」と訴え、これに対してこの村の領主であるナイペルク兄弟は次のように答えている。「緊急時に鐘を鳴らすことについては禁じているわけではない。しかし、あたかも村人が村の領主でもあるかのごとくにあらゆる事態について勝手に鐘を鳴らす必要があるとは考えられない。村人は村長《シュルトハイス》や役人《アムトロイテ》にそうした事態を通知すべきである」。この例にみられるように、十五世紀末に共同体が勝手に警鐘を鳴らすという事態が増大していた。ヴァイセンホルンの年代記によると同じ頃家畜の取扱いをめぐって、あるいは城壁改築のために集まった労務者の騒ぎなどの際に、「一日に二、三回も警鐘が鳴らされた」とある。ミュールハウゼンの戦いののちにもヤコブ教会の鐘を誰が鳴らしたのかが裁判の焦点となっている。チューリンゲンの小都市オールドルフの経過はこの点について興味深い例を示している。市参事会と市民共同体の対立が激化した一五二五年四月十三日に、夕べの第一の鐘が鳴り終ってから八名の市民その他が市長の家を訪れ、住民集会を開くために大鐘を鳴らす許可を求めた。数回にわたる交渉の結果、許可をえて大鐘を鳴らし、市民集会が招集され、そこで六名の代表が選ばれて市参事会と交渉した。彼らは、都市領主フォン・グライヒェンが彼らに課している負担の問題をめぐって、はたして市参事会が市民の側に立っているのか否かを詰問した。市民の側は領主の許へ出かけていって和議を結ぶための金の支出を参事会に要請し、参事会が拒否すると、「市民全員が集まれるように大鐘を鳴らすぞ」と脅かし、金を出させた。その後結局オールドルフの市民共同体は大鐘を鳴らして市民集会を開く権利を確保したのである。市民が市の司祭を罷免し、俗人説教師をその代わりにおこうとしたときにも、市参事会は司祭が領主の下に属しており、その司祭職も領主から与えられているとして反対した。しかし市民の代表四名のうちのひとりは「一日に十回警鐘を鳴らすぞ」といって脅かしたのである。警鐘を鳴らして全市民が招集されたばあいに生じうる事態を予測しかねた市参事会は、これをも認めざるをえなかったのである。同様な経過は南ドイツのローテンブルクにおいてもみられ、いたるところで市民共同体が警鐘を鳴らす権利を獲得することが都市内の一揆のひとつの段落をなしていた。農民軍のばあいも一定の段階でこれまで領主の権利とされていた非常呼集 Landesaufgebot つまり武器をもって参集するよう強要する権利を自らの手に確保しようとし、大鐘を鳴らす権利を手に入れたときに、これを達成している。

このようにみてくると鐘が農民戦争のなかでいかに大きな役割を果していたかがわかるだろう。しかし鐘はただ大勢の市民や農民を即座に招集しうるという点でのみ役立っていたわけではない。農民や市民にとって、自分たちの村や町の鐘は共同生活の要ともなるべき、大切なモノではあったが、戦いを遂行するためには武器、弾薬を欠かすことはできない。農民軍は修道院を襲撃すると鐘を没収しては溶かして弾丸を鋳造し、ときには売却したから、農民戦争時に失われた鐘は厖大な数にのぼるのである。チューリンゲンの農民戦争のときだけで、シュロトハイム修道院が四点、ゲローデ修道院が八点、ラインハルツブルン修道院が十二点の鐘を失っている。鐘は人類の文化遺産のなかでも貴重なものなのだが、これらは戦いのなかで惜しげもなく溶かされ、弾丸となった。このような過程は後にみるように三十年戦争、フランス革命、ロシア革命、第一次・第二次両次大戦の際にもくり返しみられるのである。この点についてはは後段に譲り、ここではいましばらく農民戦争の結末についてみておこう。

全ドイツに荒れ狂った農民戦争のなかからようやく勝者としてのこった領主階級は、戦いの経験を後の法令に生かそうとしていた。シュヴァーベン同盟がシュヴァルツヴァルトの農民たちに対してだした「処罰条項」第七項には、「教会から鐘をおろし、教会の塔と建物を破壊する」ことが定められ、シュテューリンゲンの農民も同じく教会の塔をこわすように命ぜられている。一五二五年十一月のローテンブルクの年市でも鐘を鳴らすことは禁じられた。鐘を鳴らすことは最も重い犯罪とされたのである。警鐘は恐るべき破壊力を示した農民軍のイメージといたるところで重ねあわされ、恐れられたのである。これ以後の判告録では鐘を鳴らす権利が領主にあることがくり返し強調されてゆく。こうしてひとつの共同体における人と人との関係のなかで中枢的位置を占めていた鐘の意味は徐々に変ってゆく。かつて共同体の緊急の時を告げた鐘は今ではもっぱら朝、昼、晩と日常的な時を告げる役割のためにあり、世俗世界のなかにおける人的結合の絆としてよりは教会の鐘としてのイメージが強く打ち出されてゆく。農民戦争の最中にはいたるところで農民軍も教会や修道院に鐘を鳴らすことを禁じ、ローテンブルクでは戦いが終るまでミサや礼拝のときにもいかなる音を出すことも農民軍によって禁じられていたのだが。

今でも教会の大小の鐘が突如として青空に交響楽を響かせるとき、私たちがハッとさせられるのは近世以来の教会のイメージが強いためというよりは、中世において人と人とを結びつけていた重要な絆としての鐘の記憶が私たちの心の奥底によみがえってくるからであろうか。

*

シラーは「鐘の歌」の冒頭に「生ける者に呼びかけ、死者を悼み、嵐をくじく」Vivos voco Mortuos plango, Fulgura frango という言葉をかかげている。これは中・近世ヨーロッパ社会における人間と人間の関係のなかでの鐘の位置を巧みに表現している。

森にかこまれた中世の人びとはさまざまな恐怖にとりかこまれていた。森は静寂な世界ではなかった。梢を渡る風はときにおそろしい音をたて、森の獣の叫び声は未知の恐るべき動物の存在を暗示していた。人びとはこれらの森や草原のなかに棲む悪霊の魔力に対して人の手でつくった鐘をガンガン打ち鳴らして対抗したのである。天候が急変して嵐となったときにも、近代にいたるまで鐘をガンガン打ち鳴らして回復を祈った。鐘は世界中いたるところで、神と人と、そしてあらゆる生命の敵を防ぐ厄除けの用具として、病気の治療や宗教上の道具として用いられてきた。また種子蒔きや収穫の際にも鐘を鳴らして豊穣を祈ったのである。牧人が牛に鈴をつけるのも魔除けとしてであるし、神殿にも鐘がおかれ、儀式の神聖さを示してもいた。『出エジプト記』(二八章三三〜三五)にも「明衣《うわぎ》の裾には金の鈴に石榴《ざくろ》また金の鈴に石榴とその周囲につくべし。アロン奉事《つとめ》をなす時にこれを着るべし。彼が聖処《きよきところ》にいりてエホバの前に至《いた》る時また出きたるときにはその鈴の音聞ゆべし。斯《か》くせば彼死ぬることあらじ」（日本聖書協会訳『旧新約聖書』一九五七年版）とある。

鐘には魔術的な力があり、特に嵐を防ぐ力があると信じられていたのである。一七七一年においても暴風雨の際に鳴らされる鐘をめぐってあやうく大きな紛争が起りかけた。ザルツブルクの農民は、境界の彼方のバイエルンの農民が暴風雨を防ぐ鐘を鳴らしつづけ、嵐を自分たちの方へ送っているために被害をうけているといってザルツブルク当局に抗議したのである。ザルツブルク当局はバイエルン政府に抗議を申し送ったところ、バイエルン政府はそんな些事のためにザルツブルク当局と事をかまえるつもりはなく、鐘を鳴らさないよう命じたのである。しかしバイエルンの農民は鳴らしつづけた。塔が閉鎖されると農民たちは怒って塔にのぼり、力いっぱい鐘を叩いたので多くの鐘がこわれてしまったという。嵐のときに鐘を鳴らすことはすでにカール大帝が禁じようとしたのだが、十八世紀にいたるまでつづけられた。ミュンヘンのある学者によると、三十三年間に三百八十六の教会の塔で嵐の時に鐘を鳴らしていた者百三人が雷に打たれて死亡したという。鐘をたたくことによる被害の方が多かったのである。いうまでもなく死んだのは鐘つき男であるが、鐘つき男には中世以来、聖堂世話人、夜警、塔守、捕吏、裁判所吏員、フロンボーテ、刑吏などがなった。いわば最下層の賤民によって鐘が鳴らされていたのである。村においてもフーフェ農民が鐘をつくことはなく、下層民の仕事とされていた。彼らには鐘つき代として穀物が支給されたから（Läut-od. Glockengarben, Hörnkorn）、希望者は少なくなかった。村や町の重要な信号の体系を担う鐘を最下層の賤民がついたという点に中・近世における人と人との関係の特異さがあり、私たちの関心をよび起すのである。

鐘をついた人たちばかりでなく、鐘を鋳造した人たちにも私たちは心をひかれる。ドイツでもっとも古い鐘鋳造技術は、十世紀のベネディクト会士テオフィリウスの『諸技芸教程』Schedula diversarum artium にあり、その技術によってつくられた鐘は今もドイツに十五点ほどのこっているといわれる。中世における鋳造の中心はフルダ、エルフルト、ザンクト・ガレン、ライヒェナウ、ザルツブルクなどにあり、はじめは修道院が鐘鋳造の特許状をもっていたが、やがて俗人の手に移ってゆく。いうまでもなく初期の鐘鋳造職人は遍歴職人であって定住してはいなかった。注文を受けると出かけていって現場で鐘を鋳造したのだが、他に教会用の聖杯、洗礼盤、墓碑、燭台など青銅その他の金属製品もつくっていた。遍歴していた初期の鐘鋳造職人は魔力をもつ鐘を鋳造する人間として畏怖されていた。しかし十五世紀になって大砲鋳造がはじまると、鐘鋳造職人以外にこのような大きな物を鋳造することができる職人はいなかったので、鐘鋳造職人が大砲をも鋳造するようになり、それ以後鐘鋳造職人の社会的地位は急速に上昇していった。と同時に鐘鋳造技術も頂点に達し、エルフルトのマリア・グロリオーサ（一四九七年）、ユトレヒトのサルヴアトール（一五〇五年）などの大鐘も鋳造されるようになった。職人たちは定住し、家族労働によって鐘を鋳造し、アントワープのヴォウ、ヴェネチアのカンバナート、アーヘンのファン・トリール、フライブルクのヒルガーなどの著名な鐘鋳造職人の家系が生れた。これはまったく皮肉なことであった。何故なら三十年戦争やフランス革命において、鐘鋳造職人がつくった大砲が鐘を砲撃して破壊したからである。

第一次大戦においてもドイツの教会の鐘は「出征した」。人びとは今でも鐘の供出を「出征」と呼ぶのである。このときドイツ全国から六、七万点の鐘が供出され、年代の新しい順からABCのランクをつけられた。Aの鐘は一八六〇年以後に鋳造されたもので、まっさきに溶かされて弾丸となった。全体で二万二千トンの鐘が溶かされ、六、七万点のうち二百五十点だけしかのこされなかったのである。

第二次大戦中、ドイツの鐘は爆撃によって破壊されただけでなく、またもや出征を余儀なくされた。千百九十三カ所の市参事会堂や塔から、四万二千五百八十三点の鐘が供出された。ドイツの鐘ばかりではない。ナチスはドイツ占領下の諸国からも三万三千〜三万六千点の鐘を没収した。ヨーロッパ全体で、第二次大戦中に八万点の鐘が溶かされたり破壊されたのである。ドイツでのこったのは一万二千百九十四点の教会の鐘と三百五十七点の世俗の鐘のみであった。

鐘の鋳造は中世から近代にいたるまで地下で行われる。鋳造師の精魂こめた作品は地中で固まり、冷やされてから青空高くそびえる塔の上に吊され、生者と死者に呼びかけるのである。古来鐘にはさまざまな碑文が彫られていた。「ああ栄光の王、キリストよ、平和のもとに来らんことを」O rex glorie Christi veni cum pace という碑文が多くの鐘に彫られていた。鐘は鋳造されたとき「洗礼」をうけ、グロリオーサとかオサンナといった洗礼名をつけられた。鐘の出生の時の儀式は人間と同じであった。鐘が「出征」するときも人びとは鐘に酒をふるまい、リボンや花環をいっぱいつけて涙ながらに見送ったのである。第二次大戦中に供出された鐘が集められたハンブルクの鐘の墓場には、戦後に多くの町や村の代表が訪れ、自分たちの鐘を探そうとした。占領下にあったため返還は容易ではなかったが、たゆまず努力した甲斐があって、雨ざらしになっていた鐘は少しずつ郷里に戻された。ひびが入っていたために溶かして再鋳造しなければならなかったものが大部分であったが、なかには無事に帰郷し、古来の音を響かせた鐘もあった。今でもハンブルク・アルトナの市参事会堂には「鐘の博物館」があり、このとき鐘の墓場に集められた鐘のリストがあたかも過去帳のようにおかれている。鐘を失った村や町はおりからの朝鮮戦争で騰貴した銅や錫をグラム単位で買いこんで、いつ完成するかもわからない鐘を新たに鋳造する用意をしていた。

世俗における役割を失った鐘は今でも教会の塔を通して人と人との関係のひとつの絆としての意味をもちつづけているのである。

カテドラルの世界

ヨーロッパの町を旅した人なら誰でもロマネスクやゴシック建築の天を摩する偉容に目を奪われたであろう。ときには大伽藍の尖塔から響きわたる鐘の交響楽につつまれて日本とは異質な空間にいる自分を発見し、異国の旅の実感をあらたにするかもしれない。そこで旅の案内書や歴史書を繙いてみるとロマネスク建築の「交叉穹窿」からゴシック建築の「オジーヴ穹窿」への発展について、あるいはサン・ドゥニ修道院長シュジェール(一一二二~五二在位)とカペー王権との関係や『ディオニシウス・アレオパギタ偽書』による「真理の光」についての教説とサン・ドゥニ修道院の採光との関係などについて多くの知識を得ることができるだろう。わが国の西洋史学にはこの分野でも堀米庸三、森洋氏らの先駆的業績がある。

しかしながら私たちの旅はただの観光のためではない。旅は異郷に身を委ねておのれの真の姿をみるために行なわれるのである。私たちがヨーロッパを訪れるのは自分とは一体どのような存在なのかという一個人の問題を根底に抱きながら、日本人とは何かを知るためであり、このためにこそヨーロッパの人びとの生活の軌跡をまず問わねばならないのである。現在世界中の人びとは公的にはほとんど同じ空間と時間の構造のなかで生きている。その空間意識と時間意識はどこよりもまずヨーロッパにおいて、それも産業革命よりもはるか以前の十一、二世紀にすでにはじまっていた空間革命と時間意識の変化のなかで生み出されたものなのである。このような観点にたってヨーロッパの歴史をふり返り、ヨーロッパとはどのような存在なのかという大きな問題をたてたとき、超越的な答を出しても何の意味もないだろう。すでにヨーロッパ論も日本人論も多く出されている。何らかの具体的な意味をもちうる形でこの問題に答を出そうとするなら、私たち一人一人の心や行動に直接かかわって出処進退を定めるようせまってくるような視角から日本人論やヨーロッパ論を提起しなければならないだろう。

私は人間と人間の関係のあり方の違いがそれぞれの文化の根源にあって、その文化の特徴を生み出していると考えている。そして人間と人間の関係のあり方はモノを媒介とする関係と目に見えない絆によって結ばれた関係からなりたっており、この二つの関係の違いが各文化圏の人間関係の違いを生み、それぞれの文化の特徴をかたちづくり、ときには相互の理解を妨げる原因ともなっている。ところで人間と人間の関係を媒介するモノには土地や食物、家屋、道具など無数の種類があるが抽象的な議論をさけるために、具体的なモノに絞って考察する方がよいだろう。たとえばヨーロッパ中世・近代を通じて最大の建造

マリア・ラーハ修道院

物といってよいカテドラルも、まさにそのようなモノとして格好な素材となるであろう。つまりロマネスクやゴシックの教会建築もその背後にあってそれを必要とし、支えていた人びとの関係の表現として建設されたものだからである。そこに働いていた関係のあり方を理解するためには一筋縄ではいかない手続きが必要であるが、ひとたび探究の緒についたとき私たちは意外なことに日本人にも親しいモノをめぐる関係と共通な要素が、ヨーロッパ中世社会の深層に広がっていることに気付くだろう。

＊

ひとくちに教会建築といっても様式その他さまざまであり、たとえば建築技術の面ではギュンター・ビンディングは、①八〇〇年から一〇八〇年にいたるカロリング朝＝オットー朝＝初期ザリエル朝時代、つまりカールの戴冠からハインリッヒ四世の戴冠までの時代のアーヘンの大聖堂やシュパイエルの大聖堂など。②一〇八〇年から一一九〇年まで。後期ザリエル朝＝初期シュタウファー朝時代。ハインリッヒ四世からフリードリッヒ・バルバロッサの死までのヴォルムス大聖堂など。③十二世紀末から十六世紀までのゴシック時代、に区分している。細かな点では研究者によって違いがあるが、全ヨーロッパ的にみて十一世紀から十五世紀あたりまでが教会建築の全盛時代であったと大まかにいうことができるであろう。もちろんそれ以後に建てられた教会も少なくないが、現存する大聖堂のほとんどは十一世紀から十五世紀の間に建てられているといってよいだろう。

天を摩する大伽藍は初期にはさまざまな色彩が施されていたといわれ、青空にそれらがそびえ立つ様を想像するとき私たちの関心は強くそそられるのだが、周辺に広がる掘立小屋同然の農村風景を思い描くとき、一体どのような必要があって、またどのような社会的並びに財政的基盤のうえで、数十年あるいは数世紀にも及ぶ大工事が可能となったのかを問わずにはいられなくなる。このような素朴な問を抱いて私たちは大聖堂を生んだ中世中期と後期という時代に入ってゆくことにしよう。探索の道はまずこの時代の人びとの生活様式とその変化について何がしかの展望を得ることから始めなければならない。

十一世紀から十五世紀末までは通常中世中期から中世後期に区分されている。この時代は十世紀以前の社会と十六世紀以後の社会とどのような点で異なっていたのだろうか。いうまでもなく、古い司教都市を除けば現存するヨーロッパの都市もほとんどが同じく十一世紀から十五世紀の間に成立しているのである。中世ヨーロッパは都市文化の時代といってもよいから、この時代に中世ヨーロッパの基本的特徴が生み出されていたことになる。

この頃に時間意識と空間意識の大きな変革があった。したがって近代ヨーロッパの骨格がこの時代にすでにつくられていたということもできる。とすると十一世紀から十五世紀までの時代はヨーロッパ史のなかだけでなく世界史的にみても容易ならない問題を孕んでいた時代であったことになる。

＊

中世中・後期ヨーロッパが内包していた大きな問題に接近する道はいろいろあるがまず富と労働についての基本的な考え方の変化からみてゆきたい。アーロン・グレビッチがいっているように「どのような社会でもその世界のモデルを構成するものは私的所有、富と労働に関する構想だから」である。まさに私たちが扱おうとする時代は富と労働について十世紀以前とも十六世紀以後とも本質的に異なった考え方をもっていた。まず十世紀以前における富と労働に関する考え方を概観しておこう。

この点で初期中世社会はやや複雑である。何故なら地中海沿岸、とくにローマ帝国と北辺のゲルマン諸部族との二つの相異なる世界の緊張関係のなかにあったからである。古代ローマにおいて労働が賤視され、市民の本質的特徴が戦士であったことはよく知られている。シジフォスの神話に示されているように労働は苦役であり、奴隷の仕事であった。富は戦士たる市民を支え、スポーツや演劇などを楽しむための前提であり、それ自体当然の価値をもつものであった。しかるに中世においてはキリスト教の倫理が社会教説をも支配し、富と労働について古代とは全く異なった考え方が生まれてくる。マタイ伝の一九―二四「また、あなたがたに言うが、富んでいる者が神の国にはいるよりは、らくだが針の穴を通る方がもっとやさしい」はまさに富に関して中世全体を貫く基本的観念であった。つまりグレビッチがいうように、中世においては富は死後における霊の救いとの関係においてのみ評価され、常に否定的な位置づけがなされている。

これまでの歴史学においてはおよそ以上のように略述されうる基本的な考え方にたって中世社会をキリスト教社会としてとらえ、大聖堂の建立も神をたたえるために行なわれたと理解されている。彼岸における救いを確保するために富める者はもてる財産を教会に寄進し、こうして多くの財産が集められる。それらを財源として大聖堂が建立されたと説明されてきたのである。この説明それ自体には何の誤りもない。しかし中世に生きる国王や貴族、聖職者、農民らの心性の底を流れるもうひとつの潮流にまで探索の針が届いていないうらみがのこる。

何故ならキリスト教の伝道は長い目でみれば古ゲルマン諸部族における人とモノとの関係と目に見えない絆で結ばれた人と人との関係を決定的に変えていったが、その結果がはっきり定着するのは階層によっても差があるが十六世紀以降なのである。中世中期の段階ではキリスト教の外被の下で古いゲルマン的な人間関係が国王、騎士、そして聖職者のなかでさえも脈々と生きつづけていたからである。たとえばカロリングの諸王をみよう。カール大帝をはじめとして彼らの権威は、G・デュビーやA・グレビッチがいうように絶えざる戦争に基づいていた。カールの生涯の足跡を辿った人はあまりにも広い行動範囲に驚くであろう。休みない遠征が彼の生涯を貫いていた。カールの先祖も春になって若草が萌え始める頃完全武装した縁者や友人、家臣らを引き連れて遠征に出かけ、秋には本拠地に戻り、戦利品を惜しげもなく家臣に分配したのである。これらの戦は帝国の範囲を拡大するためであると同時に戦利品を得るためでもあった。ゲルマン諸部族の首長たちも全く同様な生活を送っていたことをタキトゥスの記録や『エッダ』『サガ』などは伝えている。遠征から戻った首長は大宴会を催して戦利品を分け与えた。惜しげもなく戦利品を分け与える能力こそ首長の権威を高め、多くの部下を引き付けたのである。王は金銀宝石などの富を身辺にも集めたが、それは王の偉大な勇敢さを示すものであった。戦でかちとられた富は王としての社会的な承認のしるしでもあった。

ところがA・グレビッチがいうようにゲルマン人の間には他方で貨幣や宝物を地中や湿地帯に埋め、ときには海に沈める習慣があった。現在でもしばしば北欧で発掘される大量のササン朝、ビザンツなどの貨幣は、当時貨幣経済が北欧で展開していたためというよりは、彼らの富と死の関係の意識をより明瞭に示すものといえる。黄金や宝石などの富を所有していることはその人間の能力と幸運のあらわれであり、その財産には所有者の幸運が体現されている。したがって地中などに隠された宝が他の人の手に渡らない限り、持主の幸運は本人から離れてゆかないことになる。グレビッチはこのように解釈しているが、この点については死の国に赴くときの贈与と考えることもできるだろう。いずれにしてもそこにはキリスト教の説く観念とは全くあいいれない考え方があった。

*

この頃の人びとはいわば深い霧のなかで生きていたようなものであった。病気や死だけでなく、嵐や不作などの自然現象も当時の人びとには理解不可能な暗闇の世界から突如として襲ってくる出来事なのであった。こうした事態に対しては供物（贈与）をささげ、神の怒りを鎮めるしか方法はなかったし、その際には供犠の形式が大変重んじられていた。初期中世の王はいわばそれらの供犠をとり行なう特殊な能力をそなえた存在であった。民衆の幸運は王のとりなしにかかっていた。フリッツ・ケルンがいうように王はその力を出自という点でも神からえていたのである。

七世紀にフランクの王がローマ教会から塗油の儀式をうけたことはこの面での王の機能にひとつの転機をもたらした。王は教会によっても平和と正義を守る者として認められたのである。こうして王は教会の支援をうけながらもあくまでもゲルマン諸部族の血をひき、惜しげもなく臣下に物を配り、金銀や宝石によって自己を飾り、自らの地位を確保していた。しかし塗油の儀式によって王はゲルマンの神々ではなく、新しいキリスト教の神に対して神の怒りを鎮めるための贈物をし、民衆の平和を祈らねばならなかった。王は自ら地上のキリストと称し、神から世界の支配者であることを承認された存在として地上における聖なる場所・教会も王の保護下においた。だから九世紀から十世紀までの教会建設の主体は王であり、これは古ゲルマンの世界における贈与慣行が塗油によって転換された結果生じた事態なのである。つまり王は戦利品や多くの財宝を家臣に配るだけでなく、教会建設を通して神に献じ、それによって人民の代りに神へのとりなしを行なったのである。そのうえ教会は神の居所として構築され、王の墓所でもあったから、教会の建築は王の社会的権威を確立するシンボルとしての意味ももっていた。教会の前に市が開かれることが多かったから教会はその面でも王の収入源になりえたのである。教会は伝道のなかでゲルマン人の財宝を地中に埋める習慣をやめさせ、それを教会に寄進させようとしていた。このような転換をもたらした理論的背景は新約聖書にあった。

*

どこの世界でも人と人との関係は贈物の交換によって表現されていた。わが国では現在でも贈答の慣習が強くのこっていることは周知の通りである。贈物それ自体には贈る人の人格がこめられているから、それを受け取ってお返しをしないということは相手を無視し、蔑視したことになり、ときには争いや自身の不幸の原因ともなると考えられていた。L・K・リトルという学者は十一世紀以前のヨーロッパ社会をこれまでの経済史学が自然経済、自給自足経済の段階としてとらえてきた見方を批判し、十一、二世紀以降を利潤を目的とする経済の段階とみるならばそれ以前は贈与経済の時代であったといっている。しかし贈与は単に財産や動産や不動産などの経済的に意味のある物の交換であっただけでなく、饗宴、軍事奉仕、婦女子、祭礼なども交換され、贈与慣行は「宗教、法、道徳、政治、経済の全制度を包含する全体的社会現象」（M・モース）だったのである。ゲルマン民族の社会がこのような贈与慣行によって結合されていたことは、すでにわが国では久保正幡氏、最近では前述のリトルやソヴィエトのグレビッチ、フランスのデュビーなどの研究でも明らかにされつつある。イエスが生きていた頃のユダヤ社会も贈与慣行によって結ばれていたと考えられる。そこでイエスは次のように言っているのである。

「またイエスは自分を招いた人に言われた。〝午餐または晩餐の席を設ける場合には、友人、兄弟、親族、金持の隣り人などは呼ばぬがよい。恐らく彼らもあなたを招きかえし、それであなたは返礼を受けることになるから。むしろ宴会を催す場合には、貧乏人、不具者、足なえ、盲人などを招くがよい。そうすれば、彼らは返礼できないから、あなたはさいわいになるであろう。正しい人々の復活の際には、あなたは報いられるであろう〟」（ルカ伝一四章一二～一四）。ここではユダヤ社会に一般的であった贈与慣行をふまえながら、イエスは彼岸に至る思想を理解させようとしているのであり、十一世紀の王も文字通り貧者を保護し、その避難所となる聖所として大聖堂を建立したのである。「地上の財を寄進する者には神の恩寵を得る道が開かれ、神の宥しがえられる」という考え方は、古来の贈与の慣習をキリスト教がとりこんだ結果うまれたものなのであり、デュビーもグレビッチもキリスト教会のなかに古い贈与の慣行が入りこんだことを認めている。十一世紀においてなお王は民衆の病気を治し収穫を増加させる力をもっていると信じられており、ハインリッヒ四世がトスカナ地方を通ったとき、破門された王の傍に農民が近寄って衣服に手を触れ、収穫の増加を祈ったといわれている。十一世紀においてなお民衆の意識のなかの王のイメージはそのような特徴を保っていたのである。教会は塗油の儀式によってこの王の役割を転換し、民衆に対しては伝道を進めるなかで死者への贈与としてあるいは自己の幸運を保障するものとして財宝を埋める慣習をやめさせ、教会に寄進させた。それは神への贈与であり、返礼は現世では目にみえない聖職者の祈りによって天国で与えられると説いたのである。王が建設する大聖堂はかつてゲルマンの王が家臣に惜しげもなく分配した財宝の変型であり、王が民衆や貧民のために神へ贈物を捧げる形となったと同時に大聖堂はかつて王の身辺を飾った財宝と同じく王の権威を高めるうえで比類のないモニュメントとなったのである。

これはいわば世界中に普遍的にみられる贈与慣行を転換したひとつの特殊なケースであ

った。このような転換はある程度はどの宗教にもみられるものであり、この転換によって多くの宗教において大寺院が建立されている。しかしながらヨーロッパにおいては王だけでなく、騎士たちや聖職者、そして十二世紀以降は市民も大聖堂を建立するようになる。そして日常生活の次元では今日のわが国でお中元、お歳暮、お土産、何かの援助に対するお礼、等々の形で残存している贈答の慣習は中世以降クリスマスと誕生日、復活祭以外には日常的には行なわれなくなってゆくのである。かつてゲルマンの首長は冬を送り、春を迎える祭りを盛大に催したが、これはカーニバルとして今ではカトリック地域でのみ残存しているにすぎない。無礼講の大宴会は十、十一世紀以降小規模な形でしか行なわれなくなるのである。このような変化をもたらした原因は一体何か。この問題に答えるためにはゲルマン民族の贈与慣行をキリスト教の外被のもとで体現していた王や貴族=騎士たちから離れて、十一、二世紀に成長しつつあった都市に目を向けなければならない。

*

一一三〇年以前における西欧文化の中心は国王を後楯とした修道院にあったが、以後はカテドラルが文化の中心として登場してくる。カテドラルとは厳密にいえば司教の教会をさしているから当然都市の教会である。十二世紀に花開くカテドラル芸術は何よりもまず都市文化の成立を前提としていたといえよう。すでにみたようにヨーロッパの都市のほとんどは十一、二世紀から十五世紀の間に建設されている。一体どのような事情がこのような稀有な事態を生んだのだろうか。この問題についてもすでに商業の復活に都市成立の起源を求めるピレンヌの説など多くの研究者の見解が出されている。それらのさまざまな学説のすべてに共通している点は都市成立の背景に農業技術の大きな進歩をみる考え方である。

セーヌ河とライン河にはさまれた地帯ではじまった三圃農法は、原理的には収量が五割増となるほどの大きな成果をもたらした。種子を一粒蒔いて四粒収穫があれば大豊作といわれた時代に収量が五割増になったのだから、その及ぼした波及効果は非常に大きなものであった。まず注目されるのは人口の急速な増加である。十一世紀にはヨーロッパのいたるところで大開墾が進み、新しい村が成立している。十二、三世紀になると東ドイツ植民もはじまり、バルト海沿岸にも新しい町や村が生まれていった。ヴァイキング、サラセン、マジャールとあいつぐ外敵の侵入に悩まされていたヨーロッパは十一世紀になってようやく外敵の脅威から解放された。九五〇年以後ヨーロッパの修道院でこれらの外敵の襲撃を受けたところはない。かつては森に煙が上ると外敵による焼打ちのしるしとみられていたが、十一世紀以後は開墾村が生まれているしるしとなった（デュビー）。三圃農法による収穫の増加と春蒔きの豆類の普及によるレグミン蛋白の摂取によって急速に増加した人口のはけ口は新しい村や植民に向けられてゆくと同時に、各地に成立した都市にも吸収されていった。

＊

新しく成立した都市は商人と手工業職人を主たる住民とする生活空間として発展していった。ところで商業と手工業はヨーロッパでも抵抗なく順調に発達したわけではなかった。中世のキリスト教は労働についても富のばあいと同様に古代とは異なった、しかも首尾一貫しない態度をとりつづけていた。

楽園追放以後アダムとイヴも額に汗して働かなければならなかったという創世記の記述に基づいて、労働を罰としてとらえる視角は中世を通じて生きつづけていた。他方で牧畜社会から農耕社会へと移行が進むにつれヨーロッパにおける農業の比重が徐々に高まり、王侯貴族の生活空間を飾る装飾品をつくる匠たちの増加と相まって労働が社会にとって必要なものであることも当然認識されていた。こうした状況のなかで神学者はこの矛盾を打開するために、労働の目的に基準を求め、地上の富を蓄

教会建築を指示するオッファ王（1300年頃）

積する労働は否定しつつも、天国に到るための必然的な過程としての教育的手段としてはある種の労働は認めざるをえなかったのである。もとよりすべての労働が認められたわけではなく、農業が最上位におかれていたが、商業についてはすでにみたように聖書に基づいて一貫して評価は極めて低く、商人は蔑視の対象となっていた。

商人に対する蔑視はこのようにキリスト教倫理に基づくものと従来理解されてきた。その影響はたしかに大きいが商人に対する蔑視の深層には贈与慣行から貨幣経済への移行の際の心理的軋轢《あつれき》も大きな比重を占めていたと私は考えている。贈与慣行の支配する社会においては贈答は身分を決定する重要な役割を占めていた。贈物を貰ったら必ず相当の価値の物を返さなければ対等の人間関係は結べない。いいかえれば贈物をするということはその物をあげることに目的があるのではなく、相手の人格に目的がある。貴方とつきあいたい、という希望の表明なのである。それに対しては同様の答えがなされねばならない。ときには相手にお返しの能力がないことを知っていながら高価な品を贈り、それによって相手を人格的に劣位に追い込み、何らかの奉仕によって報いるしかない状態におくばあいもある。国王ですら家臣に贈るべき何物もなくなり、騎馬で戦えなくなったときには家臣を失った。モノには贈る人間の人格が刻みこまれていると考えられていたからである。このような贈与慣行はキリスト教の教義という外被をかぶった騎士道のなかにも脈々として生きつづけ、デュビーが巧みに説いているように、豪華な宴会、収支のバランスなどにおかまいなしに家臣に振舞う騎士の例は中世末まで枚挙に暇がないほどである。王侯の近くに侍《はべ》る詩人たちも贈物に対する返礼として王侯を讃える歌を唱った。言葉のなかには力があり、讃歌は捧げられた者に真の価値を付与すると考えられていたからである。

このような社会に地中海世界から商人が入ってきた。すでにユダヤ人は早い時期からヨーロッパ内陸部へ入りこんでいたが、十一世紀には十字軍における騎士の債務の取立てのためにイタリア商人もアルプス以北にまでやってきた。ユダヤ人やロンバルディア人は異邦人であったが、十一、二世紀に北ヨーロッパで成立した都市では土着の人間が商人として登場したのである。贈与慣行の世界に生きていた人びとにとって、人格的な触れあいを求めず、ただ物のみの交換に終始するこれらの商人とは、はじめ対等な人間関係を結ぶことができなかったのは当然のことである。

＊

しかし十一世紀にはじまるヨーロッパ社会の構造転換はこの面でも大きな変化をみせている。商業は当時富を蓄積する最も強力な手段であったから、商人はまたたく間に巨大な富を集積するようになった。富はこの時点においては主として貨幣として蓄積されたから、それ以前の富とは全く異質なものであった。十世紀以前の領主の欲望には限界があった。グレビッチがいうようにひとつやふたつあるいはそれ以上城を欲しいとは思っても、五百の城を欲しいとは考えもしなかったであろう。ところが貨幣に対する欲望は無限でありうるのである。しかもたとえ五百の城をもてたとしても五百の城をもっていることは誰の目にも明らかであるから、当然それだけの富に見合う再分配を人民に対してしなければ支配者としての権威を保つことはできなかったであろう。ところが貨幣は蓄積されてもたかだかいくつかの箱におさまり、他人の目には見えない。こうした事情から人びとの不満は高利をとるユダヤ人や富を蓄積してゆく商人に向けられてゆくのだが、それは富を蓄えた人に対する妬みというよりは富は本来再分配さるべきものだったからなのである。キリスト教の富と労働についての観念はこうした民衆の心性の奥底に潜む感情に理論的な武器を与えたことになる。十一、二世紀以降ヴァルド派やカタリ派などの異端運動が発生してくる根はここにもあったのである。しかし富を蓄積した商人自身心の内奥で良心の呵責に耐えかねていた。彼らは多額の寄進を教会や貧民に行ない、心の傷を癒し、社会的な承認を得ようとしていた。教会もそれを奨励しすでに八世紀のリウトプランド王法において、与えられた贈与に対して返礼をしないばあいは贈与行為自体が成立しないことを明文化しながらも、教会や聖所、あるいは巡礼宿坊に対し自分の霊魂の救いのために贈与したばあいにはお返しがなくても贈与行為は確固不動のものとして成立するとみなし、教会はこれらの多額の贈与に対しては寄進者の霊のために祈り、その贈与物は貧民に施すという建前のもとで商人が蓄積した富を天と貧民とに再分配する要の役割を引き受けたのである。

商業の発達とともに、お返しのいらない贈与によって教会はますます豊かになっていった。貧民に対する教会の援助はシンボリックな形で行なわれたにすぎず、教会は実質的には貧民や乞食をなくそうなどと考えたことはただの一度もなかったからである。その他に十一世紀には彗星の接近や自然の不可思議な現象が人びとの心を揺るがせ、十字軍に頂点を迎えることになる多くの人びとの巡礼行がはじまっていた。巡礼とは自分の家や妻子、職業や富をすてて生命の危険を冒して聖地に旅に出ることを意味している。自分を投げすてるというこれほど大きな神に対する贈与はない。聖者の遺骨が納められている墓地には多くの信者がおしよせ、彼らが落とす金は莫大な額にのぼっていた。こうして巡礼地は大きな市場として発展することもあった。カテドラル建設のために聖者の遺骨を探し出し、それによって信者を集めその喜捨を建設資金にあてることを目論む者もいた。他方で巡礼行にはやがて物見遊山的な性格をおびる傾向も出てくることになる。その他教会は罪の宥しを与える贖宥の制度をも十一世紀に考え出した。これは教会や橋の建設などに寄進した者に現世の罪の償いを免除する制度で司教が与えることができた。こうしてカテドラル建設の費用は土地領主でもあった司教領の住民自身の負担の他にこれらのさまざまな寄進によってまかなわれていたのである。

＊

はね橋のある城風景（1405年）

人と人との関係のあり方を古来長期にわたって規定してきた贈与慣行が売買による関係に転化してゆく際の人びとの心の葛藤の隙間に極めて巧みに仲介者として登場した教会がカテドラル建設の費用を調達しえたのはこうした背景があったからなのである。十二、三世紀になると都市内部にもさまざまな形で商人や手工業者から寄進がよせられる。これらの建設や像が今日のヨーロッパの都市の景観をつくりあげている。十六世紀初頭にマルティン・ルターが、贖宥符（免罪符）批判を行ない、現世における善行つまり貧民や教会への喜捨・寄進などの行為は天国における救いを約束するものではない、とはっきり断言し、カトリック教会の財源に打撃を与えたとき、ヨーロッパにおける古代的な贈与慣行は少なくともプロテスタント地域では原理的には払拭された。ルターの贖宥符批判によって中世のなかに浸透していた古代が終末を迎えたのである。

そして十一世紀からルターの登場までが大教会建築の最盛期であった。この時期にこれらの大きな転換と並んでヨーロッパの人びとの時間意識も古代的な円環的、回帰的時間意識から、直線的な時間意識へと転換してゆく。新しい時間は都市の市参事会堂にすえつけられた大時計によって市民に示され、「神の時間」に対していわゆる「商人の時間」が生まれた。商人にとっては利益の計算、賃銀の支払い、契約の期間など時間は細分化を必要としていたから、それにこたえて中世後期に従来の日時計、水時計、砂時計にかわってはじめて歯車時計が出現し、以後現在にいたるまで自然のリズムとは異なった歯車時計のリズムがヨーロッパから全世界へと普及し、近代文明の基礎をつくることになった。近代的時間意識はこの頃にはじめて形成されたのである。かつて「空間の真の秩序は天国にあり、時間の真の秩序は永遠におかれていた」(デュビー)が、今や空間も時間も具体的で計量可能な尺度によって計られるようになり、人間と人間の関係に貨幣と分秒単位の時間という普遍的な座標軸がおかれることになった。その座標軸のなかで現在の私たちも生きているのである。これらの大きな変化がまさにヨーロッパの中世中・後期の社会において生まれていたのであり、そのときの緊張を今に伝えるものとしてカテドラルが聳えているのである。

III　歴史学を支えるもの

扉の絵は、街道の忘れられた主人公（一五七七年）

ひとつの言葉——その背後にある歴史

外国語を日本語に訳すばあい、もとの意味にぴったり合致する訳語がみつからなくて困ることが多い。日本語の表現が多彩できめこまかであるためもあるが、その言葉に表現される行為のあり方が彼我で全く異なっているばあいもある。そういうばあい、翻訳の困難は同時に外国理解の困難であり、更に自分たち日本人の行いの意味についてあらためて考え直す機会となることもしばしばである。

そのようなひとつの例としてドイツ語のシュティフトゥング Stiftung という言葉をみよう。独和辞典では、設立、建立、喜捨、慈善施設、基金、財団などと訳されており、それぞれもとの意味を部分的には伝えているが、一語でぴったり対応する言葉は日本語にはみつからない。

この言葉は本来特定の宗教的な目的のために寄進された律院・シュティフトを建設するという意味のシュティフテンという動詞から来ているのだが、やがて教会に燈明を寄進したり、図書館に本を寄付したりする場合にも使われるようになり、一般化して組織の創立や寄付金に基づく財団をも意味するようになったらしい。

中世においては、この言葉はしばしば貧民に喜捨する際に使われているが、この喜捨のあり方は我国のそれとは大変異なっているように思える。中世都市の財産家は遺言であらかじめ自分の死後に一定額の金を貧民に遺し、毎年命日に全市の貧民にパンなどを配布するよう定めていることが多い。そのような行為がシュティフテンなのだが、この喜捨は以後、行事となり長い間続けられる。

ハインペル教授の伝えている例によると一一一一年八月七日にハインリッヒ五世は自分が退位を迫って迫害した結果死去した父四世のために回向し、シュパイエル市民の貢納を免除した。市民たちはそれに感謝して死せる皇帝に永遠の現在を与え、貧民にパンを配ったという。この行事は十八世紀にいたるまでつづけられていた。一一一一年八月七日の出来事はほんの一瞬にすぎないが、それ以後毎年、市民が手にローソクと貧者のためのパンをもって教会に集う行事はまさに歴史となり、数百年もつづけられた。

シュティフテンとは、いうならば有限の時を生きるしかない個人が自分の有限の生命を通して時代を越えて他者とかかわる絆を創り出す行為なのである。だから日本語の慈善という感じとはかなり異なっている。同じく貧民救済には違いないのだが、喜捨する者が直接に貧民に配るのではない。自分の死後に行事として行われることを望むのである。喜捨という行為は施主の魂の救いのためになされるのであって、貧民は命日にパン一片を受け取り施主の霊のために祈る。こうして貧民はなんの卑下するところなく施主と対等の立場で喜捨に与るのである。

本来このような姿で生まれた喜捨・シュティフトゥングという行為は、やがて宗教改革ののち都市や国家が教会に代わって貧民救済にのりだすようになっても言葉としては残っていった。都市や国家は貧民に金や物を提供する。しかし、その際のシュティフテンという言葉には「面倒をみてやる」といった思いあがった感じは全くなく、都市や国家自身が住民全体の魂の救いのために醵金するという語感が残るのである。

それは学術財団のばあいも同様であり、アレクサンダー・フォン・フンボルト財団は毎年、世界中から多くの研究者を招聘しているが、これは後進国の感情をやわらげるために金を出すというさもしい配慮からではなく、人類の学問水準の向上のためにドイツが富者の義務として醵金している、というふうにみえる。

こうして西欧においては組織や国家も有限の時のなかに生きている個々の人間の行為から創出（シュティフテン）されたものとして理解されることになる。国家や組織がともすれば自然的なものとうけとられがちな日本との差がこの言葉にもみられる。

喜捨には様々なものがあり、ドイツの中世には金やパン・衣類の他に公衆浴場に貧民を週一回入浴させるための料金を遺言で遺すという喜捨もあった。十九世紀までこのような習慣はミュンヘンなどにものこっていた。一四四一年にはある人は修道尼院の尼僧たちに入浴後にビールを一杯ずつ与えるという遺言をのこしている。心にくい配慮というべきか。どんな場合でも人間は飢えと寒さからは守られねばならない。だから喜捨も食物と薪であることが多かった。十九世紀初頭までフランクフルトの市庁舎のそばには「貧者の穴」と呼ばれる場所があり、そこにはいつも火が燃えていて、貧民はそこで暖をとることができるようになっていた。十九世紀以来そのような貧民はいなくなったというのか、近代都市ではもはやそのような火をみることはできない。

しかし、凍てついた冬の夜、町のなかで一カ所いつまでも火があかあかと燃えていて、心の飢えに悩む者、失意の人々が、そこで黙って暖をとれたとしたらどうだろう、と私は空想する。中世におけるような貧民はもういないかもしれないが、現代の人々は屈託し、互いに不信の目でみあい、人と人とを結ぶ絆を探しあぐねているのだから。

文化の底流にあるもの

最近わが国でも学問や文化をとらえ直そうとする動きが、さまざまな分野でみられる。その動きはこれまでの近代的経験科学の枠を越えて人間の想像力と感性を奔放に解き放つ自由なはばたきのようにも感ぜられ、思わず知らずひきこまれてしまう。しかしそれにもかかわらずそこに何かひとつの頼りなさともどかしさを感ずるのは一体なぜだろうか。

文化をとらえ直すという作業はもとより多方面にわたる努力を必要とするが、論文を書いて新しい分野を切り開いたりすることと並んで、もうひとつの次元の問題が今のところ正面からとりあげられていないためだと思われる。それは一言でいってしまえば学問や文化を担う人間の関係の世界が組上にのせられていないということである。文化や学問をとらえ直そうとする刺激の多くは残念ながら今でもヨーロッパ世界からやってくる。しかしかの地において学問や文化を担う人間相互の関係とわが国におけるそれとの間にはいまだ本質的な違いがある。そしてその違いは現在の知識人がおのれの過去を、そして非知識人の世界をどのようにして意識のなかにとりこんでいるのか、という点における自覚の相違でもある。

ひとつの例をあげよう。今日日本の大学の教員がヨーロッパの大学を訪れたとき、たとえ言葉があまり出来ず、知的な会話を交わせなくとも、先方の教授は「私の同僚（マイン・コレーゲ）」とよびかけ、全く対等に遇するであろう。ときに在外研究員としての教員が観光旅行にあけくれ、土産物あさりに多忙をきわめていても怪訝な顔はしても「同僚」という呼びかけは変わらない。そこには個々の大学や国をも超えた開かれた同業者意識がみられるのである。大学の図書館をみると、ドイツの大学はほぼ例外なく国立大学だから図書館も国立である。図書館は一般市民並びにその大学の教授、学生のほか全世界の大学の教授、学生に全く同じ条件で開かれているのである。

ひるがえってわが国の大学図書館をみると、ごく一部の私立大学図書館が一般市民に開放されているほかは大学図書館は原則として当該大学の教職員、学生に利用を制限しており、他大学の教員も伝手《つて》によるほか利用できない仕組みになっている。

わが国の大学図書館が閉鎖的なのはわが国の学問が外に対して閉鎖的である事実とみあっており、このことは学者の同業者意識すら開かれた姿では形成されていないという人間関係の問題ともからみあっている。

ヨーロッパの学問や文化を築きあげてきたのは本質的にいって市民であり、ヨーロッパ文化は市民文化だといってよいだろう。ところで市民とは本来生業を営む者であり、労働に価値を認めなかった封建的な社会のなかで自分たちの城壁を築き、そのなかでは労働にも尊厳があり、労働そのものの価値が認められる世界をつくったのである。市民は皆商人か手工業者であった。彼らは貴族の団体に対抗して商人を中心として市民の団体をつくり、そのなかでまた職種によって馬具匠、職工、パン屋等々の手工業者が団体をつくった。これがいわゆる同職組合である。同職組合が強制権をもつ組織として確立するとそこで働く市民権をもたない職人たちも組合をつくって親方に対抗した。職人は互いに病気や死亡の際の相互扶助の絆を結んでいた。親方株が制限されていたから職人の多くは自分が生まれた町で親方になれず、仕事を求めて何年もの間数百キロもの遍歴の旅に出たのである。

遍歴職人

遍歴の旅に出た職人は、その日の目的の町につくと同職の職人組合の居酒屋または宿を訪れる。そこでまず身分の証明をしなければならない。文字で書かれた証明書がつくられる以前には一定の型の科白と動作で身分証明をしたのである。最近

Der fremde Zimmergeselle

aus ... hat hier 2 Mk.
für Bestattungsunkosten bezahlt, was hiermit
bescheinigt wird.

..., den ... Mai 19..

Fr. Buchgeselle　Fr. Altgeselle

遍歴職人の埋葬費用支払いの証明書（1910年）

までみられた渡世人の旅烏の仁義を切る場面と似た光景を想像すればよいのだが、ヨーロッパではこの挨拶と身分証明を兼ねた動作は複数の職人によって行われる場合も多かった。すなわち同席した職人が大勢で一定の複雑なステップを踏んで遠来の客をその列に入れ、同職の者であることを確かめたのである。身分が証明されると町の職人に案内されて親方の間をまわって職探しをするのだが、職がない場合遍歴職人はその町の職人組合に対して一夜の宿と飲食物並びに路銀を請求する権利をもっていた。これは組合の名誉にかけて果たさなければならない務めであった。このような連帯の絆をささえとして数多くの遍歴職人が十四、五世紀から十九世紀までヨーロッパの国々をまわって歩いていた。

言葉も全く違い、人種も習慣も違う人間がひとつの職場で働くという慣行がヨーロッパの各地で数百年間続けられていたのである。これらの職人の遍歴についての研究は大変少ない。しかし彼らこそヨーロッパ「文化」の底辺のところにあって異質な風俗や習慣、伝説や言語を媒介し、個性的な地域の特色を豊かに残しながらもそこに全体を貫くひとつの共通の文化の根をつくった存在であったと私は思うのである。

現在のヨーロッパの多くの学者の姓名＝ヴェーバー（職工）、シュミット（鍛冶屋）、ベッカー（パン屋）などが示しているように彼らの多くはこれらの手工業職人の末裔なのであり、近代ヨーロッパの学問世界もこうした人間関係を底流にして形成されてきたのである。典型的な例として石工の同職組合から起こったフリーメーソンの結社をここで考えることが出来よう。知的な職業にたずさわる人間の関係が歴史的にみてこれらの身振りや手振りの世界、物をつくる職人の世界に根差していることは、一面で同業者意識の閉鎖性を打破してゆく知的活動そのものの根の深さを暗示してもいる。かの地における文化の再検討の新しい機運もこうして自らの根を掘り起こそうとする知識人の試みの一環として位置づけるとき、その問題の深さと広さがみてとれよう。

知的探究の喜びとわが国の学問——近代欧州の「協会」に学ぶ

この国においては一流というばあい官と金への近さが基準になることが多い。大学もまた例外ではない。曰く卒業生の官界占有率、曰く一流企業管理職占有率等。こうした状況が大学の内部をも規定するとき、そこで営まれる学問なるものから喜びや夢が消えてしまうことはいうまでもない。大学はそのはじめ官吏、法曹の養成機関として設置されたからそうなる必然性は最初からあったのである。大学へ入学する学生も経済的・社会的な地位の向上を学歴に期待している。

ではそこで営まれているとされる学問も同じことなのだろうか。研究者の目がさいわいにして学問に向けられているばあいでも、そのまな差しの行方は学界のヒエラルヒーであることが多い。このような事態を見聞するとき、私には近代学問の揺籃期、十八、九世紀にヨーロッパの各都市で澎湃として生まれていた各種の協会のあり方が一種の懐しさをもって想い出されるのである。

この頃ヨーロッパの各都市に読書協会、愛国者協会、美術協会、合唱協会、博物館同好協会、歴史協会などのサークルが相次いで設立されていた。土曜日の夕ともなると人々は楽器を携えて集まり、皆で合奏を楽しんだり、あるいは市役所の地下食堂に集まって自分たちの町の歴史を研究し、古文書を起こすグループをつくっていた。十八世紀末にドイツでは読書協会だけでもその数二百七十を越えたという。十九世紀末まで新聞、雑誌の発行部数が大変少なかったから協会が一つの部屋に新聞、雑誌を備え、そこを読後の感想を語り合う場としていたのである。

これらの協会は市民が自ら結成したものであったから、身分や職業に関係なく誰でも入会することが出来たし、退会、解散も自由であった。いうならば協会においては読書と議論、合唱などのそれぞれの目的を追求することがすべてであり、初期には入会しても何の経済的利益もまた社会的上昇の可能性も開かれなかったのである。だからこそ教師、薬屋の主人、肉屋の主人、牧師らの様々な職業の市民がそれぞれ好む協会に集い、夕のひとときを唱ったり、読んだりする趣味に興ずるサークルをつくっていたのである。

とはいえ、そこにはひとつの理念があった。協会員は何よりもまず身分や職業を忘れ、そこで互いに和気藹々と音楽、読書その他を楽しまなければならなかったし、それが同時に自己陶冶へ向かうものと考えられていた。啓蒙思想の影響を直接にうけていたから、趣味を通して、より高い普遍的人間性を実現しようという理想が掲げられていたのである。更にこうした共同の作業を通じて自分たちの町の共益に尽し、福祉に役立てようとしても

詩人ルードヴィッヒ・ティーク（1773-1853）の朗読の場面

いた。そして最後にその趣味自体も客観的な意義をもつところまで高めようという高い志があった。

このような協会が市民の全く自発的な意欲のなかから生まれたことは、いうまでもなくそれまでになかった新しい人間の結びつきを生み出した。十六、七世紀の人々は封建的拘束のなかに縛られていた。家の絆、身分の絆、宗教の絆が彼らの行動を規定していた。宗教改革によって教会の絆が弛み、フランス革命によって身分の絆に最初の一撃が加えられたとき、すべての絆から解き放たれてはじめて自立の孤独を味わった市民たちは、自分の個性の主張である趣味の実現を仲間と共に行う場をつくることによって不安を乗り越え、それを通して新しい人間のあり方を探っていたのである。

これらの協会はもとより専門家ではない民間人によってつくられていた私的な会合であったが、例えば音楽協会（コレギウム・ムジクム）などには、やがて自ら演奏はせず聴くだけという人や専門的な演奏家も入会するようになり、後に公的なコンサートに発展してゆく。バッハがライプチッヒでそうした協会を指揮したことはよく知られている。

また歴史協会も全くの素人の集まりであったが、文書館員の指導をえて、地域文書を編集し、それらは今日でも学問研究に不可欠の重要な史料となっているし、すでに設立以来二百年を越える多くの歴史協会は今でもドイツ地域史研究の重要な拠点となっている。ここでは学び知る喜びが、立派な学問を育てているのである。

貴族や市民といった身分や職業の枠を越えたところで音楽や読書の喜びを共に語り合い、それを通して人間性の変革と世界の変革まで夢みていたこれらの人々の願いは、シラーの詩「喜びによせて」にいかんなく表現されているように私には思える。それを作曲したベートーヴェンの第九交響曲の合唱を聴くたびに、私はドイツ各地の都市で職業や身分を越えて集い、唱っていた多くの人々のサークルにとって、この合唱曲はまさに彼らの願いを高らかに唱いあげた待望の曲だったのではないかと思い、これらの合唱協会の存在こそ、この交響曲成立の社会的背景だったのではないかと想像するのである。

学問をすることが有利な就職や社会的上昇の前提となっているようなところでは、真の喜びにあふれた知的探究は望むべくもない。そうした喜びは今でも自由なサークルのなかにしか生きていないのだろうか。

自由な集いの時代

学問を営む人間同士のふれあいのなかから、歓びと楽しみが消え去ってからすでに久しいような感じがする。今では共に学ぶ歓びや楽しみの記憶すらうすれ、学問の営みや学会の会合も「勤務のうち」として、務められているようにすらみえる。

過日垣間みた学会では、報告のあと質問の順序が、学会における長幼の序にしたがって、あらかじめ割り振られていて、答のわかっている質問がくり返される。型破りな発言でもあると皆、眉をひそめ、異質な人間の闖入を無視しようとする。若い研究者も、このような雰囲気のなかでは質問をする勇気を失ってしまう。また質問の時間も、答の時間もきわめて限られていて、司会者は討議の深まりよりも、いかに予定の時間通りに討論を終わらせられるかに、きゅうきゅうとしているかにみえる。

このような状況だから学会の報告会には出席せず、懇親会にだけ出席するという人も多い。そこでは、少なくとも発言の序列はきまっていないし、何よりも個人的な接触のチャンスがある。大学の教授会には出席しないが、忘年会や歓送迎会には必ず出席する、という人の考え方と同じである。むしろそこでこそ、人事や評定の真実がもれ聞えるからである。

このような光景は、おそらく多かれ少なかれ、どこでも見られるものであろう。心の底から語りたいことは、公の席では述べてはならない。まわりの人々との協調が、真実の解明よりはさしあたりは大切なのだ、という暗黙の了解が、われわれの生活のなかにゆきわたっている。こうした禁欲的態度が、現在の地位を保たせ、それだけでは社会的上昇を保証はしないまでも、少なくとも社会的転落を防いでいる、と考えられている。このような雰囲気が気にくわない人間は、学会には出席せず、「孤高」を保つことになる。しかしそれも若い研究者のばあいには「孤高」というよりは孤立、孤独にすぎず、無視されているというに等しい。

長年の間このような状況を見聞してきた者は、現在の市民社会のなかでは、こうした生き方しかありえないのだ、と諦めがちである。しかし少し視野を広げてみると、このような学問をめぐる人間の関係のあり方が、必ずしも古来からのものではないことが明らかになってくる。私の狭い見聞のなかでも、十八世紀の末から十九世紀の初頭にかけてのドイツの中・小都市や、あるいは第二次大戦直後のわが国における人間関係などには、私たちの希望をつなぎとめてくれる何かがあったように、思えるのである。

ここでは近代的学問と大学が成立する前夜における素人と専門家、庶民と学問の関係について、更に学ぶ人々同士のふれあいの歓びと楽しさについて、十八、九世紀のドイツの状況のなかから、いくつかの事実をよみとってみたいと思う。学問をめぐる人間の関係のあり方こそ、その国の学界のみならず学問のあり方を規定しているからであり、それがひとつの国の学問と文化の根をなしているからでもある。

＊

これまでの史学史や近代学問史は、ほとんど例外なく、学派やそのなかで生まれた著作の内容を対象としていて、それらの著作が可能となった背景や、その読者のことにはほとんど触れていない。いわゆる「学界」に登場する人物と作品しかとりあげられていないのである。しかし、ドイツ歴史学研究のなかに、多少とも足をふみ入れた者は、そこに開かれている世界に目をみはらされ、わが国における歴史研究組織とのあまりの違いに、しばし途方にくれてしまうのである。優秀な学者やすぐれた書物に驚かされるのではない。歴史研究が大学を頂点としながらも、それとは独立して各地の町や村の歴史のなかに、深く根をおろしている民間の組織によって支えられている事実に気付くとき、そこに容易ならない研究の蓄積と厚味を感じさせられるからである。

ドイツのほとんどの町に古文書館があり、そこには長い歴史を誇る「歴史協会」があって、文書館員や民間人が中心となって、郷土の歴史を研究しつづけている。こうした点に

12人兄弟の館（養老院）の書記（1438年）

ついてはすでに別の機会に紹介しているのでここではくり返さない（「ドイツの地域史研究」『地方史の思想と視点』柏書房、参照）。ヨハンネス・ミュラー編の『十九世紀ドイツにおける学術協会と結社』（一八八三～一九一七）という十九世紀の各種協会の網羅的リストの文献目録三巻があるが、そこでは「歴史、前代史協会」だけで百四十一の都市に百九十一以上を数えている。これらの歴史協会で古文書編纂事業が行なわれ、百年以上もつづく郷土史、地域史研究雑誌が刊行されつづけている。歴史協会の中心となる文書館では、大学の教師も学生も民間人も皆机を並べて古文書をよむ。本格的な歴史研究をしようと思えば、大学ではなく文書館を訪ねなければならないのである。ドイツ歴史学の基礎は、まさにこれらの地域の歴史協会にあり、その主体は本来民間人なのであった。

民間人といえば学問の素人と、今では考えられている。しかし知ろうとする意欲と情熱は、素人と専門家の区別を問わない。歴史協会に限らず、十八世紀末から十九世紀にかけてドイツの各地に読書協会、博物館協会、合唱協会、体育協会、農業協会、珈琲協会など趣味や共益のためのクラブがつくられた。その数は極めて多く、活動は盛んであったから「市民生活の全体は協会形成の網の目によって覆われ」(T・ニッパーダイ)まさに「協会の時代」を現出せしめたとさえいわれる。しかも近代の有名なフィルハーモニーや歴史学会等の多くは、これらの協会を母体としている。これまでの学問史研究では不当にも無視されてきたこれらの「協会」とは、一体何だったのだろうか。

＊

協会 Verein とは一種の自由な結社であって、入会、退会、解散は自由で、会員の法的、社会的身分とは無関係であり、また協会に入ることによって会員の社会的、法的な身分が上昇するということもない。そこでは自ら自由に設定した目的が追求される。このような性格をもつ協会が、十八世紀の七〇年代以降ドイツの各地に生まれたが、それは全く新しいものであったといわれる。

いうまでもなく、それ以前にも何らかの形での団体はあった。村落共同体、都市共同体、ツンフト(同職組合)、教区共同体などがすぐ目にとまる。しかしこれらの団体は個人の自由意志に基づいて結成されたものではなく、家と身分と宗教とからなる生得の絆のなか

リンデの木の下で踊る人びと（1609年）

に織り込まれていた。中世社会の人間は基本的にはこの三つの絆のなかで生きていたといってもよいが、彼らは国家、教会、社会に対して自立した関係をもっていなかったのである。

　このように個人が全体や個々のグループのなかに埋没していた限りで、中世社会はそのなかで確定した地位をもっている者にとっては、楽しい雰囲気と音楽に溢れる仲間意識の世界でもあった。王侯貴族が楽師をかかえていたことはいうまでもないが、織匠、靴屋、パン屋などのツンフト仲間なども有名な職匠歌手・マイスタージンガーのツンフトをつくり、日曜日になると、ツンフト館へ集まっては唱っていたのである。仲間が死ぬと町中の教会の鐘が鳴り響き、皆で唱って野辺送りをした。結婚式や祭には楽師がつきものであった。カール・ビュッヒャーの『労働とリズム』（一九一九）に集録された歌は、労働と歌のおりなす雰囲気をよく伝えている。

　ところが宗教改革はこのような中世世界に一撃を与えた。宗教改革ののち、教会の半分は閉鎖され、修道士の歌声は止み、オルガンや定時の合唱の声も聞かれなくなった。しばらくの間ドイツの町から歌声が途絶えたのである。こうした状態がいかに人々の心をすさませるかをみたルターは、教区共同体を主体とした新しい教会音楽を組織しようとした。中世教会は儀礼 Liturgie によって民衆の生活規範とリズムを生み出そうとしていたが、それをつき崩したルターは、その欠落を音楽によって埋めようとしたのである。こうしてヴィッテンベルクに自発的な教会合唱団 Kantorei がつくられた。これはやがてトールガウその他の地方にもつくられたが、そこには手工業者、農民、市参事会員、聖職者、医者などが加わっており、宗教の次元では、すでに個人の解放がはじまっていたことを示している。やがて一五八八年にはニュールンベルクの市民十二人が「コレギウム・ムジクム」を結成し、世俗的な音楽協会の先駆となった。しかしこれらの協会には、いまだツンフト的な色彩が色濃く残っていた。身分の差は衣服の違いに明らかに示されていたし、手工業者以下の層は入会出来なかった。そして何よりも宴会 Convivium がつきものであった。

いうまでもなく中世のツンフトは単なる同職組合であっただけでなく、組合員の出産から野辺送りまで皆で営む仲間団体であったから、集まれば必ず飲み食いにあけくれたのである。合唱も酒が入っての楽しみであり、暴飲、暴食といわれるほどに食べ、かつ飲んで騒いだのである。だから新しい音楽協会もやがてそこに加入すれば結婚式の合唱、野辺送りの合唱をやって貰えるし、特に宴会があるという利点のために加入する者が増加し、入会金や会費が高くなり、その結果下層民にとっては音楽協会に入るのは、容易なことではなくなっていた。いずれにせよ宗教改革ののち、宗教の絆が弛みはじめたために、このような音楽協会が生まれたのである。

ところが、十八世紀の末には、中世社会の秩序を構成していた二つの絆、家の絆と身分の絆も崩壊しつつあった。家の絆の崩壊は、ヨーロッパの歴史のなかでも大きな出来事であった。なぜなら家、家政こそすべての農民的及び貴族的文化の基礎をなす社会形象であり、十九世紀にいたるまでヨーロッパの社会構造の基礎をなし、その実体は何千年来支配層の政治形態の構造変化によっても、ほとんど影響されなかった(O・ブルンナー『全き家と旧ヨーロッパの家政学』)といわれるほど大きな位置を、古代・中世社会において家が占めていたからである。アリストテレスから十六、七世紀の『家父の書』にまでいたる家政学は、家における人間関係と人間活動の総体、夫と妻、親と子、家長と僕婢の関係からはじまって、家政と農業のすべて、いわば倫理学、社会学、教育学、医学、農業、鉱山学、等々の様々な技術分野にわたる理論の複合体であった。

十七、八世紀における市場経済の展開は、旧来の家を崩壊せしめた。家は経営と家庭に分解した。夫の仕事は市場経済の論理に翻弄され、それから家庭を守るだけの力はすでになく、家長の権威は失墜した。このような家の解体はすでに様々な小説のテーマとなっている。同様に市場経済の展開は、家に基礎をおいていた貴族の所領を分解せしめ、ここに身分の解体も進行した。フランス革命がその頂点であったことはいうまでもない。こうして宗教改革ののち、一八〇〇年前後にはドイツにおいても宗教、家、身分の拘束は崩れ、それまで教区共同体や身分と家の伝統的生活様式のなかにあって、伝統的な慣習を生活規範として暮していた個人が裸で、「近代社会」に接することになったのである。こうした事態は特に都市において著しかった。

十七、八世紀にはそのような状況は全ヨーロッパ的規模で進行していたのだが、そのなかでドイツの都市に住む市民は、イギリス、フランスとかなり異なった状況の下にあった。ドイツではイギリス、フランスと違って、数百もの封建的諸侯が割拠し、首都すらない状態に長い間おかれていた。しかるに外国軍隊による占領は、こうした状況に大きな転機をもたらした。フリードリッヒ・テンブルクは「社会全体を覆う構造が解体され、その下の段階にある構造単位の自立性が改まり、その内部で生きている個人は、自己決定の新たな可能性、つまり教養の可能性をひそかに手に入れる」と述べている。「外国軍隊によるドイツ征服は、少なくともその抑圧によって新しい社会的統一をもたらし、精神の分野における様々な運動も、しばらくはみずからを政治的独立運動とみなすことが出来た。居住地とか身分や職業などに対する諸種の制限の撤廃、地方割拠的な政治的制約の克服等は新しい学問的、学術的交流がドイツ文化の地域集団への執着、あるいは種族的な束縛を打ち砕き、新しい精神的領域を開拓する動きと合体する。かくて生活方針の決定にとっては、同時に社会的でもあれば精神的でもある新しい結合点が成立する。この新たな上部結合集団、つまり方向決定における新たな地平が、社会的、政治的、精神的に民族あるいは国民となった」(ヘルムート・シェルスキー)。ヘルムート・シェルスキーは一八〇〇年頃のこうした事態を、一九四五年以降のドイツの状況と比較している。

つまり、「国家、経済その他の巨大機構の関連が突如として破棄され、個々の人間は家族、友人、隣人、村落等の基本的関連だけを頼りとすることになった。このように全体を包括する政治、事業その他の社会的責務から解放された個々の人間は、以前もっと強力に社会に組み込まれていたときには、とてもその暇も自発的な意欲もなくて不可能だった親密な交友関係を結んで、個人としての関心や教養上の関心を培うことが出来た」。

＊

まさにこうした状況が、協会成立の社会史的背景であった。協会は身分や宗教、家から自立した個人を基礎としているからである。伝統的な絆から解放された不安を、教養と理想によって克服しようとしていた人々の結合体が協会なのであった。しかし協会成立の背景として、もうひとつの重要な状況があった。それは文化の市民化ともいうべき事態である。例をすでに十八世紀末に各地に成立していた読書協会にとってみよう。

読書の歴史は、いうまでもなくメソポタミア文化にまで遡る古い伝統をもっているが、十八世紀の後半にロルフ・エンゲルジングにいわせると「読書革命」、ともいうべき事態が起ったのである。

十八世紀以前の人々も、もとより書物を読んだが、それは少数のあるいは一冊の書物をくり返し読む集中的読書（精読）、ともいうべきものであった。書物の絶対量が少なかったことと、読書の目的がキリスト教的教養の中心に向けられていたために、十八世紀前半においてすら人々は「書物を読み通す、というよりはその書物を生きた」のであって、父親が一生くり返しよんだ一冊の書物が、重要な相続財産なのであった。聖書を百三十四回よみ通したニューイングランドのロバート・ホールとか、トマス・ア・ケンピスの『キリストのまねび』を一七八一年から一七九二年までの間に、三十七回よんだパン屋のマルチンの話などが伝えられている。いわば書物には権威があったのである。

しかるに書物の権威は十八世紀には失墜する。シェークスピアの時代にはまだ聖なるものであった書物は、十七世紀の自然科学的世界像の成立と流行《モード》概念の普及、時計の普及による時間意識の変化と新聞、雑誌の流布によって揺がされたといわれる。十八世紀初頭にアリストテレス主義の支配が終り、ラテン語の地位が揺いだことによっても、書物の権威は失墜したという。だが新しい社会は旧来の権威としての書物は失墜せしめたものの、書物そのものの価値は逆に大変高めたともいわれる。

いずれにしても、十八世紀以降、読書の様式が決定的に転換し、従来の集中的読書から、多読型読書（濫読）へと読書の型が変わったのである。同時にそれまでの聖書や教養問答書、信仰書から雑誌、政治家伝などへと読書の対象も変っていった。従来のキリスト教的読書では書物は結局は彼岸を媒介するための役割を担っていたのであり、社会の事物を観察することは彼岸の理解を助けるための手段でしかなかったのだが、新聞、雑誌はまさに社会を対象とするものであった。市民革命と市場経済の全面的展開のなかで、新たに開けてゆく地平はそれらの新聞、雑誌によって伝えられ、人々はそれらをむさぼりよもうとした。その知識・情報は日々に新しいものであったから、同一の文章をくり返しよむ集中的読書は当然すてられ、多読型読書の型が一般的たらざるをえなくなったのである。

こうした文化的状況がみられた反面で、ドイツには統一的権力もなく、首都もなかった。イギリスのような海外の植民地もなく、フランスのような政治革命も行なわれえなかった。ドイツ人には世界政治の広い空間へ、思考と行動を具体的に教育してゆく場がなかったのである。しかしグーテンベルク以来ドイツの印刷術、書物生産は他国をぬきん出ており、こうした経験のうえで、旧来の身分、宗教と家の拘束から解放された人々は、一挙に読書人へと自己を変革させていった。R・シェンダの計算では、十八世紀中葉にドイツの読書人口は成人の十パーセントであったが、一七七〇年には十五パーセント、一八〇〇年までに二十五パーセント、一八三〇年までに六歳以上の人口の四十パーセントにのぼっているという。当時の人口はほぼ二千万人と推定されているのである。

こうした読書人口の急増に、書物の生産が間に合わなかったことから、各地に読書協会が設立され、その数は二百七十を越したといわれ、貸本屋的なものを含めると、その数はこの数倍にのぼったという。通常は一週間に二冊程度の書物と雑誌が回覧され、特定の会場でその内容などをめぐって議論がかわされたという。書物の値段はまだ高く、ハルツの砕石工は、一八六〇年に六巻本のシラー著作集を買うのに、四週間分の収入をあてなければならなかったし、十九世紀初頭にベルリンの読書協会に入ろうとした労働者が年会費十二〜二十ターレンを払うと、年収の十〜十五パーセントがとんでしまったという。下層民にとってはまだ書物の世界は身近とはいえなかったのである。

＊

しかしこの頃に各地に様々な趣味と教養のためのサークル・協会が成立したことは、ドイツの市民層のなかに新しい結合の絆を生み出した。一八一五年頃までの各種の協会には身分の違いを超えた集まりとしての性格が強かったから、貴族もこのなかでは市民として行動せざるをえなかった。そこには様々な身分・職業の者が集まり、趣味の一致を唯一の絆として和気藹々たる雰囲気のなかで、その趣味の享受を、啓蒙主義的な意味での新しい人間性の変革への一助としていたのである。一八〇二年に計画されたひとつの協会においては「理性的な自由と平等の原則に基づいて社会的序列も地位も身分も無視し、ただ人間性と都雅を唯一の律則とする」と明言されている。

土曜日の晩になると歴史協会の会員になっている白髪の老人はそわそわしはじめ、奥さんの顔色をうかがいながらいそいそと市役所の地下食堂に集まってくる。そこで自分たちの町の古文書を活字におこすために、慣れない古文書の解読に皆で議論をくり返すのである。文書館員がそこで技術的な指導をしたことはいうまでもない。仕事がひとくぎりつくとワインやビールで喉をうるおし、唄ったりしゃべったりしながら楽しい週末の有意義な一夜を過すのである。彼らには自分たちの町の遺産を散逸から救い、自分の町の歴史を自分の手で掘りおこしているという自負があり、それが外国軍隊の占領下にあり、国民的統一も達成されていなかったドイツの市民の生き甲斐なのであった。

同様な光景は合唱協会でもみられた。宗教改革ののちいち早く民間の音楽協会がつくられたが、その後教会音楽と世俗音楽との確執の間で低迷していた音楽協会は、市民階級の擡頭と共に歌唱曲リートを中心とした活動の機会を手に入れた。ハンス・シュタウディンガーによるとJ・A・ヒラーの歌は、すべての人々に唱われるようになったという。この同じヒラーが、ライプチッヒにコレギウム・ムジクム（音楽協会）を設立している。こうして音楽の分野でも、読書のばあいと同じくプブリクム（聴衆・読者層）が成立した。このような背景のもとでC・ファッシュは、ベルリンに一七八九年に合唱のグループをつくった。やがてこれはジングアカデミーとなって、週二回集まっては練習する協会へと発展していったのである。ファッシュはこの協会が、従来のように飲み食いのための会合になってしまわないように努力していたから、この協会は大きな成功をおさめた。十八世紀末から十九世紀初頭に、このような協会がめざましい勢いで各地に設立されるようになった。ドイツ人はようやくハイドンのオラトリオ『四季』を自ら演奏することが出来るようになった。それまではドイツでもイタリア人の歌手に頼らねばならなかったのである。彼らの合唱も、歴史協会の活動や読書協会の読書と異ならなかった。彼らは仲間と共に唱いながら、いまだ実現していない祖国の統一と四民平等の世界、新しい人間性の確立を夢みていたのである。シラーの『歓びによせて』を作曲したベートーヴェンの第九交響曲の合唱も、これらの各地に成立した合唱協会の人々の想いと呼応するものだったのではないか、と想像されるのである。あの『歓びによせて』の合唱こそ、この時代のすべての協会の精神と雰囲気を如実に示すものであった。

他にも博物館協会、珈琲協会、体育協会など様々な種類の協会が、各地に成立したが、それらの多くは、十九世紀の四〇年代までは大体似たような性格を保ちつづけた。どのような条件の下で、今の私たちからみると羨ましいあの雰囲気が生まれたのだろうか。マンハイムの協会の創立文書には「協会とは仲間の洗練された楽しみを享受する自由な集会であり、そのための手段として文学、音楽、会話そして遊びがある。世俗的市民社会の格式としきたりは協会には無縁なものであり、ここでは皆が全く平等である。儀式的なことや肩書を誇る者はこの歓びと文化に聖別された場所に入ることは許されない」とある。一言でいってしまえば協会に入っても、そこでの趣味と学問、遊びと会話を享受する以外に何ら社会的・経済的な実益はなかったからなのである。

＊

しかしこうした牧歌的な状況は、一八一九年以来徐々に変ってゆく。様々な協会が自由な討論と会話を通じて、おのずから政治的性格を強めていったため一八一九年、一八三二〜三四年には政治的な協会が禁止されるにいたった。ナッサウの大臣K・F・イベルは「市井の私人がドイツの国家的大問題に参加しうるなどと信ずるのは全く無知で法に背く考え方である」とあからさまに協会の政治化を否定した。一八一九年のカールスバートの決議から一八四八年の革命までの間に、こうして歴史協会も含めた協会の非政治化が進行してゆく。同時に協会内部で専門的技能を身につけた者と技術水準の低い者とが分化し、専門家と素人との懸隔が顕在化してきた。こうした状況のなかに国家からの協会育成策が、協会の本来の姿に変更を加える方向でとられてゆくことになる。十九世紀後半以降の協会と国家との関係はこのように複雑な経過をたどり、専門的学問の育成をめぐって、緊張した関係をもちつづけているのである。

封建的身分制社会から階級社会への移行期において、協会は無視しえない役割を担った。

封建的拘束からの個人の解放を協会は独自な形で促進し、大きな働きをしたのだが、それは同時に、近代的階級のより尖鋭な分化を阻止する役割も果たすこととなった。いわば協会においては、公と私が短期間ではあったが幸運な形で結合していた。若きW・V・フンボルトにとっても大きな意味をもった協会は、ドイツにおける一般的学識階層を生みだす母体ともなり、ベルリン大学を頂点とするドイツ教養理念の培養基となったのである。こうして十九世紀初頭にドイツの国家が外国軍隊の支配下にあった時期の前後においては、協会は比類のない歴史的機能を果したのである。

学問と大学での学習が社会的上昇の一手段となりつつある今日、十八世紀末から十九世紀初頭にかけて協会に集った人々の精神的雰囲気を、私は何か懐しいものとして想起するのである。

西ドイツの地域史研究と文書館

1

西ドイツの地域史研究について語ろうとするとき、通常行なわれているようにかの地の地域史研究の成果について報告するだけで果して十分なのだろうか。もしそうだとするならばわが国の歴史研究一般と西ドイツの地域史研究との間に方法と組織に関してある程度の共通点あるいは相違の自覚がなければならないだろう。だがどう考えても現在のところそのようなものがあるとはいえない。それにも拘らずかの地の地域史研究について語るためには、何よりもまずドイツにおける地域史研究の歴史的展開からはじめなければならない。そうすることによって実は西ドイツにおける歴史研究の社会的構造にふれることになり、西ドイツにおける学問の社会的な意味についても歴史学の分野に関して瞥見することができる。そこで小稿ではまず西ドイツの地域史研究組織の歴史的生成を簡単に展望し、ついで現在の地域史研究のもつ問題を二、三指摘することにしたい。

2

ドイツ史学というとき、われわれは通常ランケやランプレヒト等々の著名な学者とその学派のことを思い浮べ、大学の研究者以外の層に目をむけようとはしない。だがこうした見方は明治以降の日本の歴史学の特異な社会構造に規定された極めて一面的な見方であって、正当でないことはいうまでもない。たしかにニーブールやザヴィニーらによって史料批判に基く近代歴史学が成立したことは事実であるが、ナポレオン支配からの解放戦争ののち彼らをしてこのような《歴史学》へつき進めた諸事情は、受けとめ方の違いはあっても専門的歴史家以外の人々をも同様につき動かしていたのであって、それらの人々もそれぞれの置かれた社会的環境にふさわしい形で歴史研究の道に入っていった。こうした一般の人々の歴史研究はたしかにモムゼンのローマ史やランケの世界史のような大著を生みはしなかったが、いわゆる市民の歴史意識を醸成し、さらに各地域の古文書集、地域史雑誌の編集という形で実に今日までつづけられ、現在の西ドイツ歴史学の基礎を形成したのである。このような地味で持続的な努力を無視して、学問研究の頂点とされるものについてのみ学界展望を行なっても、それはいわゆる学界を裨益するかもしれないが、それだけのことになってしまうだろう。

福音書を写す人　Codex Amiatinus（689—716）

ところでこうした市民による歴史研究の拠点は「歴史協会」 Geschichtsverein であるが、それはハインペルによると設立年代によって四つのグループに分けられている。

第一のグループは一七七九年から一八一九年までに設立されたもので、ハインペルはその特徴を「共同の利益と愛国心に基く」点にみている。啓蒙主義思想はドイツにおいてドイツ語に関する作品を通してドイツ史につらなり、実にフランスの重農主義思想から農業社会と共同の福祉に対する関心を通して地域史 Landesgeschichte に合流している。こうして十七世紀以来のライプチッヒの「ドイツ協会」は「ドイツ語と古代研究のドイツ協会」と改称されてゆく。この時期に各地域の歴史は実際的で共益的な関心から地域の改善を志向する方向でとらえられるようになり、ラントの歴史はメーザーのいわゆる「愛国者」の幻想の対象となっていった。だからこの時期の歴史協会は歴史研究と同時に自然と技術の開発をも研究対象にしていたのである。

第二のグループは一八一九年から一八四八年までに設立されたもので、「三月前期《フォーアメルツ》的性格」をもっているとされている。解放戦争ののち歴史協会は祖国愛によって貫かれてはいたが、保守的となり、改善よりは維持を目指すものになっていった。たしかにこの頃にモヌメンタの事業ははじまっている。しかしモヌメンタをはじめたシュタインは諸侯国家の圧力のために政界から引退してカッペンベルクにこもり、そこでこの事業を開始したのである。歴史研究と共同の福祉との結びつきは弛くなり、それと対応して自然科学、技術、農業等の研究を切り離していった。こうしてこの時期に狭義の歴史協会が成立したとみることもできる。しかしそれと同時にこの時期には歴史協会は宮廷のお歴々に占められ、市民の側からはせいぜい牧師、法曹、教師などが出ていたにすぎなかった。こうして歴史協会のなかに国家それも分立した諸侯国家の政策が介入していたのである。

第三のグループは十九世紀の五〇年代から八〇年代に設立あるいは改組されたもので、リベラリズムとの妥協のなかで保守派の組織と学問が回復したものと特徴づけられている。この時期には全ドイツ的な規模で美術館や博物館が建設され、大学や歴史協会の外にいわゆる歴史委員会という形で国王に召集された研究者の協会が出来たときでもあった。これはドイツ史研究を志向する強力な団体で、歴史協会にとっては脅威となった。しかもこの頃にはすでに歴史協会のなかにいわゆる素人と専門家との対立が出はじめていたという。

第四のグループは一八九〇年から一九〇〇年頃までに設立されたもので、この頃には各都市・地域における歴史協会の存在はすでに自明のこととされていた。何故ならすでに帝国は再建され、過去を扱うことは当然とされ、ニーチェのように「生に対する歴史の功罪」を問うことはまさにそれ故に反時代的とみなされる時期であったからである。

さて以上のようにして形成されてきた歴史協会の会員にはいうまでもなく教師が多かった。もちろん協会の性格からして文書館員は必ず入っていたが、大学に籍を置く専門の歴史家はほとんどいなかった。手工業の親方や肉屋の店主なども参加していたのである。最初の結成の動機がハインブントのようなロマンティークの運動のなかで醸成された動きであったから、必ずしも学問だけを志向するものではなかった。十八世紀以後のドイツにおける農業諸関係の変貌と産業革命の結果、荒蕪地は開墾され、鉱山業特に石炭産業が爆発的に広まるにつれて、例えばヴェストファーレンやラインラントは工業地帯に変貌してゆく。そうしたなかでこのような産業化の指導者であったグスターフ・メヴィセンなども「ライン歴史協会」を設立し、ランプレヒトなどと連絡をとりながら滅びゆくものを保存しようとし始めたのである。十九世紀は自然科学と経済の発展の世紀であると同時に歴史の世紀といわれる。それはこのような資本主義の発展のなかで死滅してゆくものを救い、蒐集しようとする努力からはじまったのだが、決して単なる好古趣味やマニアのものではなかった。何故ならこうした努力の根底には人間存在の平均化と国家権力の強大化、故郷を離れたプロレタリアートの増大などに対する憂慮がはたらいていたからである。もとより歴史協会に集まった人々が皆こうした問題の根源について鋭い洞察をもっていたというわけではない。彼らはより素朴に、㈠歴史的知識を一般に普及し、自らそれに一役買うこと、㈡歴史研究の素材を蒐集・保存し、利用しうるようにすること、㈢歴史の様々な現象を自ら研究すること、を目的としていたにすぎない。だからばあいによっては保守的な勢力にとって好都合な雰囲気を作ることもありえただろう。しかし歴史資料をこのように系統的かつ一般に利用しうるような形で整理し研究するという基本方針は、単なる進歩的な威勢のよいかけ声よりもはるかに持続的かつ有効な文化批判の基礎となりうるのである。

歴史協会はこうして産業化の嵐のなかで失われてゆく古文書の救済にのり出した。歴史協会は同時に古文書集 Urkundenbuch に編まれ、あるいは協会誌に掲載された。それは史料刊行のみならず記念碑的諸対象（例えば絵画、家具、道具、衣服等）を博物館に遺すという事業におけるパイオニアでもあった。こうして歴史感覚を一般に呼び起すことによって歴史協会は市民、国家や共同体に対して教育者としての役割をも果したのである。

ところでこのように歴史協会が史料の蒐集と刊行、雑誌の編集といった仕事においてだけでなく、国民の歴史教育の担い手として登場するようになると、そこには再び専門家と素人との関係が困難な問題としてあらわれてきた。この問題を歴史協会は一方では人的構成と組織を学問的に高めてゆく方向で解決し、他方では新しく設立された他の歴史研究組織に多くの仕事を譲るという形で解決しようとした。いずれにしても専門家が主流を占め、一般の会員は協会誌の購読者になるような傾向が生まれたのである。もちろんここで専門家というばあいには聖職者、法曹、文献学者などを含み、彼らが老齢に達しひとつの場所に定住したときに専門家として中心メンバーになったのであって、決して歴史家だけを意味していたわけではない。前述の歴史学と土壌学などとの分離も十九世紀における歴史協会のこうした学問化の方向にそったものであった。当時の発掘は全く田舎の医者や薬局の主人などのディレッタントの手になるものであったからである。帝国統一が実現し、一方でドイツの各大学において歴史研究が推進されてゆくなかにあって、歴史協会もかつてのように古い料理屋の地下室にきまった食卓をもち、そこに集まってワインやビールをのみながら歴史を語るといった十九世紀初頭の牧歌的なあり方から、かなり組織化されたものになってゆかざるをえなかったのである。

現在西ドイツの都市にはほとんど例外なくその都市の歴史協会があり、クライス（郡部）にも歴史協会があるところが多い。またハルツとかフランケンといったような自然的、歴史的まとまりをもった地域にも歴史協会があり、それらが毎年夥しい数の雑誌を刊行しているが、その多くは以上のような百年以上もの歴史をもっているのである。現在では各ラント（州）には「歴史委員会」が作られており、そこで主として文書集、歴史地図の作成、地名や耕地名集成、法慣習の集成、集落形態、廃村の研究等が行なわれ、地域史研究のセンターになっているが、ここで行なわれている仕事のほとんどすべてはかつて歴史協会が手がけ、発足させたものなのである。その意味でドイツにおける近代歴史学の形成にあたって、本来専門家でない市民を主体とした歴史協会の果した役割は極めて大きかったといわなければならない。

3

ところで以上のように市民の歴史協会はドイツ近代歴史学形成史のなかで無視しえない重要な役割を果してきたのだが、そういうことが可能となった理由のひとつは十九世紀のドイツ各大学における歴史研究が地域史研究一般にあまり関心を払わず、もっぱら政治史を中心とし、いわば「大状況」のみを扱っていたということにあった。郷土史研究は年金生活者やディレッタントの暇仕事として貶しめられていたのである。だがそれだけではなく、歴史協会がその情熱を学問的に価値ある仕事として組織しえたのには各地域における文書館の存在が極めて大きな支柱となっていた。

文書館 Archiv はドイツではどんな団体でも原則として必ず備えているものである。どんな団体もその議事録、帳簿、記録類を保存する必要がある限り、大小様々の規模の文書室を作らざるをえない。だから大学、病院、会社、組合、都市などもそれぞれの文書室を

図書館員のカリカチュア…ジュゼッペ・アルキムボルディ（1527—1593）によるマニエリスム的ポートレート

設置している。そしてこうした文書館は必要があれば原則として誰でも利用することができる。本稿でさしあたり問題になるのは歴史に関する文書館なのだが、それもこうした様々の生活分野に広がっている各種文書館のひとつにすぎないのである。ドイツにおいて歴史研究のために主として使われるのは連邦文書館、州立文書館、都市文書館、村文書館、貴族や教会・修道院の文書館等であるが、これらの成立の事情を探ってゆくとドイツ史全体を貫いている文書主義の原則につき当らざるをえない。そしてこのドイツ史における文書主義の原則の歴史的背景を探るという作業は、必然的にヨーロッパ文化の極めて特異な構造の解明を必要とする。ここではこうした大問題に正面から取組むゆとりはないが、少なくともドイツにおいては文書主義の原則はローマからの伝統として中世以来何よりもまず聖界諸権力によって担われていたこと、そしてヨーロッパの他の国々とは多少異なった形で展開されてきたことを指摘しておくにとどめなければならない。人間の行為と書かれたものとの関係はヨーロッパにおいてはキリスト教を度外視して論ずることはできず、キリスト教が何よりもまず教会として巨大な権力の担い手であった中世ドイツにおいて、それは他の国とは違った関係としてあらわれていた。各団体並びに権力者はその権益を常に文書によって守ろうとしたのであり、中世的法意識に即していえば文書 Urkunde そのものが権利なのであり、それを失うことは権利の喪失を意味していた。だから地域の支配者はそれぞれその領域に関する特許状、譲渡状、法令、手紙その他を常に提示しうる形で組織的に分類、保存しなければならなかったのである。このような文書の保存は中世後期における都市の成立以後、都市においても同様にして都市法はじめ様々な文書が集積されるに及んで、明らかに市民の権利の拠り所としての意味をもつにいたった。ドイツの都市でその歴史が中世後期に遡らないものは十九世紀にできた三港湾都市以外は僅かしかなく、他はすべて中世後期以来の伝統をもち、都市文書館の成立以来の各文書はその時々の市民の権益を守る戦の道具であったことを物語っているのである。もとより現在日本で議論される市民概念と中世後期のドイツ都市の市民とを安易に等置することは避けねばならないが、ドイツ都市の市民意識がこのような共同権益の具体的な根拠を文書館として今日にいたるまで守りつづけている点は確認しておかなければならない。

こうした文書館は何よりもまず地域や団体の権益を守るために設けられたものであるから、それを他の地域へ移動するなどということは本来ありえなかった。支配者の結婚による領域統合の結果文書館が統合されることも現実に行なわれたが、そうした場合でもヴォルフェンビュッテルのように再び分離する場合もあるし、そうなると一度統合したものを再び分類し直すという面倒かつ往々にして滑稽な事態をも生むことになった。近代国家の成立と共に文書館が個々の支配者の私的所有物ではなくなり、公的性格が強まるにつれて、統一国家を実現しようとする為政者は文書館の統合を強行しようとするが、その頃には各地域の文書館は個々の支配者の手を離れて地域の共同意識の拠点としての性格を強めていた。こうしてプロイセンによる統一ドイツ国家の形成は各地域の文書館の激しい抵抗を呼び、各州政治の次元での妥協による第二帝国の成立にも拘らず、各州の人間の意識とその拠点としての文書館の統合には必ずしも成功せず、現在でもこうした州意識は極めて強く残っている。

4

今世紀初頭から、そして特に第二次大戦後に西ドイツの地域史研究は飛躍的な発展をとげ、その組織も大きく変貌した。すでにふれたように、各地域の歴史協会と並んで州毎の歴史研究委員会が生まれ、もっぱら専門的歴史家による地域史研究が営まれるようになったほか、各大学に地域史研究所が設置され、従来の郷土史研究の弱点を科学的な歴史的地域史研究でおきかえてゆこうとする試みがみられる。そこでは集落史、考古学、地名学、民俗学、土壌学等のいわゆる「歴史補助科学」を援用して各地域の支配関係、社会構造、村落分布、言語分布等々について客観的な研究を行ない、従来の州という枠をも方法的には撤去して各時代（特に中世）の全体的把握が目標とされている。こうして地域史研究は郷土史研究から脱皮して歴史研究そのものの中枢にすえられたかの感がある。しかし現実の地域史研究は常に特定の社会的状況と時代的条件の下で営まれるのであって、組織が整ったからといってすべてが都合よく動くわけではない。西ドイツの地域史研究もそうした点では種々の問題をかかえているのである。

まず現在も明らかに見受けられる大学の研究者と文書館を中心とする研究者の間の序列の問題がある。ドイツの大学では講座の歴史的性格から、教授はどうしても一般論として例えば十四世紀全体について見通しを述べたり、書いたりする習慣がある。ところでこうした点でも地域史研究は大変進んでおり、個々の地域に関する文書館員や若手研究者の研究によってそうした教授たちの全体像構成の試みが多くの点で批判の対象とされ、いわば穴だらけにされているという事態はしばしば発生している。しかし多くの場合これらの文書館員や若手研究者の仕事は対象を限定したものであるだけに、教授たちの全体像構成の試みとは次元の違う研究の営みとしてしばらくは無視される傾向がある。文書館員や若手研究者はよほどのことがない限り、その対象とする地域と時代を越えて発言するということはない。したがって彼らの研究は教授らによる全体像の枠のなかの特殊な事例として位置づけられる傾向がある。要するに概念構成の問題において、一地域の綜合的研究がドイツ全体にどの程度の比重をもっているのか、という点に関してまだつっこんだ議論はなされていないといえる。いうまでもなく歴史研究の真髄は様々な特徴を示す地域の個性を汲みとりながら、それらをふまえてひとつの概念を形成してゆくその手続きにある。このような基本的な問題について、文書館員の問題意識のあり方と大学の研究者の研究実践のあり方とにズレがあり、そのズレは学問における先端と下積みの関係の問題だとされ、ことさら意識されてはいない。こうした点はおそらく研究組織だけでなく、人的組織のもつ矛盾の表現とみなければならないのだろう。次にこの問題と関連して、西ドイツの地域史研究は第二次大戦後、組織の面では国家史研究と一応連絡しうる形で営まれる可能性は開けているが、ドイツを越えたヨーロッパ更に世界史となるとほとんど何の展望もない状況である。これは一般的な意味では当然のこととされるかもしれない。しかし中世後期の東プロイセンの一地域を徹底的に研究しようとすれば、西はブルゴーニュ、スペイン、東はモンゴルまで少くとも視野に入れておかなければならないのである。いわんや近世以降になればヨーロッパを越えた世界史全体に視野を広げなければ一地域の歴史も完全でないことは明らかである。だからここでも問題はこのように広く世界に飛翔してゆく問題意識をもちつづけながら、研究実践としては細部にわたる詳細かつ綿密な研究の密度をもちつづけるにはどうしたらよいのか、ということにつきるだろう。この点に関しては西ドイツの研究者は条件としては恵まれている。様々な国から研究者が文書館に来て研究を行ない、意見を交換する機会があるからである。だがこの段階に来るまでにドイツではすでに数百年を経過しているのである。

「無縁所」と「平和の場」

江戸時代に鎌倉の東慶寺が駆け込み寺であったことはよく知られている。この寺に駆け込んだ女は追跡者の手から守られ、一定の期間滞在すると離縁が認められたという。今自分を苦しめている何かから自由になれる場所があったら、という願望は現代の人にとっても切実なものらしく、この寺についてはは今でもしばしば話題にされる。

ところで駆け込み寺が緊急避難所（アジール）でありえたのは、そこが無縁所だったからだという。つまり世俗の縁をたち切ったところだから世俗の縁が侵入することを許さないのである。無縁の場、中世の公界《くがい》では世俗の貸借関係も切れたといわれる。そして日本史研究の最近の成果によると、古来墓所、市場の多くが無縁所であり、盗み、放火、殺害のような大罪を犯した者でも無縁所に入ると追跡者の手を免れられた。中世前期には無縁所は「山野河海をはじめ、いたるところに存在していた」という。無縁の場は仏教渡来以前の未開の原理としてとらえられているのである。

網野善彦氏をはじめとする日本史研究者の精力的な無縁研究をみていると、ヨーロッパ史との類似性に驚かされる。ヨーロッパ史で無縁所に当たるものは家、墓地、教会などであり、そこに逃れた者に対しては、中世では原則として司直も踏みこむことができなかった。このような場を平和領域（アジール）と呼び、特に過失で人を殺してしまった者がそこで復讐者の手を逃れたのである。中世ヨーロッパにおける裁判、警察制度は極めて不備であったから、妻子などを殺された者が犯人を殺すことのできる復讐の原則が認められていた。犯人が逃亡したばあいは裁判所に犯人の確認を依頼し、そののち被害者の縁者が追跡して捕え、ばあいによっては自ら処刑も行なった。犯人を処刑することは縁者の義務でもあった。ところが過失で人を殺したばあいも被害者の縁者につけねらわれる。そのようなとき、追われる者が避難所に逃れると、追跡者は手が出せなくなる。そこで一定期間滞在する間に被害者の縁者と示談の交渉をするのである。

女を打つ男（1456年）

追跡者が何故手を下せなくなるのか。この点についてはいろいろな議論がある。ギリシャ、ローマのアジールはしばしば無法者によって破られた。中世でも同様であった。しかし、一般の民衆の間には避難所を畏怖する気持ちが強かった。それは聖なる空間だったからである。竈《かまど》の神の住む家、死者の住む墓地、神の住む教会は聖なる空間であった。避難所はこうして本来武力や権力によって裏づけられ、保証されて避難所たりえたのではなく、民衆の聖なる空間への畏怖に基づくものであった。その限りで無縁の場は目にみえない絆で結ばれた人と人との関係の場であった。

ところが平和領域には水車場、両替店、旅籠、渡し舟、ときには都市や道路なども含まれていたといわれる。このような場所はどのような理由で民衆にとって「平和」の場と意識されたのだろうか。家や墓地、教会などとは異なった原理がそこにはあったと考えられる。これらの場を平和領域（公共の場）としてとらえたのは支配者なのであって、民衆がそれらを家や墓地、教会などの平和領域と同じものとしてあとから納得させられていったのだと考えられるのである。

なぜなら水車場や両替店などは「無縁」の場ではなく、「有縁」の関係のなかにあったからである。ここでいう「有縁」の関係とは、「物を媒介として結ばれている関係」であり、民衆がそこで交わる公共の場としてとらえてみると納得がいく。支配、隷属の関係もまさに物を媒介とする人と人との関係であって、目にみえない絆で結ばれた「無縁」の関係の対極にあるものであった。

ドイツ語の平和・フリーデとは本来友愛関係を示す言葉である。友愛関係は物を媒介とする関係ではなく、目にみえない絆によって結ばれた人と人との関係なのである。こうして民衆の間で生まれた平和領域の観念が支配者によってとりこまれる過程で、水車場や両替店などの平和領域（公共の秩序）という観念に変貌していったとみられるのである。
ヨーロッパ史の史実から有縁と無縁をこのようにとらえてみるとき、中世の日本における無縁・公界から苦界への変化はまさに日本史の深層を貫いて流れていることがわかるのである。

人が生き、生産し、消費する限り、「有縁」の絆のなかにある。しかしひとたび病気や破産、火災その他の不運にみまわれたとき、あるいは年老いたとき、その「有縁」の絆からはみだしつつある自分を意識せざるをえない。「有縁」の絆は生の絆であり、「無縁」の絆は過去においては常に死を意識せざるをえないところで結ばれたからである。しかし、そのとき人は目にみえない絆で結ばれている人と人との関係に気付く。「無縁」の絆を自覚したとき、はじめて「有縁」の世界の全体がみえてくるのである。

現在の日本は「有縁」の社会であり、表面には「無縁」の関係はほとんどみられないかのごとくである。政治亡命は認められず、ベトナムの難民も日本に避難所を見いだすには障害が極めて大きい。しかしかつて日本には多くの無縁所があったといわれる。目にみえない絆で結ばれた人と人との関係が日本史の大きな流れだったという。かつての無縁・平和はいまや私的な関係のなかにしかのこっていないのだろうか。

アジールの思想

デンマークの子供の遊び（鬼ごっこ）には、安全地帯（アジール）のルールがある。鬼に追われた子供が自分のまわりにすばやく円を描いて helle（避難所）と叫ぶと、鬼はその子をつかまえることができない。helle とは聖なる場所の意味であって、アジールなのである。ウィーンの子供も同じような遊びのなかで、特定の場所に逃れたときレオポルトと叫ぶと鬼には手が出せなくなる。これも同じくアジールなのだが、このアジールの由来ははっきりしていて、バーベンベルク公レオポルトがウィーンの城の前に、今日でもフライウング（避難所）と呼ばれるアジールを設定し、そこの鉄の環にさわった者は自由となり、追跡者の手から守られると定めた故事によるものである。日本の子供の遊びにも同じような鬼ごっこがある。おそらく世界中の子供たちはみなこの遊びを知っているだろう。

ところでこれらの子供の遊びの歴史を辿って近世から中世へと入ってゆくと、いつの間にか子供の姿は消え、城や教会の入口、墓地などの前まで追われてきた大人が「ヒア・フライウング」と叫んでいる光景を目にする。中世社会の鬼ごっこは大人同士の命のやりとりのなかで、今日の子供の遊びのルールを生み出したのである。

いうまでもなく裁判権、警察権などが国家に独占されていなかった中世社会においては、自分の生命・財産は自ら守らなければならない。物を盗まれたり、妻子を強盗に殺されたりしたときにも、近代社会のように警察が動き出したりしない。被害者または縁者自ら裁判所に訴えねばならない。しかし裁判所がたとえ犯人を確認し、判決を出したとしても、犯人を捕えるのは被害者なのであり、ときには処刑も被害者が公権の名において自ら執行しなければならない。中世社会は自力救済の社会であった。特に近親の者が殺されたときには縁者に復讐の義務があり、縁者がいないときには共同体が誰かを指名して復讐の任に当らせた。

シュターツ教会の墓石

ところが故意に人を殺したのではなく、たまたま何らかの事故で人を殺してしまったり、感情的になった喧嘩の果てに誤って人を殺してしまったりしたときも、当然被害者の縁者は復讐にのり出してくる。こうなると今度は加害者が逃げまわることになる。官憲が両者の間に割って入って追われている者を保護することはないのである。

過失で人を殺してしまった者には救済の手段がないかにみえる。しかしそうではないのであって、村や町の多くの場所にフライウング（アジール）があった。それは教会や領主の館、家や墓地などであったりするが、そこへ辿りついた者は保護され、追手はそのフライウング内部に侵入することは許されない。このようなフライウングの種類は多様で、以上のような場所の他に、祭りの期間などの特定の時もアジールの機能をもっていたし、王侯、司教、特定の女性などの人間もアジールの機能をもっていた。ひとつの町から追放された者が国王の馬具のはしにさわりながら国王と共に町の門をくぐると追放が解かれたりする。

最も一般的なフライウングは家であった。古来ドイツの法には「四本の柱のなかに居る者は神聖にして安全である」とあって、家のなかに逃げ込んだ犯人に対しては司直も手を出すことが出来ず、ゴスラールでは裁判官がその家の前で裁判を開き、被告は窓ごしに無実の証しを述べたのである。

十六世紀の民衆本に登場するティル・オイレンシュピーゲルも、放浪生活といたずらの果てにリューネブルク公領から国払いの宣告をうけながら、またリューネブルクに入ってきたところを発見され、あやうく絞首刑にされようとした。そのときオイレンシュピーゲルは、自分の馬の腹を裂いて内臓をとり出し、そのなかに立って曰く、「誰でも四本の柱のなかでは安全だそうで」。こうしてオイレンシュピーゲルは、家のアジールとしての性格を馬の四本の足に擬して司直の手を逃れたのである。ここにも家のアジールの理念の強さが一般の人々に周知のものであったことがよく示されている。

これらのフライウングも、そこに逃れた者をいつまでも保護するわけではない。通常は六週間と三日であった。これは逃亡した被告に対する裁判が十四日ごとに三回開かれることになっているその期限に対応したものであった。つまり四十五日間は被告が裁判に出頭しなくとも自由喪失の判決をうける心配はなかったから、被告はその間に縁者を介して被害者側と示談の話し合いをつづけたのである。賠償額に折り合いがつけば、フライウングから出て家に戻ることが出来た。四十五日もたてば最初の興奮がさめ、被害者の縁者も冷静さをとり戻して、示談に応ずる可能性が開けたのである。

六週間と三日たったのちも賠償額の折り合いがつかないときには、被告はフライウングから三歩ないし五歩外へ出て、元に戻ることができれば再び六週間と三日の保護期間がはじまる、という規定がしばしばみられた。復讐者がフライウングのまわりをとり囲んでいる可能性もあるから、危険ではあったが、こうして九十日の保護がえられたのである。そののちもし示談が成立しないと、すべてを運命にまかせてフライウングを出るか、あるいはフライウングの主人が護衛をつけて、別の地域に逃れさせることもあった。

リリエンフェルト教会の墓石

アジールの歴史は古く、世界のほとんどの民族にその痕跡があるといわれる。旧約聖書の民数記には、故意にではなく過って人を殺してしまった者が逃れることの出来るアジール都市六カ所と、他に四十二の都市が定められている。そこに逃れた者は、大祭司が死ぬまで留まらねばならないのである。ユダヤ教には、過失にもせよ人を殺した者はそれなりの償いをしなければならない、という考え方がみられる。アジールに逃れた者が故意に人を殺したことが裁判の結果判明すると、その瞬間にアジールの保護の力は消滅し、そのなかで復讐が遂げられる。これは中世のアジールと非常に異なっている点である。しかもここで復讐を遂げる者は、故意に殺された家族のために憤怒にかられて復讐をしているだけではない。引渡された犯人を処刑するに当っては、流された血によって国土がけがれたことに対して、共同体による裁判の判決の執行者として行動する。つまり、おのれの復讐心のためだけでなく、公的な利益のためにも行動していたのである。

古典古代においてもタナロスのネプチューンの神殿、イタカのゼウスの神殿、デルポイのアポローンの神殿などがアジールであって、そこへ逃れた者を武力で引立て、神域をけがすことは、最大の瀆神行為とされ、そのような瀆神行為を冒したために、都市や国家が没落するといわれていた。ツキジデスによると、キュローンの叛乱のときにもアクロポリスに逃れたキュローンの支持者たちは、食糧と飲水を絶たれたため、危害を加えられないという約束をとりつけて神殿から出たところを殺され、またそのなかのある者はエウメニデスの祭壇にすがって命乞いをしたがやはり殺された。このためにアジールを冒した執政官やその子孫には神の呪いがかかっているとして、後世においても問題にされたのである。

古典古代においてはアジールを冒す者は国を裏切る者と同様に扱われた。故国を裏切った者の死体は国境の向うに投げすてられ、墓場はつくられない。アジールを冒した者にも墓はつくられない。アンチゴネーにみられるように、死者への義務が最大のものと考えられていた時代に、アジールを冒す者は最も大きな罰をうけたのである。

古典古代では、どんな犯罪を犯した者もアジールは保護をすることになっていたから、当然アジールの侵害もしばしばみられた。それだからこそ、アジールの侵害を最大の罰をもって禁じなければならなかったのである。いずれにしても血縁者による復讐が激しく行なわれている社会においては、アジールは無実の者を救う上で重要な役割を果していた。奴隷のアジールなどは、社会的緊張を和らげる政策的な意味さえもっていたと考えられる。

ところで中世末のアジールにおいては、過失致死や傷害のために追われている者だけがアジールの保護をうけることになり、他の犯罪にはアジールは適用されなくなってゆく。形成されつつある領邦権力や国家は、治安という名目の下に縁者の復讐や私闘（フェーデ）を禁止し、いまだ警察権や裁判権の力が不十分であった限りでフライウングを過失致死、傷害などで追われている者にのこしていたにすぎない。やがて常備軍をもち、ローマ法を継受し、近代的刑法、訴訟法を備え、警察権力を一手に掌握した国家が生れるとアジールは全面的に廃止され、十五、六世紀からおそくとも十八世紀にはヨーロッパ諸国からアジールは姿を消してゆく。そのあとには政治亡命者のためのアジールと戦時における野戦病院や赤十字などの場所のアジールが細々とのこっているにすぎない。

かつて古代・中世においては、親や子を殺された者が復讐の思いを噴出させるのを容認する反面、その行きすぎを抑え、無実の者に不当な被害が加えられないようにとの配慮からアジールの思想が生れ、現実に機能していた。つまり私的な感情を抑圧するのではなく、その噴出を認めながらも、それをいつしか公的なものに変容させてゆくための制度としてアジールがあった。そのアジールは後になって皇帝や国家権力によって確認されたり、「与え」られたりする形をとるにいたるが、本来は民衆の間で形成されていった慣行とみられる。したがって武力や財力その他の基盤によって支えられている制度ではなかった。教会の戸を破って侵入し、墓地の垣根を越えることには何の障害もなかったのである。それにも拘わらずアジールが保護所としての機能を果たしたとすると、そこには民衆の間にアジールを畏敬する感情の絆が結ばれていたに違いないのである。

近代国家はこのような民衆の絆や法慣行を抑圧し、公権を独占することを通して確立された。そのたどりついた姿は、一方で個人の自衛権を否定して武器の携行を禁止し、他方で警察権を強化し、治安の確立をはかる「法治国家」である。しかしこの点で興味深いのはアメリカ合衆国の例であって、絶対王政を経過した西欧諸国と違ってアメリカでは今でも市民の武装権を認めている。植民時代の移住者たちが西欧から持込んだ法意識は、いまだ血縁者の復讐が絶えていなかった西欧封建社会の慣行に基づくものであって、それはリンチや市民による裁判などの初期の状況のなかにみてとることができる。一七七六年のヴァージニア宣言などにみられる個人の権利も、西欧封建社会において育まれたものとみることもできるのである。このような個人の権利の尊重と自衛権の尊重の延長線上に、アメリカにおける政治亡命の存続をみることも、あながち突飛な想像とはいえないであろう。

ひるがえってわが国をみると、世界に誇る警察力をもち、夜半に女子が一人歩きしても大きな不安はないほどの「治安」が大都市では確立されているという。その面での「近代化」は西欧以上に進められている。しかし、それが果たして個人の権利の確立の上に、それを保証するものとしてあるのかどうかという点については疑問なしとしない。この国ではそもそも政治亡命すら認められてはいないのである。日本にも過去にアジールはあった。

平泉澄氏や網野善彦氏の研究はこれを示している。しかし現在の日本では、アジールの思想は子供の遊びのなかにしかのこっていないのだろうか。

中世への関心

現代フランス史学の新しい波の代表者であり、ゴンクール賞を受けて注目をあびたル・ロワ・ラデュリーの大著『モンタイユー・オクシタンの村　一二九四―一三二四』がベストセラーとして広く読まれているという。人口二百五十人ほどのピレネー山麓の小村の七百年も前の話が何故それほど現代のフランス人をとらえたのだろうか。

わが国でも網野善彦氏の一連の労作は多くの読者を獲得し、各大学で開かれる中世史の公開講座にも多くの聴衆がつめかけていると聞く。西欧と日本とで期せずして起こった中世への関心の高まりは何を意味しているのだろうか。

一般的には次のように答えられている。近代合理主義のおとし子である近代的学問が普遍的な法則の発見と形式的厳密さを求めた結果、研究は専門化し、生きた人間の全体性は見失われ、理性が尊重されたために、感性がなおざりにされてきた。そこで近代合理主義以前の素朴な人間関係に目が向けられたのだというのである。たしかにその通りなのであろう。しかしながら中世に対する関心が本当に根深いものであるならば、見失われた感性

羊の乳をしぼるスイスの婦人（1544年）

の復活とか、素朴な人間関係の再発見という関心の底に、もっと力強い願望がひめられているはずである。

『モンタイユー』で描かれているのは、山村の羊飼いや農民である。そこには身振りで示される言葉の世界とセックス、愛と結婚、子供たちの生活、死のあり方、宴会とつきあいの形、夫婦の間の秘密、聖職者の愛欲生活などがつぶさに叙述されている。登場人物の感情の襞までよみとれるほど、著者は村人の生活のなかに入りこんでいる。この書物が多くの読者を獲得した理由は、たしかにこれらの庶民の生活の奥深く身をよせていった著者のたぐいまれな努力によるところが大きいのだが、それだけではないのである。二つの例をみよう。

羊飼いのピエールは長年の間食事に招きあい、贈り物を交換してきた仲間や親戚から絶交をいい渡された。彼が異端のカタリ派だったからである。それを聞いたとき彼は「ワッと泣き出した」という。

この村の人びとは中世人の例にもれず風呂にめったに入らなかったから、虱をとりあう

ソリで行なう子供の試合（Breviarum Grimani）

ことが夫婦や親子の大切なふれあいの機会でもあった。あるとき陽当たりの良い屋根の上で二人の娘に虱をとらせながら、妻が夫にたずねた。「火あぶりになったとき、どうやって痛みに耐えるのかしら」。夫は答えた、「神様が痛みをなくしてくれるのさ」と。一見牧歌的にみえる彼らの生活は実は厳しい当局の監視下におかれ、人びとは異端審問の恐怖におびえながらも信仰を守りつづけていた。

村人の生活のすみずみまで知ることができるほどの史料がのこされたのは、まさに人びとが生命をとして守ろうとしていた信仰を裁いた司教（後の教皇）の審問記録のおかげなのである。肉食を絶ち、肉欲を抑え、物欲をも否定したカタリ派の厳しい教義が、ピレネー山麓の一山村のこまやかな人間関係のなかで清冽なユートピアを現出せしめていた点こそ私たちをひきつけるのである。

網野善彦氏の『無縁・公界・楽』（平凡社）についても同じことがいえる。網野氏が日本史を貫いているとみる「無縁」の絆は山野河海、関渡津泊、市、町、宿、橋、寺などにおいて結ばれる人と人との関係のあり方を意味し、そこには俗権力が介入できず、負担は免除され、通行は自由で私的隷属や貸借関係からも自由であり、平

農民の踊り

和で互いに平等な場なのである。このようなユートピアが古代から近代までの日本史を貫くひとつの原理として描き出された点に本書の大きな魅力があった。

中世における無縁の絆は男性だけでなく、むしろ女性を重要な担い手としていた。そして現在では子供の遊び「エンガチョ」のなかに古来の無縁の絆がひそかに生きていると網野氏がいうとき、はからずも西欧の新しい中世史研究と同じ問題が見いだされている。

フランスの歴史家フィリップ・アリエスは『アンシアン・レジーム期の子供と家族生活』と『死を前にした人間』において、十七世紀以来子供がまず上流階層においてそれ自体で尊ぶべきものとしてはじめて認識され、そのような認識がやがて一般の庶民の間にも定着してゆくようになり、十八世紀以来老人の役割についても人びとの意識が大きく転換してきたことを示している。それと同時に死についての意識も変化し、こうして子供の尊重、老人の役割の再認識とあいまって人びとの心性に大きな転換があったことを明らかにしている。

子供と女性、老人と死こそは現在多くの人びとの心を占めている問題であり、西欧と日本とを問わず、中世史への関心の根底にこの四つのテーマがひそんでいるのである。

この四つの主題はすべて目に見えない絆によって支えられているものである。武力と財力、権力と野心とは縁遠い四つの主題が歴史の表舞台に登場するとき、歴史の書きかえが必要になる。歴史はこれまでモノの生産と権力を主題として叙述されてきたが、この四つの主題が前面へ出されるとき、歴史はモノを媒介とする人と人との関係と重なりあう目に見えない絆で結ばれた人と人との関係の変化に注目して描かれることになるだろう。

中世では人が他人に与えたものは与えた人の人格を体現しているとみなされていた。このようなモノによって結ばれている中世人の世界は、モノに生命を認めなくなってしまった私たちの世界から遠く隔たっている。子供と女性、老人と死の復権が同時にモノの復権へと導き、目に見えない絆によって結ばれた人と人との関係がカタリ派の羊飼いのように私たちを結びつけるとき、中世への関心は大きなエネルギーを呼びおこすことになるだろう。

文化の暗部を掘り起す――歴史学の課題

一九七六年の九月にフランスのジャック・ルゴフが来日して「歴史学と民族学の現在――歴史学はどこへ行くか――」と題する講演を行なった（「思想」六三〇号）。新聞や雑誌でみる限りこの講演は大きな反響をよんだらしい。この講演をきっかけにして「社会史の会」と呼ばれる研究会が歴史学者や社会学者の間で生まれ、そこでは日本史、西洋史といった従来の枠にとらわれない「社会史」の研究が目指されている。ともすれば「専門」の枠に捉われがちであったこの国の学問的風土のなかでは、こうした試みは大いに歓迎されなければならないだろう。

ルゴフの講演は身体の歴史、心性の歴史、語られた言葉の歴史、夢の問題の研究への可能性を語り、法制史、政治史、思想史などに専門分化していたわが国の歴史研究者にはあるショックを与えたらしい。ルゴフは歴史学が人類学や民族学と本来深いかかわりをもっていたはずなのに、それが乖離してしまった歴史をふまえながら、現在両者の協力が強く要請されていることをいくつかの事例をあげて示し、新しい民族学的歴史学を提唱する。

この民族学的歴史学ではかつてアナール学派が追究した全体史への志向をより強め、また「人間」を中核にすえて考察するものだという。

いうまでもなく、近代歴史学も常にその時の必要に応じて「全体」を捉えようと試みてきたし、いわんや「人間」を中核にすることは自明の前提であった。にもかかわらずルゴフが全体史を「人間」を中核にして捉えようと主張し、それが大きな反響を呼ぶのは提唱する側と受けとめる側のいずれにも全体への視野の喪失と「人間」の欠落の自覚があるからである。これは一体どのような事情によるものなのだろうか。

*

十八、九世紀の歴史研究をふりかえればあまりに政治史一辺倒であったり、文化史に傾斜しすぎていたりして、とても全体をとらえているものとはみえない。しかしあの頃の歴史家は全体などという茫漠たるものを考察の目標にはしていなかった。彼らは必死で自己主張をしつづけていたのであって、その限りで自足しえたのである。

近代市民階級があらゆる分野で覇権を握る以前においては家を中核とした貴族と教会に拠った聖職者がヨーロッパ世界を二分するほどの力をもっていた。貴族の家（荘園）経営は内容的には今日の家庭とは全く異なる農業から鉱業までをも包括しうる幅広いものであり、その歴史はアリストテレスから『家父の書』にまで及ぶ長い伝統をもっている。近代学問の対象のほとんどすべてが、そこにはミニチュア版として包摂されていたといってもいいすぎではない。しかしそこにおける世界（家）と人間とのかかわり方はもっぱら体験と伝統に基づくものであり、家長は幼い子息を馬にのせて農地を見廻り、家経営の実際を幼い頃から身体に教えこむ。決して文書や書物から学ばせるのではないのである。彼らは書物を必要としてはいなかった。長い伝統を館と身体のなかにもっていたからである。農民も手工業者もすべて身体で技術を学んでいた。

聖職者も同様であった。教会のヒエラルヒーのなかにいる限り、彼らには書物としては聖書や典礼書さえあればよかった。修行と儀式が彼らの世界と人間とのかかわり方を規定し、その生活は貴族と同じく体験に基づく家経営によって支えられていた。

中世都市のなかで芽生えた市民の学問は十八、九世紀の産業革命のなかで大きな力をもつようになった。貴族の家経営は崩壊し、教会の権威も失墜してゆく。交通手段の発達によって生活圏が全世界に広がってゆく状況のなかでは新しい情報を入手した者が大きな力をもつようになってゆく。市民階級はまさにこのような市場経済の展開とともに拡大してゆく情報を書物を通して手に入れ、おのれの地位を確立したのである。

しかし十八、九世紀の段階では貴族も聖職者もまだかなりの力をもっており、市民階級はこの二つの階層と戦って自己を主張しなければならなかった。伝統と体験や聖書と儀式の権威に拠るこれらの階層に対して、市民階級は「理知的・合理化的認識」を武器として戦ったのである。人間と世界を理知的に認識してゆこうとする努力は体験と伝統のもつ非合理性を暴き、聖書を歴史的分析の俎上にのせ、非神話化への道を開き、長い伝統の靄のなかにあった貴族の館を骨董品にかえ、教会を古美術鑑賞の場としてしまった。

市民階級の学問としての近代歴史学は古代・中世における貴族や聖職者の歴史すら実証的・批判的分析を通して理知的にとらえ直し、かつては怖るべき権威として君臨していた貴族と教会の権威の源泉たる歴史をも自分の掌中に握ってしまったのである。

市民階級の勝利は完全であるかにみえた。人間と世界を理知的に認識し、合理化して捉えようとする近代学問の性格は本来学問というもののもつべき当然の性格として普遍化された。つまりどのような人もひとたび人間と世界をとらえようとするならば理知的・合理化的認識の道を歩むほかないのだと主張されるにいたった。だがこのように自らの学問の普遍性を主張することによってしか自らの存在を支ええないところに市民学問の性格があるということには、気づいていなかったのである。

十九世紀の近代歴史学にはそのおかれた状況のゆえに今日の目でみれば偏りがあった。近代市民階級はおのれの存在を歴史のなかでアイデンティファイするために、政治史に全体を見ようとしたし、文化史に自己の歴史への寄与を発見しようとした。経済や社会構造の分析も市民階級の歴史へのアイデンティフィケーションの手段として見るとき、大きな意味をもつ分野として評価され、社会経済史研究が盛んに営まれた。商業・経済こそ市民階級の舞台だったからである。

それに反してメルヘンや迷信の世界は市民がそこから自己を解放した否定さるべき世界として、市民の学問の視野の背後にひっそりと残されていた。また身振りや手振りと労働の喜びの世界も市民の理知的・合理化的認識にとっては非合理的な世界として無視され、理知的認識の対象とされることも稀であった。十九世紀の市民はいまだメルヘンや迷信、身振り、手振りの世界にとりまかれていたから、それからいかにして身を振り切るかの方に関心が向けられていたのである。

夢占いも同様であった。古代・中世のシビュラ（女占者）によって政治が左右されていた時代を否定することによって理知的認識の世界を切り拓いた市民階級にとっては、夢占いの非合理的性格を暴くことはしても、夢占いの分析を通して古代・中世人の心性（メンタリティー）に近づこうなどという発想は考えられもしなかったのである。

ところが市民の学問が完全な勝利を収めたかにみえた二十世紀に大きな陥穽がまちうけていた。理知的・合理化的認識と分析はすべてのものを捉えうるはずであった。しかし書物を通さない認識、労働のなかで身につく体験から生まれる真の認識を捉えることはできなかった。認識と身体との深い関係は、視野のなかに入っていなかったのである。市民の学問は大衆を位置づけることはできたが、その心を捉えるうえでは有効ではなかった。それは市民の学問の出発点を考えれば格別不思議ではない。大衆とは何よりもまず労働の世界に生き、体験を支えとして生きているからである。

かつては未開社会を研究する者は対象を物として扱うようにして原住民族の研究をすすめることができた。しかるに今日では自分が調査した未開社会の部落の青年が大学に留学して、その調査結果に基づく講義を聞いているという事態に直面しているのである。このときの学者の当惑ぶりは想像するに余りあるものがある。これと同様な事情は農・漁村の調査などでも起りうるのである。調査対象であった村の人々に見せることができないような形で調査結果が生まれても仕方のないこととされていたのである。

ルゴフの講演もこのような状況のなかから生まれたものと考えることができる。市民の学問が理知的・合理化的認識によって世界を掌握しえたと思った瞬間に、その世界の大きな部分を占める大衆をとらえられなくなっていたのである。知識人も本来は大衆の出であるから、これは知識人が自分自身を見ることができなくなったことを意味している。

人間はいかに認識を理知的に営もうとも、本来身体を動かすべくつくられ、感情に左右され、人と人との肌のふれ合いと心のふれ合いのなかで本当の安らぎを感じとり、夢を見る存在であることにあらためて気付かされたのである。

理知的認識によって世界を掌握しえたと思った瞬間に、労働を通して生きている者の世界とそこでの思いが見えなくなり、そのことにおそまきながら気付いたときに、労働を通して生きている者の思いをも言葉と文字によって捉え直そうとしはじめたのがアナール学派や、最近の民衆史研究、民俗学の興隆をもたらした事態の本質なのである。

これはいかにもおかしなことである。しかし学問とは本来おかしなことなのであって、H・ハインペルがいうように学問とは「事物に拘束され、史料に束縛されており、遺されたものに忠実であらねばならないという義務を負っており、そのために歴史学はしばしば詩人の深い真実、行動する者の真実、学問にしばられていない世間の人の多くの洞察のあとを足をひきずりながらついてゆく」ものなのである。市民の学問がこの段階にいたってはじめて学問が生活者のあとからついてゆくものであることを世人に明瞭に示したのであり、その功績は大変大きい。とはいえ市民の学問も、ある必然性をもって生まれてきたのであり、それを否定しさることはできない。むしろ歴史学の新しい方向を探ってゆくなかで、そこでの問題の解決を考えなければならないのである。

*

ルゴフの講演が大きくとりあげられる反面ややもすると戦後のわが国の社会経済史学の大きな功績が見過ごされがちである。このような傾向はわが国の知的雰囲気のなかでは、しばしばみられるが、それを避けるためにも新しい社会史への道を模索しなければならないだろう。

これまでの社会経済史・構成史研究の業績をふまえたうえで、私がかねてから考えている社会史の構想をわかりやすくいえば「人間と人間の関係のあり方の変化を探る」ことである。

身体障害者も含めてすべての人間にはかけがえのない尊厳がある。それらの一人一人が社会諸集団をなして時の流れのなかで生きてゆく。その社会諸集団は重層化し、ときに差別の体系として個人に重くのしかかってくることもある。個人と集団、集団相互のかかわりのなかでの全体としての人間と人間の関係のあり方の変化が世界史をなし、社会史の対象をなしている。

古代・中世から現代にいたるまで人間はさまざまな集団を形成して生きてきた。西欧中世にだけ目を向けても村落共同体と都市共同体があり、後者はさらに商業ギルドと手工業ツンフトに分れ、手工業ツンフトはさらに鍛冶屋の組合やパン屋の組合など多くの団体に分れていた。それだけではない。中世都市の内部には旅人がたまたま町で死去したときに死体を埋葬する儀式を行う共同体など様々な目的の団体が、数多く作られていた。これら各種の団体はみなそれぞれの聖人を守護者として講を組み、死者をも包摂した団体であった。これらの団体においては生者と死者がひとつの絆で結ばれていたのである。

ギルドやツンフトなども、従来のようにその社会経済史的側面だけでなく、そこでの日常生活の規範や死生観、遊び、宴会などを含めて研究しなければならないのである。農村共同体も決して単純な一枚岩的団体ではなかった。人々は家を最終的保護所として暮していた。竈の神に守られた家は、犯罪者が逃げ込んでも司直の手が及ばない避難所（アジール）であった。しかし家の実際の権威は家長によって保たれていたから、妻になぐられっぱなしになっているような男の家の屋根は共同体成員が総出ではがしてしまうこともあった。共同体構成員が特定の家の竈の火を消してしまい、家長権を否定することもあった。家長権はすべての権威の根源ではなく、共同体の絆のなかではじめてその地位を保っていたからである。村でも共同体の正式な成員とそうでない住民との仲間意識に差があったことはいうまでもない。

都市でも農村でも、共同体のなかでは大人と子供の間に基本的な区別がなかった。子供の証言は裁判所でもしばしば大人と同じ価値をもつとされた。笞打ち刑の際に笞の数を数えるのは子供たちであったし、村の境界確認の行事などでも子供の記憶が村の境界を将来に伝えたのである。

子供だけではない。家畜にも家それ自体にもときには証言能力があると考えられていた。他人の家に無断で侵入した者を家長が殺しても正当防衛とされているが、召使をおかずに暮している男の場合、そのことを証言するために屋根の藁三本と猫と犬を連れて裁判所に赴いて証言するのである。

貴族や聖職者の団体も固有の階層と仲間意識をもっていたことはいうまでもないだろう。このようにさまざまな階層の人間が重層的な集団をなして暮している世界ではひとつの集団の構成員は他の集団とときに対立し、他を蔑視する関係を結んでいる。都市の市民は自分が出てきた農村の住人を蔑視することによって自分たちの独自性を確認しようとする。ギルドやツンフトも、それぞれの独自の旗をつくり、それを行列のときにおしたてて他と競う。各身分ごとに服装に用いる色などが定められていたことはいうまでもない。

社会諸集団を区別する最も大きな違いは武装能力の有無であった。武装能力のある者のみが、いわば市民権をもっていたのであって、それを奪われた者は社会の下積みの階層として位置づけられていた。そこで武装能力のある者がない者を保護するという関係が生じ、これが支配と隷属の関係に転化してゆく。

これらの社会諸集団の人々の生活の内部に分け入って、そこにおける人と人との関係を捉えようとすることは困難であるが必ずしも不可能ではない。ただここで注意が必要なのはこれらの集団の人々の生活の内部に分け入ってゆき、たとえばルゴフのいう集団の無意識のようなものがとらえられたとしても、全体がとらえられたことにはならないという点である。

*

社会諸集団内部の平等を原則とする横のつながりと同時に、支配と隷属という縦の関係があった。支配と隷属という関係は、土地を含む物を媒介とする人と人との関係であり、これを網野善彦氏のいう有縁の世界と対比することもできよう。社会諸集団内部の平等を原則とする人と人との関係も基本的には物を媒介にする「有縁」の関係であるが、そこには目にみえない絆もあって、それが「無縁」の世界への橋わたしをすることもある。たとえば都市や農村で火事によって家を失ったり、何らかの不運のために貧民の地位に落ちたとき、共同体にはそれらの人を養う義務があった。このばあい貧民が共同体と結んでいる絆はもはや共同体に十分な寄与をなしうる成員と共同体との関係ではなく、貧民を養わねばならないという共同体の慣行に支えられている。つまり目にみえない絆によってつながれている関係であり、これを網野氏のいう無縁*の関係と対比してもよいだろう。このような立場にたったとき、この人にはそれまで「有縁」の関係のなかにあってみえなかった人と人との関係、村落共同体の仕組の全体がみえてくるのである。彼の目には共同体を構成する人間一人一人が、はっきり映るようになる。

「有縁」の世界と「無縁」の世界の関係をみるとき面白いのは「有縁」の世界に住む者は、いつでも意志さえあれば(もちろんその意志がなくても)「無縁」の世界に入りうるのに対し、「無縁」の世界の住人はいくつかの条件がみたされない限り、「有縁」の世界に戻れない点にある。過失傷害を起して教会や墓地、家などの避難所(アジール)に逃れた者は「無縁」の世界に入ったことになる。アジールが「無縁」の世界となっているのは「有縁」の世界の住人の約束(目にみえない規範)のためであるが、ひとたびそこに逃れた者が

「有縁」の世界に戻るためにはいくつもの手続きが必要であった。

しかしながらどのような手続きをとっても「有縁」の世界に入れない人々がいた。つまり「無縁」の世界の住人として位置づけられている人々である。

ひとつの社会はそこで人が生き、生産し、消費し、互いの絆をその関係のなかで結ぶ限り「有縁」の社会をなしている。そのなかで各社会集団がどのように他を蔑視し、他と対立しようとも「有縁」の関係のなかの対立であり蔑視にすぎない。しかしこれらの「有縁」の関係の全体をみることができるただ一つの場というものがあって、それが「無縁」の場である。この「無縁」の場は誰でも本当に意志さえあれば選択できるが、並大抵の意志ではできない。ところが社会諸集団のなかにははじめから、「無縁」の場の住人たるべく運命づけられているものがある。ヨーロッパの中世後期から近代までの社会にそのような人々を探すなら、まず筆頭にあげられるのがジプシーであろう。

＊

シューマンの歌曲やビゼーのオペラ、カルメンなどで知られたジプシーの群が十五世紀の初頭にヨーロッパに姿を現わして以来、今日にいたるまで激しい弾圧と差別の生活を強いられてきたことはあまり知られていない。十五世紀の末にドイツで最初の弾圧令が出されてから一九四三年にジプシーを全員逮捕し、アウシュヴィッツへ送る指令が出されるま

アルブレヒト・デューラー「楽師」(1515年)

で、どれほど多くのジプシーが殺されたことだろう。ナチ時代だけでも、ユダヤ人、ポーランド人に次ぐ犠牲者を出したといわれる。

ジプシーの「無縁」的位置は単に弾圧の厳しさや犠牲の大きさによるものではない。彼らの生活様式がすでにヨーロッパの定住民にとっては認めがたいものをもっていたからである。

ジプシーはいうまでもなく土地を所有せず、したがって農耕を営まない。彼らは一定の場所に居住することなく、数世紀の間世界各地を放浪しつづけている。ジプシーの姿がみられないのは日本と中国だけだとまでいわれている。彼らは土地をもたず、定住せず、ジプシーの国家を形成しようともしないから、彼らの間には階層がなく、したがって立身出世という考え方もない。財産としては馬と馬車（最近はキャンピングカーが多い）、簡単な炊事用具とわずかの家畜ぐらいなものである。衣類も定住民の古着を貰って着る。

ジプシーの職業は彼らがインドをいつとは知れぬ昔に出立

して以来、伝統的な楽器演奏（ヴァイオリン）、舞踏、アクロバット、熊や山羊に芸を仕込んで見世物にする小規模なサーカス、占い、そして地域によっては鋳掛屋や籠造りなどであり、商品生産の関係には入らないのが普通である。

数百年の間ジプシーはこのような生業で口を糊しながら西欧の街道を放浪しつづけてきた。彼らは西欧定住社会の真只中で「無縁」の境涯をつくり、それを生き抜いてきた。彼らの目には西欧社会の歴史のもうひとつの姿が見えていたに違いない。

ジプシーは古来客を歓待する。ジプシーの群に助けを求めてきた者は、たとえ犯罪者といえどもかくまう。ゲッツ・フォン・ベルリヒンゲンがジプシーの群に助けられた話はゲーテの同名の戯曲によって知られているが、有名・無名の追放者、犯罪者、放浪者がジプシーの群に身を投じた。そのためにジプシーにも犯罪者の烙印がおされ、弾圧の口実を与えることにもなったのである。これはジプシーの社会がヨーロッパにおける「無縁」の場であったことを示している。

ジプシーは自分の歴史を記録せず、語りもしない。だから彼らの目に映った西欧社会を彼らの口から直接聞くことはできない。しかし、ジプシーの語る民話のなかに私たちはジプシーの知恵とユーモアと洞察の深さを知ることができる。

F・クラウスの集めている民話の一つを要約してみよう。

＊

ジプシーの遍歴鋳掛屋がある村の司祭館の前の牧地に天幕を張って、家から家を訪ねては鍋類の修理の注文をとっていた。こうして司祭館に来た。この司祭は修道院長や聖堂参事会員になる野心を抱き、そのために信徒をふやそうと努力していた。司祭はジプシーに御馳走をしてからたずねた。「お前の信仰は何かね」「あっしのはジプシーの宗教でさ」「それはどんな宗教かね」「良くなけりゃ、あっしらの宗教にはなりませんさ」「お聞き、神様がお前をわしのところへお寄こしになったのだよ。キリスト教に改宗なさい」「それは良い宗教かね」「そうとも、そのうえ、改宗すればお前とお前の女房にはそれぞれ十グルデン、お前の子供のうち十歳以下の子には二グルデンずつ、それより大きい子には三グルデンあげようじゃないか」「司祭様、せかさないでおくんなさい。女房とも相談してみなけりゃなりませんからね」「そうおし、そしてすぐおいで。すぐに洗礼をするからね」。ところがジプシーは現われなかったので、司祭は待ちくたびれて、ある日ジプシーの天幕を訪ねた。「どうした親方、考えたかね」「考えましたとも」「それでどうした」「あっしは損な取引はしないことにしているんでさあ」「どうして損なのかね」「改宗すればあっしと女房に十グルデンずつ貰えるんですね、それは確かでしょうな」「そうとも」「そして子供たちには十歳以上の子供四人に三グルデンずつ、それより小さい子四人に二グルデンずつ、それも確かでしょうな」「そうとも」「全部でそうすると四十グルデンになりますな」「そうとも」「お聞きなせい、あっしの馬が老いぼれてもっと良い馬と取りかえたいと思ったらどうしますかね」「取りかえたらよかろう」「そうでしょう、ところがある農民が自分の馬におまけに四十グルデンつけて取りかえてくれるといったら、そいつよりあっしの馬の方が四十グルデン分だけ良い馬だということを知っているからでしょうが」「それはそうだろうね」「だからあっしは損な取引だといっているんでさ。お前さんの宗教があっしのジプシーの宗教より四十グルデンだけ劣ったものでなかったら、お前さんは四十グルデンつけたりしないでしょうに。だからあっしも女房もジプシーの宗教のままでいますさ……」。

司祭はジプシーの理解の浅さを笑って去るのだが、これは「無縁」の場にいるジプシーが、身分制つまり位階制としての差別の体系と金銭の原理に蝕まれた「有縁」の社会としての西欧社会を痛烈に諷刺した話としてよむことができる。このような話をクラウスは二百五十篇ほど集めているが、そこに私たちはもうひとつの西欧社会の像が映されていることを知るのである。

ジプシーのほかにも「無縁」的位置を占める人々は多いが、これまで正面からとりあげられることの少なかったもうひとつの例をあげると、犯罪者が問題となる。犯罪のあり方は社会を映す鏡であるが、犯罪者を裁く裁き方もその社会における「有縁」の構造を如実に示している。

*

ヨーロッパ史についてのみいえば、十二、三世紀を境にして刑罰のあり方が根本的に変ってきたといわれる。それまでの「刑罰」（刑罰という言葉を使うことをためらう学者もいる）は犯人の主観的意図や情状を問題にせず、生じた結果だけを問題にした。つまり、犯行によって生じた秩序の毀損を一定の手続きによって回復するための儀式が「刑罰」なのであって、犯人を殺すことが目的ではなかった。だから多くの「死刑」とみられる「刑罰」も偶然刑であって、「死刑」に処せられながら命をながらえる者も少なからずいたといわれる。

十二、三世紀以降ラングドック地方をはじめとしてヨーロッパ全域に、近代的刑法の萌芽が新しい社会秩序の基礎を生みだしはじめる。「古き良き法」の時代が終り、新しいザハリッヒな法の時代がはじまる。このとき以後犯罪者の犯行は、彼の人格にかかわる行為として断罪されることになる。かつて犯罪はひとつの社会秩序の毀損であったからその社会秩序を構成する者すべてがその回復に努力しなければならなかった。絞首刑の綱を村人全員が握ったのであり、村人全員が犯人に石を投げ、子供までが刑罰の執行に参加した。しかるに今や犯罪は犯人個人の責任とみなされるようになった。人々は処刑から目をそむけ、処刑は密室でこっそり行われるようになった。その結果ひとつの社会秩序の歪みとして生じた犯罪の犯人は一人でその秩序の歪みの全体の重荷に耐えねばならなくなったのである。このとき犯罪者も「無縁」の世界にふれることになる。「有縁」の絆は生の絆であり、死を見ようとしないところで結ばれる。しかし「無縁」の絆は生からはみだして死を常に意識しなければならないところに成立するものであり、その限りで、病にふせるとき、老いたとき、誰でも「無縁」の絆にふれる。

こうして社会史は病気、老い、そして死をも包摂する学問でなければならないことになる。このような「無縁」的位置から「有縁」をみるとき、ひとつの社会の全体がみえてくるのである。「無縁」的位置は特定の社会階層の人だけでなく、誰でも意志さえあればとることのできる位置なのであり、そこに市民の学問から発した今日のわれわれの学問が「全体」をとらえうる唯一の可能性が開かれている。

＊ 無縁という原理は網野善彦氏によると公界《くがい》などと同じく仏教用語となるはるか以前の未開社会の歴史的実体に基づいているという（網野善彦「中世における「無縁」の意義」「中世文学」一九七七）。私が調べた

かぎりでヨーロッパのアジール（フリーデ・フライウング）はかなりそれと近い原理をもっている。しかし西欧や日本のアジールにだけ限定せずにもっと広い場でこの概念を用いるためには、長い間わが国で使われ、手垢にまみれたこの概念を非仏教文化圏にも適用しうるまで手垢を洗い落さなければならないだろう。有縁、無縁について最も根源的なところまで洗っていったとき、ここに示したような解釈をしてよいのかどうか今の私には解らない。括弧づきで用いた理由である。ここでは原理的な点だけ強調したが、いつか機会をみて「物を媒介とする人と人との関係」と「目に見えない絆で結ばれた人と人との関係」の絡みあう姿を具体的な歴史の場で示してみたい。

歴史学の現在

数年前から歴史学の分野において社会史という言葉がしばしば聞かれるようになり、いまだその全貌もさだかでないのに社会史の将来に対する懸念が表明されたりしている。社会史という表題をかかげた書物も数点現われているが、一読すれば明瞭なように、それぞれ方法も視点も異なっており、社会史はひとつではないのである。

近年フランスを中心とする欧米の新しい歴史学の成果が紹介されはじめ、とりわけアナール学派とその周辺の研究が反響を呼んでいる。ジャック・ルゴフの来日講演にはじまり、Y・M・ベルセの『祭りと叛乱』（新評論）、フィリップ・アリエスの『アンシアン・レジーム期の子供と家族生活』（邦訳『子供の誕生』、みすず書房）、さらにル・ロワ・ラデュリーの『歴史家の領域』（邦訳『新しい歴史——歴史人類学への道』、新評論）などフランスの歴史家の近業が翻訳されている。この他にかなり前からミシェル・フーコーの『狂気の歴史』、『監獄の誕生』（新潮社）も訳され、邦訳されていないけれどもドイツ、イギリスやアメリカでも放浪者や娼婦、乞食、貧民などに関する研究が数多く現われている。それらの研究は従来のわが国の歴史学とは異なった方法で未開拓の分野にいどんだ仕事として注目を集めている。

さらに日本中世史を中心とする網野善彦氏の一連の仕事『無縁・公界・楽』(平凡社)、『日本中世の民衆像』(岩波書店)や横井清氏の『中世民衆の生活文化』(東京大学出版会)なども中世史研究に新しい領域を開拓している。

互いに全く独立して日本と欧米とで新しい歴史学への模索がはじまっている。アリエスの子供や家族に関する研究や西欧の放浪者や貧民の研究と網野氏や横井氏の仕事の間には、方法は異なるとはいえ共通の対象への関心がみられ、いずれも既成の歴史学に対する大きな挑戦として受けとめられている点が、社会史としてひとつにくくられる理由ではないかと考えられる。

しかしながらフランスのアナール学派と呼ばれる人びとが打ち出している基本的な視点には網野氏や横井氏の研究とは今までのところ全く異なった方向性がみられる。ジャック・ルゴフが集団の無意識の領域の解明とか、心性の歴史、身体技術の問題などを来日講演のなかで新しい歴史学の課題として設定したために、日本では歴史学と民俗学の接近の問題としてうけとめられてきた。しかしアナール学派の最近の傾向のなかで最も注目しなければならない点は心性の歴史や無意識あるいは子供の歴史に関心がよせられている点ではない。これらの分野はすでに日本においても僅かながら試みられており、これらの分野を探求する必要性については大方の理解はすでにあるといってよいであろう。

むしろ問題となるのはアナール学派の時系列の歴史学の分野である。この点については最近翻訳の出たル・ロワ・ラデュリーの『歴史家の領域』のなかで簡単な紹介が行なわれている。これまでの歴史学においては人間集団の歴史発展の動因として経済・社会的関係ならびに階級闘争に関心が集中していた。ル・ロワ・ラデュリーはこれらの動因を無視するわけではないがそれよりも深いところで生物学的諸現象が大きな動きを規定していたとみるのである。十四世紀初頭から十八世紀末までのフランスにおいては事実上人口増加がほとんどみられない。避妊の知識のない当時の夫婦一組が多いばあいは十五人ほどの子供を生んでいるのだから、これだけの長い期間に人口増加がみられないということは人口調整のメカニズムが働いていたからだと著者は考えているのである。

そのメカニズムは飢饉、戦争、病気の流行などが人口の調整弁として機能していた点に求められるのだが、ル・ロワ・ラデュリーは従来の経済史家と違ってこれらの要因（特に病気）を外在的なものとはみていない。ヨーロッパ的規模でみれば一三四八年のペストの流行は外在的要因であるかにみえるが、全ユーラシア的規模でみればそれは十三世紀以来のヨーロッパで、人口増加の結果生じた膨張、特に東への植民やモンゴル帝国を媒介とする東西間の連絡によってペスト菌の源泉であるトルキスタン地方と西欧とが直結されたことによって発生した内在的な要因によるものだとみるのである。

戦争による殺戮よりも戦争の結果食糧不足から栄養状態が悪化し、保菌者が増加し、軍隊の遠征による細菌の伝播や乞食の流浪などによる感染の方が大きな被害をもたらしたとみる。リシュリューの時代に八千人の軍隊がフランスを横断したために百万人以上のペストによる死者が生じたという。スペイン人植民者とともに入ってきた細菌によって十六世紀にアメリカ・インディアンが九割以上消滅し、メキシコとペルーの文化を新しい混血の基盤の上に全面的に作りかえざるをえなくさせたとル・ロワ・ラデュリーがいうとき、彼はたしかに一面の事実を述べているのである。

しかしながら時系列の歴史学が数量化を徹底的におし進め、人口＝生態学によって事件史を過去のものとしうると考えるとき、私たちは大きな危惧の念をおさえることはできないのである。

たしかに数百年から千年におよぶ年輪の厳密な調査によって数百年前の気候や月毎の雨量まで確定しうる年輪年代学や植物季節学、花粉学、アルプスの氷やグリーンランドのアイスコアを酸素の同位元素O_{18}の分析によって数千年にわたる気候の変化を調査する氷河学などは歴史研究の基礎となるべき重要な事実のとびらを私たちに開いてくれる。それだけでなくル・ロワ・ラデュリーがいうようにこのような気候学研究のなかからしたたりおちてくる滴としての飢饉や病気の年代確定は従来の歴史学の水準にとっては驚くべき進歩であるとしてもマージナルなものにすぎない。ル・ロワ・ラデュリーは気候史研究を進めて、

「自然についての宇宙論的な歴史」を描こうとしているからである。ここに歴史学が自然科学と共に人類の知の新しい地平を開くべき第一線に並ぶ道が開かれているのである。そのような期待に私たちの胸もはずむほど、大きな可能性が開かれている。

しかしながらル・ロワ・ラデュリーの文章に接するとき私はどうしても一昔前によんだクローバーの論文「オイクメネ」を想い出してしまうのである。ほぼ二十年前、故石田英一郎氏の家で数名の仲間とともによんだこの論文が今手許にみあたらないので正確を期しがたいが次のような内容を含んでいたと思う。

人類の文明の源泉が寒冷化のためにヒマラヤの奥から南下し、インドにいたり、海によってさえぎられたとき、西と東に分れて進んでいった。西に進んだ文明はペルシアを経てギリシア、ローマ、ヨーロッパにいたり、十五世紀末には大西洋を渡ってアメリカ大陸に広がっていた。他方で東に進んだ文明はタイやヴェトナムを経て中国へ、そこから朝鮮を通って日本に達し、東廻りの文明と西廻りの文明が一九四〇年十二月八日、パール・ハーバーで衝突したというのである。

この論文をよんだとき二十歳をこえたばかりだった私はすぐに石田英一郎氏にいくつかの質問をした。社会集団の研究が歴史研究のひとつの分野だが、社会集団における意志決定の可能性の問題や戦争責任の問題は文化人類学では一体どのように考えられているのですかと。石田氏はしばらくの間黙って答えなかったが、やがて「文化人類学ではデタッチメントという態度をとっているのです」と答えたのである。私はなぜかそのときの石田氏の顔や姿をはっきりと思いおこすことができる。もちろんル・ロワ・ラデュリーの論文は調査・分析に基づくさまざまな根拠に立ってはいるのだろう。しかしながら同じ問を向けることもできるのではないだろうか。

私は歴史学を人間の尊厳を確かめてゆく学問のひとつだと考えている。たしかにこれまでの世界史は希望をもつにはあまりに悲惨な歴史であったし、これからも飢えの問題からさえ私たちは容易に解放されないだろう。しかしながら、アメリカ・インディアンの消滅を細菌による世界の統一の一環としてとらえるとき、アナール学派の創始者ともいうべきマルク・ブロックが生涯をかけて追求した生きた人間の全体を描くという目的からいかに遠く離れてしまうことか。

ル・ロワ・ラデュリーは他方で『モンタイユー』によって人間の生活感情の襞までよみとれるほどの叙述を行ない、民俗学にも関心の深い研究者であり、数量化への関心の点だけをとらえたのでは公平に扱ったことにならないかもしれない。しかしながらその方法にはこのような危惧の念を抱かせるものがあり、この点こそ経済史家も政治史家もみなが論議を集中すべき点ではないかと考えるのである。コンピューターを駆使した数量化分析や年輪年代学などの成果は無視しえない大きな可能性を開いている。それだけに私たちは時系列の歴史学に関心を抱き、それを理解し、論議すべきだと考えるのである。

私にとっての柳田国男――「生誕百年」に寄せて

柳田国男生誕百年を祝うということは、ヨーロッパ史研究者にとっては容易なことではない。西欧近代学問を旺盛に摂取した百年の努力の果てに、身体のなかにポッカリと空洞が残り、靄のなかで柳田国男がこちらに背を向けて立っているかに思えるときがあるからである。その姿に気付き、その視線の行く方に目を向けるとき、ヨーロッパ史研究者は二重の課題をあらためて想起せざるをえない。この百年間の近代学問は国民全体にとって果たして何であったかを検証する課題と同時に、他ならぬヨーロッパ史をも空洞が身体に残るような視角でみてこなかっただろうかという反省である。このような反省に立ってヨーロッパにおける近代学問形成史をみるとき注目すべき存在として、これまでわが国ではほとんど紹介されていないユストゥス・メーザー（一七二〇～一七四九）が浮かび上がってくる。

不思議なことにメーザーと柳田国男には、二百年の歳月を越えて外的な共通点が極めて多い。両者とも長寿を全うし、官界で活動を開始し、法律家あるいは官吏としての活躍のなかで農民や手工業者の生活に触れ、これらの庶民の生活を改善するための諸施策を打ち出した。柳田国男がのちに朝日新聞でジャーナリストとして活躍したように、メーザーもオズナブリュックで最初の新聞を発刊し、ドイツ・ジャーナリズムの創始者の一人となり、更に柳田国男が『北小浦民俗誌』でひとつの部落共同体の歴史から日本をみてゆこうとしたように、メーザーもオズナブリュックの地方史に沈潜するなかで、はじめてドイツ史の構想を打ち立てた。従来のドイツ史が歴代王家や貴族の歴史であったのに対し、メーザーは農民と手工業者を中心にすえてドイツ史を描いたのだが、柳田国男も日本に平民の歴史はなく、貴人、英傑の列伝であったと述べている。更にメーザーはオズナブリュックの政治の中枢にありながら、常に農民の家を訪れ、共に茶を飲み世間話をしたが、そうした態度のなかから伝統的な習慣、言語、文学などへの関心が芽生え、後にドイツ民俗学の創始者と仰がれるようになる。いずれもアカデミーには属さず、民間研究者としての生涯を貫き、現在を明らかにするために過去に向かった。こうしてメーザーは歴史こそドイツの現在を解明するものとし、柳田国男は過去の民俗から新しい国学を創ろうとしていた。

このようなそれぞれの個性に基づく偶然の類似は、実は両者をとりまく世界史的状況に支えられていた、とみることが出来る。柳田国男にとっては何といっても西欧近代の制度と学問が課題としてあり、それに応えるためにこそおのれの内面へ、日本人の民俗へと向かったのだが、メーザーにとっても啓蒙思想は似たような課題としてうけとめられていた。

しかも日本における西欧近代の問題と、メーザーにおける啓蒙思想の課題とは、底流においてひとつの流れの上にあったのではないだろうか。

西欧の学問・思想の歴史は、大きく性格づければ古代末期以来長い間、キリスト教と異教との角逐の歴史であった。それは有識階層が無識階層を支配してゆく過程とされているが、必ずしも身分の高低と一致するものではなかった。フリースランド公ラトホルトは洗礼桶に片足を入れたとき、受洗しても天国で先祖や仲間と会えるか、たずね、その望みがないことを知って洗礼をやめ、地獄へ行くことを選んだといわれるが、こうした族長ではない下層庶民も、教会の祭に対抗して古来の民族的な祭を長い間保ちつづけて抵抗していた。しかるに宗教改革ののち、この角逐ははっきりと有識階層による無識階層の支配としての色彩を帯び、それは同時に、支配者と被支配者の対決と重なっていった。
十七、八世紀になると、少数の有識者のなかから「和解」の試みが出される。「和解」という自覚は稀薄であったが、啓蒙思想もそのひとつの局面といえる。だが異教的なものが強く残存していたアルカイックなドイツでは、「和解」の形もルソーのような洗練されたものではありえず、より具体的でやぼったい形をとらざるをえなかった。メーザーは理性よりも情念を重んじ、理論よりも体験を支えとした。彼は農民の慣行のなかに理性的体系にはみられない知慧をよみとっていった。こうして歴史における庶民の役割を社会・経済史において確認したのみならず、文化においても有識者のそれに匹敵するものとみようとした。

こうしたメーザーの努力によって、彼が歴史学、民俗学、言語学、文学等の出発点に立つことになったのは不思議ではない。どんな学問も人間とは何か、という問いに生き、人間の尊厳を確かめようとするものである以上、森かげの村や河のほとりの町での庶民の生活の喜びや悲しみ、即ちひとつの土地に生きなければならない人間の悲しみと誇りのなかからしかその生命を汲みとることは出来ないからである。ところがメーザー以後の産業革命の進行は、都市と農村を切り離した。有識者は無識者の生活を肌で感ずることなく無識者を支配しているという自覚もなく新たに自然の支配へ、思考の抽象化へと走り、おのれの根差していた豊饒な庶民の世界から自分の足をぬいていったのである。それがいわゆる魔術からの解放の過程とみあい、日本においても近代学問の受容過程と重なっていたといえよう。

ドイツにおいては、メーザーの発想は民間史学の伝統となり各地の文書館を中心として民間史家によって守られて今日にいたっている。それがドイツの学問を辛うじてまだ支えている生命源だといえよう。ひるがえって我国をみるに西欧近代学問受容の結果あらわとなった有識階層と無識階層の同様な乖離に気付いた柳田国男は、一人、和解者として全国の村々を歩いていたようにみえる。それはどこでも茨の道であった。有識階層の世界はそうした試みを原則として拒否したからであり、また無識階層の世界もこのような和解者にとっては自分の住む世界ではありえなかったからである。

■初出一覧

I

私の旅　中世の旅　「日旅」一九八一年七月
石をめぐる中世の人々「$i\ s$」一九八〇年一〇月
中世の星の下で（初出表題「中世人と七つの星」）「心」一九七九年八月
中世のパロディー　「心」一九七九年一月
ライン川に架かる橋　『平凡社国民百科辞典』一九七八年一一月
『百年暦』について　「文藝春秋」一九七五年五月
農夫アダムと牧人イエス　『岩波講座・日本歴史』月報18　一九七六年一〇月
オイレンシュピーゲルと驢馬　「文学界」一九八二年三月
靴の中に土を入れて誓う　「文学」一九八〇年九月
風呂　「図書」一九八一年八月
中世びとの涙　『現代語訳　日本の古典』（学研）月報20　一九八一年六月
中世における死　「現代思想」一九七六年一一月

II

現代に生きる中世市民意識　「月刊エコノミスト」一九七七年四月
ブルーマンデーの起源について　（初出表題「月曜日には集会を」）「グラフィケーション」一九八一年一一月
中世賤民身分の成立について　（初出表題「職人・賤民・犬」）「歴史評論」一九八〇年一二月
黄色いマーク　「*is*」（特集号「色」）一九八二年六月
ヨーロッパの煙突掃除人　「歴史読本」一九七九年四月
人間狼の伝説　「アニマ」（特集号「オオカミ」）一九八〇年一〇月一五日
病者看護の兄弟団　（初出表題「中世ドイツの fraternitas exulum」）「一橋論叢」八一巻三号　一九七九年三月
中世ヨーロッパのビールづくり　『世界のビール』（朝日新聞社）一九七九年七月
シューベルトとの出会い　「音楽の手帖・シューベルト」一九八〇年九月
オーケストリオンを聴きながら　「心」一九八一年七、八月
鐘の音に結ばれた世界　「月刊百科」一九七九年一二月
カテドラルの世界　（初出表題「ゴシック大聖堂の世界」）『世界の建築5』（学研）一九八二年六月

III

ひとつの言葉　「北海道新聞」一九七五年三月三日
文化の底流にあるもの　「読売新聞」一九七七年一月八日

知的探究の喜びとわが国の学問　「北海道新聞」一九七六年三月三日
自由な集いの時代　「月刊百科」一九七六年一一月
西ドイツの地域史研究と文書館　「地域史研究」一九七二年六月
「無縁所」と「平和の場」　「読売新聞」一九七八年二月一七日
アジールの思想　「世界」一九七八年二月
中世への関心　「読売新聞」一九八〇年一一月一五日
文化の暗部を掘り起す　「中央公論」一九七八年四月
歴史学の現在（初出表題「〈学〉の現在」）「週刊読書人」一九八一年二月九日
私にとっての柳田国男　「北海道新聞」一九七五年七月一六日・他

解説　社会史研究の魅力

網野善彦

本書に収められた三十五篇の文章が書かれた一九七五年から一九八二年の間に、阿部謹也氏は『中世を旅する人々』（平凡社）、『刑吏の社会史』（中公新書）、『中世の窓から』（朝日新聞社）等、いずれも名著の誉れ高い主要な著書を、つぎつぎに世に問うている。その意味で、本書は当然これらの著書と関わらせつつ読まれるべきであるが、逆に短篇集であるだけに、この書を通じて、われわれは著者の歴史研究のモティーフ、その追究する問題の所在を、より直截に知ることができる。

著者の言葉を借りていえば、それは「物を媒介とする人と人との関係」と「目に見えない絆で結ばれた人と人との関係」の絡みあい（本書III「文化の暗部を掘り起す」）、そのあり方の変化を、抑圧され、賤しめられた人々を見すえながら、徹底的に探り、明らかにすることにあり、阿部氏はそこに「民衆史を中心にすえた社会史」の研究課題を見出している。本書の短文の一篇一篇は、それぞれ、そうした探求の努力の結晶であるとともに、著者の歴史学に対する姿勢を率直かつ端的に表現するものになっているのである。

このような意欲的な研究の中で、阿部氏はM・モースの『贈与論』に出合い、その咀嚼を通じて、ヨーロッパ社会の大きな構造転換が「人と人との関係のあり方を古来長期にわたって規定してきた贈与慣行が売買による関係に転化してゆく」十一世紀以降にあること、この転換に決定的な役割を果したのが、キリスト教の伝道と社会への浸透であったことを明らかにした（II「カテドラルの世界」）。

そして最近の阿部氏はさらに進んで、これを、中世人の生きていた家を中心とする小宇宙と、病、死、動物など自然そのものともいうべき大宇宙という二つの宇宙が、キリスト教の浸透を通じて一つの宇宙に一元化されてゆく転換ととらえ直し、かつてこの二つの宇宙と関わりを持つことによって、小宇宙の人々から畏怖されていた皮はぎ、死刑執行人、風呂屋、外科医等の人々がこうした一元化とともに、賤視され、賤民となるという、きわめて雄大な構想を提示するにいたっている。アジールとその変質、消滅の過程も、またこの社会構造の転換の一齣にほかならない（III『無縁所』と『平和の場』」、「アジールの思想」）。

本書に収められたいくつかの文章（例えば、I「石をめぐる中世の人々」「中世における死」、II「中世賤民身分の成立について」「黄色いマーク」「ヨーロッパの煙突掃除人」「人間狼の伝説」）を読むことによって、われわれはこうした阿部氏の独自な構想が成熟してゆく過程をよく知ることができるのである。

しかし阿部氏の問題提起の射程は、単にヨーロッパ社会のみにとどまるものでなく、広く人間社会そのものの変化、転換の本質にまで及んでいる。実際、日本列島の社会の歴史において、十四世紀の動乱——南北朝の動乱を一つの契機としておこった社会構造の大きな転換は、阿部氏の指摘するヨーロッパ社会のそれと、かなり細かな点まで酷似するといっても決して過言ではない。もとより日本の社会にはキリスト教のような宗教が成熟せず、被差別部落に対する陰湿な差別が長くつづくなど、重要な差異もあるとはいえ、時と場所をはるかに隔てたこの二つの社会の構造転換の著しい類似は、阿部氏の構想をさらに他の民族社会に及ぼして考えてみることによって、人類社会に共通した歴史の歩みを、新たな視野の下にとらえ直すという課題の解決に、大きな希望を与える事実といってよかろう。それは、現在の人類の直面する困難な問題の性質を考えるためにも必要なことであり、われわれは本書を通じて、そうした最も本質的な問題に正面から立ち向おうとする阿部氏の社会史研究の姿勢、その真摯な生き方を、十分に読みとることができる。

ただ、これは本書の一つの読み方にすぎない。いつもながら、魅力的な書名でまとめられた阿部氏の文章は、ゆたかな感性にあふれ、まさしく大小の星のようなきらめきを持っている。涙と死、旅、石・星・橋・暦・鐘、そして驢馬・犬・狼、さらにビール、カテドラル、オーケストリオン、シューベルト等々、心のこもった一つ一つの文章の下で、われわれは中世ヨーロッパの世界にいつしかひきこまれていく。読者はそれらを通じて、遥かに離れたドイツの庶民たちの生活の香りと響きとを、親しみ深く味わうことができよう。また、兄弟団、煙突掃除人、賤民、ユダヤ人、「人間狼」などについての文章の中に光る、被抑圧者、賤しめられた人々に対する著者の温い目を通して、われわれは中世の社会の明暗をはっきり見てとることができる。

これらはみな阿部氏の学んだ奥の深いドイツ歴史学の伝統に裏づけられており、さきにふれてきたような「人と人との関係」のさまざまなあり方とその変化を追求する阿部氏の意欲の結晶なのである。このようにわれわれは、社会史研究の魅力を満喫しつつ、おのずと前述した重大かつ本質的な問題に引きよせられてゆく。阿部氏の学問の真骨頂はまさしくここにあるといってよい。

そして、さきにヨーロッパ社会と日本の社会との酷似といったが、実際、何回かの阿部氏との対話（『中世の風景』（上・下）中公新書、『中世の再発見』平凡社）のさいもそうだったように、私は本書に収められた文章の一つ一つを読むたびに、ドイツの社会と日本の社会の不思議なほどの類似に驚かされつづけてきたのである。

アジールと無縁所についてはいうまでもないが、風呂＝湯屋は、日本でも戦争の最中に敵味方が集って物語をする場であり、そこにはしばしばいわゆる「僧兵」が集って一揆をおこしている。また「呪術的信仰の対象としての石」といえば、すぐに飛礫、さまざまな墓石、石造物、牓示の石を想起し、涙といえば柳田国男の「涕泣史談」や各種の絵巻物に見られる泣く人々を思いつく。

さらに兄弟団についての記述からは、旅人のために設けられた寺院の「接待所」を、聖職者による架橋の事実からは、勧進上人による「橋勧進」を、「人間狼」からは「異類異形」の悪党たちを直ちに連想する。賤民身分が都市と農村の分化とともに成立するのも、日本とじつによく似ているといってよい。

これらが単に日本とドイツの類似というより、人間の生活、社会に共通する問題であることは、阿部氏の叙述を通しても理解できるのであり、こうした個々の事象の類似の確認の積み重ねを通じて、私は次第に、先にのべたような社会構造そのものの転換の仕方の共通性に思い至っていったのである。

そしてそれとともに、鐘の音の意味に著しい類似がありながら、そこから交響曲を生み出していくドイツと、それほどの展開をとげない日本との違い、ヨーロッパの教会・兄弟団と日本の寺院・勧進との相違等々、両者の共通性に気付いたとき、双方の個性もまた、鮮やかに浮び上ってくる。このように、本書はヨーロッパの中世社会を鏡として、われわれに日本の社会の個性をよく教えてくれる。

また、十八世紀末から十九世紀にかけて、ドイツの各地に広く形成された市民による歴史研究の拠点――「歴史協会」、それと深く結びついた広範な各種文書館の活動を知るとき（III「西ドイツの地域史研究と文書館」）、ドイツの歴史学の広さと重厚さに比べ、日本の文書館と地域研究がなおいかに弱体であるかを思い知らされるのである。

本書から学びうるものは、もとよりこれにつきるものではない。学問や文化を築いたのは、一握りの「学者」や「文化人」ではなく、労働し生業を営むものとしての市民であることをつねに強調し（III「文化の底流にあるもの」）、「私は歴史学を人間の尊厳を確かめてゆく学問のひとつだと考えている」と言い切り（III「歴史学の現在」）、「人間と動物を厳然と区別し、人間のみが世界の主人だ」とする思想を根底的に拒否する（I「オイレンシュピーゲルと驢馬」）阿部氏のこの著書は、全体としてすぐれた現代批判の書であるということもできる。本書を通じて、多くの読者たちが、現代に生きるとはいかなることか、真の学問とはいかなるものかを学びとられることを、心から期待したいと思う。

1978.

Emmanuel Le Roy Ladurie, *Montaillou ; village occitan de 1294 à 1324*. Paris Gallimard 1978.

Ariès, P., *Essais sur l'histoire de la mort en Occident du Moyen Age à nosjours*. Paris 1975.

Ariès, P., *L'Homme devant la mort*. Edition du Seuil 1977.

Freudenthal, H., *Das Feuer im deutschen Glauben und Brauch*. Berlin, Leipzig 1931.

Krauss, F.G., *Zigeunerhumor. 250 Schnurren, Schwänke und Märchen*. Leipzig 1907.

Kanz, H., *Der humane Realismus Justus Mösers*. Rotingen Wuppertal-Kastellann 1971.

liche Politik. Eine Einführung in Grundfragen ihrer Tradition und Theorie. Hrsgv. D. Oberndörfer. Freiburg i.B. 1961.
Engelsing, R., *Zur Sozialgeschichte deutscher Mittel-und Unterschichten.* Göttingen 1973.
Heimpel, H., Geschichtsvereine einst und jetzt. in *Geschichtswissenschaft und Vereinswesen im 19. Jahrhundert.* Göttingen 1972.
Freudenthal, H., *Vereine in Hamburg. Ein Beitrag zur Geschichte und Volkskunde der Geselligkeit.* Hamburg 1968.
Heimpel, H., Über Organisationsformen historischer Forschungen in Deutschland. *Historisch Zeitschrift.* Bd. 189.
Wattenbach, W., *Das Schriftwesen im Mittelalter.* Leipzig 1896. Graz 1958.
Redlich, O., *Die Privaturkunden des Mittelalters.* München 1911 (1967).
Siebold, M., Das Asylrecht der römischen Kirche mit besonderer Berücksichtigung seiner Entwicklung auf germanischen Boden. *Universitas Archiv.* Bd. 36. hist. Abt. Bd. 4. 1930.
Henssler, O., *Formen des Asylrechts und ihre Verbreitung bei den Germanen.* Frankfurt a. M. 1954.
Blumerincq, A., *Das Asylrecht und die Auslieferung flüchtiger Verbrecher.* 1853.
Osenbrüggen, E., *Der Hausfrieden. Ein Beitrag zur deutschen Rechtsgeschichte.* Erlangen 1857.
Künssberg, E. Frhr. v., Rechtsbrauch und Kinderspiel. Untersuchungen zur deutschen Rechtsgeschichte und Volkskunde. *Sitzungsberichte der Heidelberger Akademie der Wissenschaften.* Phil. Hist. Kl. Jg. 1920 7 Abt.
Franenstädt, P., *Blutrache und Todschlagsühne im deutschen Mittelalter.* Leipzig 1881.
平泉 澄『中世に於ける社寺と社会との関係』至文堂 1926.
穂積陳重『復讐と法律』岩波文庫 1982.
網野善彦『無縁・公界・楽——日本中世の自由と平和——』平凡社

阿部謹也「ヨーロッパ、原点への旅——時間・空間・モノ——」『社会史研究』I. 1982.

III

ヘルマン・ハインペル『人間とその現在』阿部謹也訳 未來社 1975.

Kriegk, G.L., *Deutsches Bürgertum im Mittelalter*. Frankfurt a. M. 1868.

Paul, H., *Deutsches Wörterbuch*. 6. Aufl. Tübingen 1966.

Kluge, F., *Etymologisches Wörterbuch der deutschen Sprache*. 19. Aufl. Berlin 1963.

Schanz, G., *Zur Geschichte der deutschen Gesellenverbände*. Leipzig 1877.

Wissell, R., *Des alten Handwerks Recht und Gewohnheit*. 2 Bde. Berlin 1929. Neudruck. hrsg. v. E. Schraepler. Berlin 1971. 3 Bde.

Stöckle, F., *Fahrende Gesellen. Des alten Handwerks Sitten und Bräuche*. Arena 1980.

Nipperdey, T., Verein als soziale Struktur in Deutschland im Späten 18. und frühen 19. Jahrhundert. *Geschichtswissenschaft und Vereinswesen im 19. Jahrhunderts*. Göttingen 1972.

Staudinger, H., *Individuum und Gemeinschaft in der Kulturorganisation des Vereins*. 1913.

Erhard, H.A., *Geschichte des Wiederaufblühens wissenschaftlicher Bildung*. 3 Bde. Magdeburg 1827. Hildesheim 1977.

Engelsing, R., *Analphabetentum und Lektüre. Zur Sozialgeschichte des Lesens in Deutschland zwischen feudaler und industrieller Gesellschaft*. Stuttgart 1973.

Engelsing, R., *Der Bürger als Leser. Lesergeschichte in Deutschland 1500–1800*. Stuttgart 1974.

Schelsky, H., *Einsamkeit und Freiheit. Idee und Gestalt der deutschen Universität und ihrer Reformen*. 1963. 田中・阿部・中川訳『大学の孤独と自由』未來社 1970.

Tenbruck, F.H., Bildung, Gesellschaft, Wissenschaft. *Wissenschaft-*

Vorstellungen bei den Germanen. *Zeitschrift für Rechtsgeschichte.* Germ. Abt. 74. 1957.

Peuckert, W.E., *Niedersächsische Sagen.* II. Göttingen 1966.

Techen, F., *Das Brauwerk in Wismar.* s. 1. 1915.

Strong, Stanley, *Romance of Brewing.* Privately circulated 1951.

Grässe, Th., *Bierstudien. Ernst und Scherze.* Dresden 1872.

Bing, W., Hamburgs Bierbrauerei vom 14. bis zum 18. Jahrhundert. *Zeitschrift des Vereins für hamburgische Geschichte.* XID. 1908.

Gülke, Peter, *Mönche/Bürger Minnesinger. Musik in der Gesellschaft des europäischen Mittelalters.* Wien 1980.

Sartori, P., *Das Buch von deutschen Glocken.* Berlin 1932.

Lippert, E., *Glockenläuten als Rechtsbrauch.* Diss. Heidelberg, Freiburg 1939.

Stockmann, D., Deutsche Rechtsdenkmäler des Mittelalters als volksmusikalische Quelle. *Studia Musicologia Academiae Hungaricae.* 15. 1973.

Stockmann, D., Die Glocke im Profanengebrauch des Spätmittelalters. *Studia instrumentorum musicae popularis,* III. Stockholm 1974.

Stockmann, D., Der Kampf um die Glocken im deutschen Bauernkrieg. *Beiträge zur Musikwissenschaft.* 16 Jg. H. 3. 1974.

Glade, H., *Erdentiefe-Turmeshöhe. Von Glocken und Glockengießern.* Berlin 1965.

Gurjewitsch, A.J., *Das Weltbild des mittelalterlichen Menschen.* München 1978.

Duby, G., *Guerriers et paysans, VIIe–XIIe Siécle. Premier essor de l'ēconomie europēenne.* Gallimard 1973.

Duby, G., *Le Temps des cathēdrales. L'art et la sociētē 980-1420.* Gallimard 1976.

Sedlmayr, H., *Die Entstehung der Kathedrale.* Graz 1976.

Little, L.K., *Religious poverty and profit economy in Midieval Europe.* London 1978.

Bedeutung eines Berufsstandes in Süddeutschland. Stuttgart 1955.
Rath-Végh, István, *Die Komödie des Buches*. Budapest 1967.
Orend, M., Vom Schwur mit Erde in den Schuhen. Die Entstehung einer Sage. *Deutsches Jahrbuch für Volkskunde*. 4. 1958.
Martin, A., *Deutsches Badewesen in vergangenen Tagen*. Jena 1906.
Döhringe-Hirsch, E., Tod und Jenseits im Spätmittelalter. *Studien zur Geschichte der Wirtschafts-und Geisteskultur*. Berlin 1927.
Schmid, K., Wollasch, J., Die Gemeinschaft der Lebenden und Verstorbenen in Zeugnissen des Mittelalters. *Frühmittelalterliche Studien*. 2. Berlin 1967.

II

Rumpf, M., *Deutsches Handwerkerleben und der Aufstieg der Stadt*. Stuttgart 1955.
Wissell, R., *Der soziale Gedanke im alten Handwerk*. Belrin 1930.
Potthoff, O., *Kulturgeschichte des deutschen Handwerks*. Hamburg 1938.
Kleinpaul, R., *Das Mittelalter. Bilder aus dem Leben und Treiben aller Stände in Europa*. Leipzig s. d.
Kapp, A., Der"blaue Montag". Kulturhistorische Studie. *Neues Archiv für sächsische Geschichte und Altertumskunde*. Bd. 55 1934.
Frensdorff, F., Das Zunftrecht insbesondere Norddeutschlands und die Handwerkerehre. *Hansische Geschichtsblätter*. 34 NF. (1907).
Kisch, G., The Yellow Badge in History. *Forschungen zur Rechts-, Wirtschafts-und Sozialgeschichte der Juden*. Sigmaringen 1979.
Caro, G., *Sozial-und Wirtschaftsgeschichte der Juden*. 2. Frankfurt a. M. 1924. Hildesheim 1964.
Pauli, J., *Schimpf und Ernst*. 1522. Berlin 1924.
Danckert, W., *Unehrliche Leute*. Bern, München 1963, 1979.
Erler, A., Friedlosigkeit und Werwolfglaube. *Paideuma* I. 1940.
Unruh, G. Chr. v., Wargus. Friedlosigkeit und magisch-kultische

文献目録

(本文中に著者名，書名共に引用されているばあいは再録していない)

I

Desidevii Erasmi Opera. Tomus I (1703) Hildesheim 1961.

リュシアン・フェーヴル『フランス・ルネサンスの文明』二宮敬訳 創文社 1981.

Blochwitz, J., *Kulturgeschichtliche Studien. Bilder aus Mythe und Sage, Glaube und Brauch*. Leipzig 1882.

Johannes Graf Waldburg-Wolfegg, *Das mittelalterliche Hausbuch. Betrachtungen von einer Bilderhandschrift*. München 1957.

Thiele, Heinz, *Leben in der Gotik*. München 1948.

Schulz, Alwyn, *Deutsches Leben im XIV. und XV. Jahrhundert*. Wien 1892.

Lehmann, P., *Die Parodie im Mittelalter*. 2Bde. München 1922.

Hilka, A., Schumann, O., hrsg. v., *Carmina Burana*. 4Bde. Heidelberg 1978.

Simrock, K., *Das malerische und romantische Rheinland*. Leipzig 1840.

Birk, A., *Die Strasse. Ihre Verkehrs-und bautechnische Entwicklung im Rahmen der Menschheitsgeschichte*. 1934, Aalen 1971.

Heimeran, E., *Echter Hundertjähriger Kalender*. München 1934.

Heyne, Moriz, *Rudlieb*. Leipzig 1897.

Wackernagel, H.G., *Altes Volkstum der Schweiz. Gesammelte Schriften zur historischen Volkskunde*. Basel 1959.

Jacobeit, W., *Schafhaltung und Schäfer in Zentraleuropa bis zum Beginn des 20. Jahrhunderts*. Berlin 1961.

Vajda, Lázlő, *Untersuchungen zur Geschichte der Hirtenkulturen*. Wiesbaden 1968.

Hornberger, T., *Der Schäfer. Landes-und volkskundliche*

この作品は一九八三年七月二十五日、影書房より刊行され、のち、
一九八六年十二月一日、ちくま文庫として刊行された。

ムッソリーニ　ロマノ・ヴルピッタ

統一国家となって以来、イタリア人が経験した激動の歴史。その象徴ともいうべき指導者の実像とは。既成のイメージを刷新する画期的ムッソリーニ伝。

資本主義と奴隷制　エリック・ウィリアムズ　中山毅訳

産業革命は勤勉と禁欲と合理主義の精神などではなく、黒人奴隷の血と汗がもたらしたことを告発した歴史的名著。待望の文庫化。（川北稔）

文天祥　梅原郁

モンゴル軍の入寇に対し敢然と挙兵した文天祥。宋王朝に忠義を捧げ、刑場に果てた生涯を、宋代史研究の泰斗が厚い実証とともに活写する。（小島毅）

歴史学の擁護　リチャード・J・エヴァンズ　今関恒夫／林以知郎／與田純訳

ポストモダニズムにより歴史学はその基盤を揺るがされた。学問を擁護すべく著者は問題を再考し、論議を投げかける。原著新版の長いあとがきも訳出。

増補 中国「反日」の源流　岡本隆司

「愛国」が「反日」と結びつく中国。この心情は何に由来するのか。近代史の大家が20世紀の日中関係を解き、中国の論理を描き切る。（五百旗頭薫）

世界システム論講義　川北稔

近代の世界史を有機的な展開過程として捉える見方、それが〈世界システム論〉にほかならない。第一人者が豊富なトピックとともにこの理論を解説する。

インド文化入門　辛島昇

異なる宗教・言語・文化が多様なまま統一された稀有な国インド。なぜ多様性は排除されなかったのか。共存の思想をインドの歴史に学ぶ。（竹中千春）

中国の歴史　岸本美緒

中国とは何か。独特の道筋をたどった中国社会の変遷を、東アジアとの関係に留意して解説。初期王朝から現代に至る通史を簡明かつダイナミックに描く。

大都会の誕生　喜安朗　川北稔

都市型の生活様式は、歴史的にどのように形成されてきたのか。この魅力的な問いに、碩学がふたつの都市の豊富な事例をふまえて重層的に描写する。

ちくま学芸文庫

中世《ちゅうせい》の星《ほし》の下《もと》で

二〇一〇年十一月十日　第一刷発行
二〇二三年六月二十日　第二刷発行

著者　阿部謹也（あべ・きんや）
発行者　喜入冬子
発行所　株式会社　筑摩書房
東京都台東区蔵前二―五―三　〒一一一―八七五五
電話番号　〇三―五六八七―二六〇一（代表）
装幀者　安野光雅
印刷所　三松堂印刷株式会社
製本所　三松堂印刷株式会社

ISBN978-4-480-09341-7　C0122